Edition Angewandte – Book series of
the University of Applied Arts Vienna

Edition Angewandte – Buchreihe der
Universität für angewandte Kunst Wien

edition:'ʌngewʌndtə
Universität für angewandte Kunst Wien
University of Applied Arts Vienna

Radikale Universität

Universitäten in Zeiten globaler Umbrüche.
Die Angewandte und Rektor Gerald Bast

Universität für angewandte Kunst Wien (Hrsg.)

DE GRUYTER

1

2

Die Angewandte und Gerald Bast 2000–2023

Einleitung

Martina Schöggl, Eva Maria Stadler

Die Subsumierung der Hochschule für angewandte Kunst unter das Kunstuniversitäten-Organisationsgesetz und die damit einhergehende Umwandlung in eine Universität sowie die Implementierung der UG-Novelle 2002 zählen gewiss zu den wichtigsten Neuerungen, die die Angewandte unter dem langjährigen Rektor Gerald Bast (2000–2023) geprägt haben. Rektor Bast ist es zudem gelungen, die neue Rechtsgrundlage mit Leben zu füllen, die Universität für angewandte Kunst Wien international zu positionieren und in das 21. Jahrhundert zu führen. Von Beginn seines Rektorats an verfolgte der Bildungsvisionär Gerald Bast wesentliche Strategien, um bildungspolitischen und gesellschaftlichen Herausforderungen zu begegnen. Wichtig waren ihm die Reformulierung des Verhältnisses von Kunst und Wissenschaft, die Öffnung des Kunstfeldes und die (Aus-)Bildung politisch denkender Student*innen sowie die Positionierung der Kunstuniversität als Ort inmitten der Gesellschaft, an dem kritische Debatten geführt, Kreativität, Neugier und Offenheit gefordert und gefördert werden, um unser gesellschaftliches Zusammenleben mitzugestalten. Über die etablierten Bereiche der Mode, Architektur, Design, Restaurierung und Konservierung, Skulptur, Fotografie, Malerei, Bühne und das künstlerische Lehramt hinaus hat Gerald Bast den Wissenschaften und ebenso den Werkstätten einen besonderen Stellenwert verliehen. Mit der Einrichtung neuer Studiengänge verfolgte Gerald Bast sein Ziel eines umfassenden inter- und transdisziplinären Bildungsansatzes, der von dem Potenzial der Kunst ausgeht, um in der Überschreitung allzu eng führender Spezialisierungen ein diskursives Feld für eine *Radikale Universität* zu öffnen. Eine Universität, die das Soziale nicht ohne Ökonomie, Science und Technologie nicht ohne Politik und das Soziale, Science, Technologie, Politik und Ökonomie nicht ohne Kunst denkt.

Das vorliegende Buch versammelt Textbeiträge namhafter Autor*innen, die für das Symposium mit dem Titel *Radikale Universität*, das Gerald Bast maßgeblich mitgestaltete, entstanden sind. Darüber hinaus wurden drei Themenbereiche identifiziert, die das Rektorat von Gerald Bast schlaglichtartig beleuchten sollen.

Radikale Universität

Gerald Bast selbst eröffnete das Symposium *Radikale Universität* mit einer flammenden Rede gegen die aufgrund zunehmender Ökonomisierung drohende Irrelevanz von Universitäten. In seinem Vortrag, der auch dieser Publikation vorangestellt ist, entwirft er ein Idealbild einer radikalen Universität im Jahr 2053. Einer radikal veränderten Universität der Vielen, die nicht von Rationalisierungsdynamiken getrieben ist, sondern aufgrund ihrer erneuerten Strukturen Menschen dazu befähigt, Veränderung zu gestalten – Veränderung im buchstäblichen Sinn des Wortes ›radikal‹ an der Wurzel zu packen.

Die Philosophin Lisz Hirn knüpft in ihrem Beitrag an das Radikale an, indem sie den Wurzeln des Bildungsbegriffs nachgeht und nach den Aufgaben von und den Erwartungen an Bildungsinstitutionen fragt. Pointiert identifiziert sie fünf Herausforderungen, die sich im Nachdenken über Bildung ergeben, und ermutigt, sich diesen radikal zu stellen. Die Öffnung der Universität hin zur Gesellschaft und ein Verständnis von Kollektivität scheinen ihr dabei zentrale Hebel zu sein.

Die Öffnung der Universität war auch Joseph Beuys ein wichtiges Anliegen. »So wird letzten Endes, wenn man utopisch denkt [besser gesagt überhaupt denkt], die ganze Welt zur Akademie«,[1] formulierte er 1969. Die Kulturwissenschaftlerin und Beuys-Expertin Anne-Marie Franz holt in ihrem Vortrag das Konzept der Freien Internationalen Universität aus dem Archiv. Sie begreift es als exemplarisches Modell einer radikalen Universität und unterstreicht die bis heute aktuellen Potenziale der darin formulierten experimentellen und nonkonformistischen Lehransätze, der künstlerischen Ausdrucksformen und des kollektiven Lernens.

Auch Gerhild Steinbuch und Olga Grjasnowa widmen sich in ihrer Sprachanalyse den Möglichkeiten, aber auch der Kritik am Begriff der Radikalität. Sie untersuchen die Erzählungen von Veränderung, die sich

1 Joseph Beuys, Zur idealen Akademie. Gespräch mit F. W. Heubach, 1969, in: Interfunktionen, Heft 2, hg. von F. W. Heubach, Köln 1969, S. 59–63, hier S. 62.

hinter dem Begriff der Radikalität verbergen, und formulieren darauf aufbauend ein Plädoyer für Vielstimmigkeit und Öffnung der Universität. Ihre Erfahrungen im Literaturbetrieb und Basts Modell der »Radikalen Universität« dienen ihnen als Grundlage für eine radikale Praxis des Neudenkens und Veränderns.

Radikale Bildung

Der zweite Teil des Symposiums widmete sich der Bildung und ihren radikalen Lesarten abseits der Universität. Bernd Scherer, langjähriger Intendant des Hauses der Kulturen der Welt in Berlin, tritt für eine radikale Bildung ein, bei der das Verhältnis von Leben und Denken neu bestimmt wird. Ausgehend von Projekten im HKW beschreibt er die Möglichkeiten, durch (lebenslanges) Lernen die Agency über das eigene Leben zu behalten in Zeiten, wo die Lebensgrundlage auf der Erde nicht mehr als gesichert gilt. Andrea Lumplecker, Leiterin der *Klasse für Alle* an der Angewandten, führt poetisch durch eine Soundinstallation, die Teilnehmer*innen der *Klasse für Alle* im Rahmen des Projekts *compost group (Garten für Alle)* gestaltet haben und die am ersten Abend des Symposiums ausgestellt war, indem sie Kompostieren und Sammeln als Metapher für die Zersetzung und Neubildung von Wissen nutzt.

Die Journalistin und Autorin Alexia Weiss setzt sich für den radikalen Um- bzw. Neubau des österreichischen Schulsystems ein. In ihrem Vortrag propagiert sie ein Schulsystem, das sich an den Bedürfnissen der Kinder und Jugendlichen, der im Schulsystem Arbeitenden, aber auch der Eltern orientiert und das Kinder fördert, unabhängig von der Schulbildung, dem Einkommen oder dem Engagement der Eltern. Und Adrian Daub, Professor of Comparative Literature an der Stanford University, widmet sich den oft von außen kommenden Zuschreibungen der Universität als radikalem Ort, die in einem offensichtlichen Gegensatz zum abnehmenden Einfluss der Universität auf die breite Gesellschaft stehen. Er stellt die Vereinnahmung des universitären Campus als politischen Motor infrage und diskutiert mit Antonia Birnbaum, Professorin für Philosophie an der Angewandten, historische Aspekte und zeitgenössische Ausformungen davon.

Radikale Praxis

Anab Jain, Meinhard Lukas, Judith Kohlenberger, Philippe Narval und Sophie Lehner geben in ihren Statements zum

Abschluss des Symposiums Beispiele für radikale Praxen an Universitäten. Alle fünf liefern Vorschläge, wie aus ganz unterschiedlichen Positionen im Universitätsbetrieb Veränderung im Bildungsbereich angestoßen werden kann. Anab Jain, Futuristin, Designerin und Professorin an der Angewandten, spricht darüber, was radikale Lehre bedeuten kann und wie Lehrende eine entscheidende Rolle bei der Gestaltung einer vernetzten und empathischen Welt spielen können, indem sie disziplinäre Grenzen überschreiten. Meinhard Lukas, Rektor der Johannes Kepler Universität Linz und Professor für Privatrecht, verweist auf Paragraf 1 des österreichischen Universitätsgesetzes und kritisiert die Nichterfüllung dieser Zielbestimmung. Mit Blick auf die geschichtliche Entwicklung der Universitäten seit dem Mittelalter und die zunehmende Trennung von Kunst und Wissenschaften spricht er sich dezidiert für die Wieder-Annäherung der beiden Bereiche aus und zeigt Projekte aus seinem Rektorat an der JKU, die diese Annäherung modellhaft veranschaulichen. Die Migrationsforscherin Judith Kohlenberger wiederum widmet sich dem Engagement für Veränderung aus der Perspektive einer Forschenden in einem politisch umkämpften Feld. Die Vereinbarkeit von gesellschaftspolitischer Haltung und wissenschaftlicher Integrität beschreibt sie als Herausforderung, aber auch als Antrieb für eine Forschung, die Verantwortung im gesellschaftlichen Diskurs übernimmt und sich dennoch gegen Vereinfachung und Vereindeutigung stellt.

Philippe Narval leitet den neu eröffneten Raum SQUARE an der Universität St. Gallen. Er zeigt in seinem Impulsvortrag Chancen und Schwierigkeiten von Erneuerung an Universitäten am Beispiel dieses neuen Experimentierfelds. Und schließlich erinnert die Studierende Sophie Lehner leidenschaftlich daran, dass Veränderung nicht zuletzt von den Studierenden ausgeht, die erdachte Curricula mit Leben füllen und kritisch bestehende Strukturen nicht als gegeben akzeptieren. Als Absolventin des Studiengangs Changing Education an der Universität Helsinki berichtet sie von zukunftsweisenden Projekten, die sich nicht vor radikaler Veränderung scheuen.

Das in der Geschichte der Universität für angewandte Kunst Wien bislang längste Rektorat Gerald Basts hat die Angewandte in vielerlei Hinsicht geprägt. Zu den sichtbarsten Neuerungen zählt zweifellos die räumliche

Erweiterung, die mit dem Gebäude in der Vorderen Zollamtsstraße und der Nutzung von Räumen in der ehemaligen Postsparkasse erreicht wurde. Neben dem steten Bemühen, Bildung als gesellschaftspolitische Aufgabe weiter und neu zu denken, kommt dem Engagement, das Kunstfeld für alle Wissenschaften zu öffnen, eine besondere Bedeutung zu. Um die Leistungen Gerald Basts in der Geschichte der Angewandten einzuordnen, wurden Autor∗innen innerhalb und außerhalb der Angewandten gebeten, ihre Perspektiven der Ära Bast darzustellen.

Die räumliche Erweiterung wurde aufgrund der zunehmenden Studierendenzahl, die sich in Basts Amtszeit verdreifacht hat, und der Einrichtung der neuen Studiengänge und des Ausbaus bestehender Programme nötig. Der Architekturtheoretiker Oliver Sukrow und der Architekturhistoriker Matthias Boeckl beschreiben die architektonischen Neuerungen – den Umbau und die Inbetriebnahme des Gebäudes an der Vorderen Zollamtsstraße 7 sowie die Renovierung und den Umbau des Schwanzer-Traktes – aus jeweils unterschiedlichen Perspektiven.

Oliver Sukrow geht der Frage der Bildungsräume nach. Er interessiert sich für die Aneignung der Räume durch ihre Nutzer∗innen, die Studierenden, Lehrenden und all jene, die die Gebäude am Laufen halten. Sukrow legt zudem einen Fokus auf die städtebauliche Dimension, die die räumliche Erweiterung mit sich bringt und potenziell neuen Stadtraum entstehen lässt. Besonders augenscheinlich wird dies an der temporären Nutzung des Oskar-Kokoschka-Platzes während des Angewandte Festivals.

Matthias Boeckl entfaltet in seinem Textbeitrag einen architekturgeschichtlichen Abriss der Angewandten, der mit dem Bau von Heinrich von Ferstel seinen Anfang nimmt. Boeckl unternimmt des Weiteren eine historische Einordnung der Gebäude der Angewandten in die Geschichte der Kunstuniversitäten.

Aleida Assmann, Brigitte Felderer und Eva Maria Stadler behandeln in ihren Textbeiträgen Aspekte eines politischen und gesellschaftsorientierten Bildungsbegriffs, wie er für Gerald Bast von zentraler Bedeutung ist. Eine Debatte, die Bast gemeinsam mit dem Künstler Martin Krenn anstieß und über viele Jahre verfolgte, war jene um das Lueger-Denkmal am Wiener Stubentor. Aleida Assmann kontextualisiert diese Debatte und unterstreicht die politische Dimension von Erinnern und Vergessen, mehr noch, sie legt einer Archäologin gleich die unterschiedlichen Ebenen des Vergessens, der Unsichtbarkeit, des latenten Übersehens bloß. Assmann argumentiert mit Robert Musil, dass es einer größeren Anstrengung bedarf, Denkmäler sichtbar zu machen, sie zu sehen und immer wieder neu zu befragen. Bast unternahm in der Tat eine Reihe von Anstrengungen, die Debatte um die Kritik eines allzu eingefahrenen österreichischen Geschichtsbildes in das öffentliche Bewusstsein zu bringen. Seine Unnachgiebigkeit und die zahlreicher Mitstreiter*innen zeitigten schließlich Erfolg. Die Stadt Wien konnte 13 Jahre nach dem ersten von der Angewandten initiierten Wettbewerb zur künstlerischen Kontextualisierung des Lueger-Denkmals alle demokratischen Kräfte für einen weiteren Wettbewerb und die Umsetzung der künstlerischen Arbeit des Gewinners mobilisieren.

Eva Maria Stadler schließt in ihrem Textbeitrag »Die Kunst und ihr Double« insofern an Aleida Assmann an, als sie die Bildungsrevolution, die Bast stets einforderte, in der Geschichte verortet. Stadler stellt die Verbindung zur Gründungsgeschichte der Angewandten her, die von Anfang an auf Interdisziplinarität setzte, nicht zuletzt, um möglichst viele Anwendungsformen für die Gestaltung des gesellschaftlichen Zusammenhalts auszumachen. Die Angewandte wurde damit Vorbild für das Bauhaus und in dessen Folge für das Black Mountain College. Brigitte Felderer, Leiterin des Masterprogramms Social Design, setzt sich in ihrem Beitrag für eine Universität ein, die über ihre Kernaufgabe der Lehre hinaus Netzwerke für gesellschaftspolitische Projektarbeit etabliert. Damit würden Studierende an Denkweisen und Praxisformen herangeführt werden, die sie dazu befähigen, aktiv in gesellschaftliche Prozesse einzugreifen und diese mitzugestalten.

Helga Nowotny und Margarete Jahrmann setzen sich mit der Gestaltung digitaler Wirklichkeiten auseinander. Sie loten das Potenzial für eine Annäherung, mehr noch für das Zusammenwirken von Kunst und Wissenschaft aus. Die international renommierte und vielfach ausgezeichnete Wissenschaftsforscherin Helga Nowotny zeigt, dass es keinen Grund gibt, KI, ChatGPT oder Machine Learning als Bedrohung wahrzunehmen, vielmehr sieht sie gerade im Zusammenspiel von Kunst und Kontrolle eine Möglichkeit, nicht der Illusion der Kontrolle zu verfallen, aber sich für die Kontrolle der Illusion einzusetzen. Margarete Jahrmann leitet seit 2021 den Masterstudiengang für Experimental Game Cultures an der Universität für angewandte Kunst Wien. Sie wirft einen buchstäblich spielerischen Blick auf das regelgeleitete Verfahren des Spiels. Indem Margarete Jahrmann das künstlerisch-wissenschaftliche Experimentieren als »Ludic Method Ouvroir«, als experimentellen Flow von Kunst und Wissenschaft vorstellt, gibt sie Einblick in die Annäherung und Kreuzung der unterschiedlichen Methoden, die für die Neurowissenschaften einerseits und die Entwicklung der Spieltheorien andererseits genutzt werden.

Ein zentrales Anliegen Gerald Basts bestand in der Implementierung von Forschungsprogrammen, die die Kunst nicht außerhalb dieser bedeutenden Form der Wissensproduktion ansiedeln, sondern ganz im Gegenteil in deren Mitte. Alexander Damianisch, der gemeinsam mit Gerald Bast und Barbara Putz-Plecko dem Programm zur Entwicklung und Erschließung der Künste (PEEK) nicht nur an der Angewandten, sondern im gesamten österreichischen Universitätsfeld zur Etablierung verholfen hat, formuliert in seinem Textbeitrag Aspekte, die den Boden für die Forschungsarbeit an einer Kunstuniversität bereiten.

Ferdinand Schmatz, Schriftsteller und Mitbegründer des Instituts für Sprachkunst, das zu den prägenden Neuerungen der Angewandten unter dem Rektor Gerald Bast zählt, verfasste eine künstlerische Hommage an die langjährige Zusammenarbeit Basts mit Ferdinand Schmatz, aber auch mit dem Senat, deren Mitglied Schmatz war.

Am 27. Juni 2023 hat Anja Jonkhans als Vorsitzende des Senats Rektor Gerald Bast den Ehrenring der Universität für angewandte Kunst Wien verliehen. Diese hohe Auszeichnung, die die Angewandte seit dem Jahr 2002 vergibt, hebt noch einmal die Bedeutung Gerald Basts für die Universität hervor. Die enge Zusammenarbeit Basts mit dem Senat war sicher ein Kennzeichen seines Demokratieverständnisses, das auf die Kraft der Kooperation vertraut. Die Laudator∗innen Martina Schöggl, Daniela Hammer-Tugendhat, Klaus Bollinger und Barbara Putz-Plecko geben als Vertraute und langjährige Wegbegleiter∗innen auf jeweils spezifische Art Einblick in die Zusammenarbeit mit Gerald Bast.

Martina Schöggl, die in den letzten sieben Jahren des Rektorats von Gerald Bast nicht nur als Büro- und Projektleiterin, sondern auch als enge Beraterin fungierte, gießt in ihrer Rede die Leistungen Gerald Basts von der Berufung von Professor∗innen, der Einrichtung von neuen Studien bis hin zur Steigerung der Quadratmeter in ein flirrendes Zahlenspiel.

Daniela Hammer-Tugendhat, die die Kunstgeschichte an der Angewandten stark geprägt hat, war wie Klaus Bollinger in der letzten Rektoratsperiode Mitglied des Universitätsrats. Sie hebt in ihrer Laudatio Gerald Basts bildungspolitisches Engagement hervor, das die Studierenden, deren Bedürfnisse und Forderungen stets über die Verwaltungsprozesse der Politik gestellt hat. So ist es ihm gelungen, die künstlerischen Studienrichtungen aus dem Bologna-Prozess herauszunehmen.

Klaus Bollinger, ehemaliger Vorstand des Instituts für Architektur und Professor für Tragkonstruktionen, betont in seiner Laudatio den Mut und die Weitsicht Gerald Basts, den er in der Zusammenarbeit mit den verantwortlichen Politiker∗innen und Mitarbeiter∗innen des Ministeriums bis hin zum eigenständigen und verantwortungsvollen Weg, den die Angewandte während der COVID-19-Pandemie einschlug, um die Universität für die Studierenden offen zu halten und ihnen eine Perspektive zu geben, stets von Neuem unter Beweis stellte.

Barbara Putz-Plecko hebt als langjährige Vizerektorin und Vertraute Gerald Basts insbesondere zwei Qualitäten des Rektors hervor. Sie betont Basts Verständnis und Offenheit für die Fragen und Bedürfnisse der jungen Studierenden, die an einer Universität prägende Jahre erleben und, das war stets Basts Credo, dazu befähigt werden sollen, unsere Gesellschaft zu verändern und zu gestalten. Dieses Vertrauen in die nächsten Generationen sieht sie in Basts tiefem ethisch-philosophischem Empfinden der Würde als inneren Kompass, den Widrigkeiten des Lebens zu begegnen, verankert.

Marlene Mautner, die nach dem Studium der angewandten Fotografie und zeitbasierter Medien in der Klasse für Experimental Game Cultures eingeschrieben ist, hat für das vorliegende Buch drei Bildstrecken entwickelt. Sie arbeitet mit Möglichkeiten der digitalen Fotografie und interessiert sich dabei insbesondere für das Potenzial ihrer Fehler. Mit Verschiebungen und

Verzerrungen, den sogenannten *glitches*, vervielfältigt sie die Perspektiven auf die Angewandte mit ihren Räumen aus den unterschiedlichen Bauphasen, ihren Studios und Werkstätten, Büros, Treppenhäusern und Gängen. Marlene Mautner gelingt es auf diese Weise, die Architektur mit dem Wichtigsten der Angewandten zu verknüpfen, mit der künstlerischen Praxis der Studierenden.

1

Radikale Universität Symposium

Radikale Universität

Die Universitäten zwischen gesellschaftlicher Irrelevanz und radikaler Veränderung

Gerald Bast

Fangen wir besser an zu schwimmen!, singt Bob Dylan in seinem Song »The Times They Are A-Changin'«. Und schwimmen heißt in unserem Zusammenhang: wissen. Aber um welche Art von Wissen geht es?

Vor sechs Jahren zeigte die Angewandte im MAK zum 150. Gründungsjubiläum der Universität für angewandte Kunst Wien die Ausstellung *Ästhetik der Veränderung*. Teil dieser Ausstellung war der *Future Room*, eine provokante, KI-basierte Visualisierung der Zukunft von Bildung und Wissen von Martin Kusch.

Wissen ist Macht. Dieser Satz von Francis Bacon wurde und wird der Jugend als Aufforderung und Versprechen gepredigt. Und im *Future Room* sah die Jugend staunend zu, wie die tradierte Form des Wissens über ihr virtuell zusammenbricht. Oder staunt die heutige Jugend gar nicht mehr darüber?

ChatGPT stürzt Schulen und Universitäten in Panik. Viele Schulen und Universitäten in Europa und in den USA verbieten den Gebrauch von ChatGPT, weil sie Angst haben, dass Prüfungsaufgaben nicht von den Schüler*innen und Studierenden gelöst werden, sondern von der Künstlichen Intelligenz. Sollten sich Schulen und Universitäten nicht eher fragen, ob sie die richtigen Prüfungsaufgaben stellen, wenn sie von ChatGPT gelöst werden könnten?

Es geht nicht um analog oder digital. Es geht um die Nutzung von Werkzeugen, mit denen man Wissen speichern, Wissen abrufen und Wissen verbreiten kann.

Die großen Bibliotheken wurden erst möglich durch die Erfindung des Buchdrucks. Digitale Datenspeicher, deren Inhalte nun auch mittels Künstlicher Intelligenz gezielt durchsucht werden können, machen klarer, dass es vor allem darum geht, die richtigen Fragen zu stellen.

Das Digitale wird das Analoge nicht ersetzen, aber es potenziert die Macht des Wissens – weil es uns in die Lage versetzt, die ungeheure Fülle des menschlichen Wissens zu überblicken, zu verknüpfen und zu nutzen.

Die International Association of Scientific, Technical and Medical Publishers berichtete, dass im Jahr 2018 mehr als 3 Millionen wissenschaftliche Artikel in einer wissenschaftlichen Peer-Review-Zeitschrift veröffentlicht wurden. Alle zehn Sekunden ein wissenschaftlicher Artikel![1]

Obwohl wir mehr Wissen produzieren als jemals zuvor, gibt es eine Krise des Wissens. Eine Vertrauenskrise. Oder noch konkreter: eine Krise des Vertrauens in die versprochene Macht des Wissens. Weil die Dynamik von Klimakrise, Künstlicher Intelligenz, Robotik und synthetischer Biologie offensichtlich mehr gesellschaftliche und ökonomische Wirkungsmacht zeigt als die etablierten Systeme von Bildung, Wissenschaft und Politik.

Da ist es auch nicht verwunderlich, dass Menschen, denen ständig Stabilität und Sicherheit versprochen wird, trotz aller Vermehrung des Wissens immer weniger Vertrauen in die Zukunft setzen und immer mehr Angst haben. Angst vor Veränderung. Angst vor Ungewissheit. Angst vor den »liquid times«, wie der Philosoph und Soziologe Zygmunt Bauman in seinem Buch *Liquid Times – Living in the Age of Uncertainty* unsere Zeit beschreibt.

Ja. Die Welt verändert sich – fundamental und mit hoher Geschwindigkeit. Die wichtigsten Treiber dieser Veränderung sind:

→ radikale Technologien wie Robotik, Künstliche Intelligenz, Genetic Engineering und Synthetische Biologie, dazu kommt noch die Verschmelzung von Mensch und Maschine.

→ Klimakrise: Die Weltregionen mit der höchsten Bevölkerungsdichte und dem größten Bevölkerungswachstum sind von den Auswirkungen der Klimakrise in den Bereichen Trinkwasserversorgung, Nahrungsmittelproduktion, Arbeit und Sicherheit am stärksten betroffen.

1 Vgl. dazu die Rede von Gerald Bast anlässlich der Eröffnung des Hauses der Wissenschaft und Kunst, »Das Babylon-Dilemma«, in diesem Band, S. 190.

→ Migration: Es wird immer schwieriger sein, zwischen Flucht vor Kriegen und Flucht vor Hunger und Armut zu unterscheiden.

→ Alternde Gesellschaften: Im Jahr 2050 wird mehr als ein Fünftel der Weltbevölkerung älter als 60 Jahre alt sein.

In 30 Jahren, also im Jahr 2053, wird sich unser Leben in zentralen Bereichen radikal verändert haben:

→ Die Demokratie steht immer mehr unter Druck. Angst vor Krisen und Wohlstandsverlust, soziale Perspektivenlosigkeit und gesellschaftliche Fragmentierung spielen Demagogen, die Sicherheit und Stabilität versprechen, in die Hände.

— Die Unterscheidung zwischen liberaler und illiberaler Demokratie stand am Anfang eines Erosionsprozesses demokratischer Standards. Künstliche Intelligenz in Verbindung mit neuen, noch disruptiveren Formen digitaler Kommunikation verändern die Grundlagen von Meinungsbildung. Das bedeutet mehr Chancen für Transparenz – aber auch mehr Möglichkeiten für Desinformation und Manipulation. Was Cambridge Analytica 2016 bei den US-Präsidentschaftswahlen und im Zusammenhang mit dem BREXIT-Referendum gemacht hat, war ein negativer Vorgeschmack. In Zeiten digitaler Kommunikation und Manipulation erfordert die freie und gleiche Teilnahme an immer komplexeren gesellschaftlichen Entscheidungsprozessen neue demokratische Strukturen und Mechanismen.

— Mehr denn je braucht gelebte, lebendige Demokratie Bildung.

— Aber welche Art von Bildung ist notwendig in einer Welt, die geprägt ist von Widersprüchlichkeiten und scheinbar unvereinbaren Logiken, von Komplexität und Mehrdeutigkeit, von zunehmender Entsolidarisierung, Aggressivität, emotionaler Distanz und sozialer Apathie?

→ Die Natur wird sich in den kommenden 30 Jahren weiter dramatisch verändern, selbst dann, wenn es der Menschheit gelingt, den CO_2-Ausstoß rasch einzubremsen.

— Im Jahr 2050 werden die Schweizer Gletscher ebenso wie die anderen Alpengletscher zu zwei

Dritteln abgeschmolzen sein, mit gravierenden Konsequenzen für die Trinkwasserversorgung, die Landwirtschaft und den Tourismus.

— Wetterextreme wie Hitzewellen, Dürreperioden, Starkregen, Überflutungen und Stürme sind 2050 keine Ausnahmeerscheinungen mehr. Das Leben in bestimmten Regionen wird entweder unmöglich oder massiv erschwert.

— Die Migration in andere Regionen wird zunehmen.

— Die globale Lebensmittelversorgung steht vor einem Paradigmenwechsel. Neue Ansätze für Produktion und Distribution von Lebensmitteln sowie für die Sicherung und die gerechte Verteilung von Trinkwasser müssen auf internationaler Ebene erarbeitet und verhandelt werden. Die Umsetzung scheitert oft an nationalen Interessensgegensätzen.

— Hitzewellen und Dürreperioden beeinflussen in besonderem Ausmaß das Leben in Städten, verstärkt durch die zunehmende Urbanisierung und eine alternde Population. Architektur, medizinische Versorgung, städtische Infrastruktur (insbesondere Wasser und Energie), Mobilität, Konsum und soziale Kommunikation stehen vor großen Herausforderungen, die nach neuen Lösungen verlangen.

— Welche Kenntnisse, Fähigkeiten und Einstellungen braucht es, um an Lösungen für ein Leben in einer veränderten Natur zu arbeiten und um unter den Bedingungen einer veränderten Natur leben zu können?

→ Das soziale Leben der Menschen wird in 30 Jahren in vielen Bereichen gravierend anders sein. Verändert unter den Bedingungen neuer Technologien und zunehmend urbaner und alternder Gesellschaften mit migrationsbedingt steigender ethnischer und kultureller Diversität.

— Im Jahr 2050 werden circa 30 Prozent der europäischen Bevölkerung älter als 65 Jahre sein. Derzeit sind etwa 20 Prozent der europäischen Bevölkerung älter als 65.

— Mehr als 80 Prozent der europäischen Bevölkerung wird 2050 in Städten leben.

— Neue, benutzerfreundliche digitale Formen für Kommunikation und Konsum werden unmittelbare persönliche Kontakte ersetzt haben. Damit steigt die Gefahr für die körperliche und psychische Gesundheit.

— UNHCR schätzt, dass im Jahr 2050 mehr als 1 Milliarde Menschen weltweit auf der Flucht sein werden. Die Migration wird auch Europa betreffen. Da braucht es gar keine sogenannten Pull-Effekte. Die Menschen werden dorthin gehen, wo sie die Hoffnung auf ein besseres Leben haben. Die ethnische und kulturelle Diversität in den europäischen Städten wird in 30 Jahren wesentlich höher sein als heute.
— Als Maßnahme gegen Isolation, Vereinsamung und gesellschaftliche Fragmentierung werden flächendeckend und in großer Zahl Community Center eingerichtet. Sie sind lebendige Orte der Begegnung für alle Bevölkerungsschichten und Altersgruppen; Orte der Kultur, der Bildung, des sozialen Engagements und der dialektischen Austragung von Kontroversen. Sie bieten Zugang zu Information und Expert∗innenwissen in physischer und in digitaler Form an.
— Community Center leiten zur Nutzung der neuesten digitalen Technologie als Basis für Artikulation und Diskurs an. Sie sind zentrale Elemente einer lebendigen Gesellschaft.
— Die Community Center werden durch Theater, Musikveranstalter und Universitäten unterstützt. Ihre Beteiligung am Programm der Community Center ist Voraussetzung für öffentliche Förderungen.

→ Die menschliche Arbeit erfährt einen Paradigmenwechsel.

— Ein Wertewandel bei der persönlichen Lebensgestaltung führt zu einer Veränderung im Verhältnis von Erwerbsarbeit, sozialem Leben und Bildung. Das eröffnet neue Aufgabenfelder für das Bildungssystem abseits der Vorbereitung auf das Berufsleben.
— Viele Berufe wird es nicht mehr geben oder sie werden gänzlich andere Kenntnisse und Fertigkeiten verlangen. Der Bedarf an Weiterbildung steigt stark an. Trotz großer Bemühungen gibt es einen zahlenmäßig großen Sektor, in dem Weiterbildung in der erforderlichen inhaltlichen Dimension und in angemessener Zeit nicht möglich sein wird.
— Neue Berufe werden entstehen, deren Anforderungsprofile wir noch nicht kennen. Umschulungen werden an inhaltliche Grenzen stoßen.

Was braucht es, um Menschen auf Berufe vorzubereiten, deren konkrete Ausgestaltung noch nicht bekannt ist? Was bedeutet Employability, das bildungspolitische Zauberwort der 1990er Jahre, unter den Bedingungen radikaler Transformationsprozesse in der Wirtschaft und damit auf den Arbeitsmärkten? Welche Kompetenzen werden gebraucht, um die Transformation der Arbeitswelt zu bewältigen?

— Kritisches Denken
— die Fähigkeit, widersprüchliche und scheinbar unvereinbare Logiken in Einklang zu bringen
— Kooperationsfähigkeit
— Kreativität
— Nichtlineares Denken
— Umgang mit Komplexität und Mehrdeutigkeit
— Empathie

»Transformative Competencies« nennt das die OECD. Und diese Fähigkeiten brauchen wir in allen Bereichen, in denen gesellschaftliche und wirtschaftliche Transformationsprozesse stattfinden. Möglichst rasch. Möglichst umfassend. Und in möglichst breiten Kreisen der Bevölkerung.

Aber: Welche Rolle spielen die Transformative Competencies an den Universitäten? Sind das – neben der jeweiligen Fachkompetenz – die Kernkompetenzen der Universitätslehrer und Universitätslehrerinnen? Sind die Transformative Competencies die deklarierten Bildungsziele der Universitäten? Welchen Stellenwert nehmen sie in den Curricula ein?

»Die Universitäten sind berufen, der wissenschaftlichen Forschung und Lehre, der Entwicklung und der Erschließung der Künste sowie der Lehre der Kunst zu dienen und hiedurch auch verantwortlich zur Lösung der Probleme des Menschen sowie zur gedeihlichen Entwicklung der Gesellschaft und der natürlichen Umwelt beizutragen.« Diese Ziele hat der Gesetzgeber, das Österreichische Parlament, den Universitäten vorgegeben. Papier ist geduldig, heißt es. Die Realität ist aber nicht geduldig.

In nur 30 Jahren werden sich unsere demokratischen Strukturen, die natürliche Umwelt, das soziale Leben und die menschliche Arbeit radikal verändert haben. Wenn die Universitäten diese Veränderung mitgestalten wollen (und das ist ihre Aufgabe!), dann müssen sich auch die Universitäten selbst verändern. Und wenn die Universitäten den Anspruch haben, auf ein Leben und Arbeiten unter radikal veränderten Bedingungen vorzubereiten, dann braucht es auch ein neues Verständnis von Universität. Ein Verständnis von Universität, das der Radikalität der gesellschaftlichen und wirtschaftlichen Veränderungen und Herausforderungen entspricht.

Die lineare Fortschreibung bestehender Inhalte und Strukturen mit kleinen und zaghaften Korrekturen wird nicht ausreichen. Auch nicht, wenn dafür mehr Geld bereitgestellt würde!

Aber um keine Missverständnisse aufkommen zu lassen: Die Transformation der universitären Strukturen und Inhalte wird sehr wohl erhebliche Zusatzkosten verursachen. Transformationsinvestitionen nennt man das in der neoliberalen Effizienz-Terminologie, die den Universitätsreformern der letzten Jahrzehnte nicht ganz fremd war.

Wenn den Universitäten dieser Transformationsprozess nicht bald und deutlich sichtbar gelingt, werden sie ihre Problemlösungskompetenz für die gesellschaftlichen und wirtschaftlichen Herausforderungen verlieren. Dann werden sie auch den ohnedies nicht übermäßigen gesellschaftlichen und politischen Rückhalt und in der Folge auch die ausreichende finanzielle Unterstützung aus den Mitteln der Steuerzahlerinnen und Steuerzahler verlieren.

Wir bräuchten aber einen massiven Ausbau tertiärer Bildung. Einen massiven Um- und Ausbau der Universitäten und Hochschulen. Ganz besonders Österreich hat massiven Aufholbedarf, wenn wir den Trend bis zum Jahr 2050 noch verändern wollen. Und eine Veränderung dieses Trends ist angesichts der Rahmenbedingungen unverzichtbar.

Automatisierbare Arbeit, manuelle ebenso wie geistige, wird in wenigen Jahren weitgehend von Maschinen übernommen sein. Nicht automatisierbare Arbeitsfelder, egal ob schon jetzt existierende oder erst neu zu entwickelnde, werden höhere Bildung – wenn auch zu einem erheblichen Teil andere als die derzeit angebotene – erfordern. Überdies macht die Tatsache, dass der Mensch in Konkurrenz zu »intelligenten« Robotern steht, deutlich, wie sehr Bildung zur Frage des menschlichen Selbstverständnisses werden wird.

In einer Situation des Wettbewerbs mit Künstlicher Intelligenz und synthetischer Biologie wird es sich die Menschheit langfristig nicht leisten können, Bildung – und Kunst – als eine Methode zur sozialen Abgrenzung und Ausgrenzung beizubehalten, geschweige denn, Bildung und Kunst auf diese Weise sogar aktiv zu instrumentalisieren. Bildung, einschließlich universitärer Bildung, wird noch wesentlich mehr als bisher zu einem Gut werden, das von weiten Teilen der Bevölkerung genutzt wird. Es wird jedoch eine andere Art von Bildung sein, nicht zuletzt an den Universitäten.

Aber die sogenannte Massenuniversität, wie es oft genug in unverhohlener elitärer Geringschätzung der Massen heißt, passt nicht zusammen mit der durchgehenden Spezialisierung der Studienangebote. Fast ausschließlich spezialisierte Studienangebote an Universitäten und noch mehr an den Fachhochschulen machen weder wirtschafts- und arbeitsmarktpolitisch noch sozial- und gesellschaftspolitisch Sinn für die Bedingungen in den kommenden 30 Jahren.

Universität 2053

Lassen Sie mich einen Blick in die Zukunft der Universitäten werfen. Universitäten, die gleichermaßen im Dienste der Wissenschaft und der Kunst wie im Dienste der Gesellschaft stehen. Ja, das geht. Ich bin überzeugt davon, dass es so – oder so ähnlich – kommen wird. Weil es Sinn ergibt. Weil es im Interesse der Universitäten liegt und ebenso im Interesse von Wirtschaft und Gesellschaft. Gesellschaftssysteme und Wirtschaftssysteme brauchen letztlich Universitäten für ihre Entwicklung. Und die Universitäten brauchen die Gesellschaft, weil sie als bloßer Selbstzweck ihr Rückkopplungs- und Referenzsystem und damit ihre Identität verlieren. Keine Person und kein soziales System will und kann längerfristig gegen die eigenen existenziellen Interessen handeln.

Wie werden also Universitäten in 30 Jahren aussehen? Einige wesentliche Aspekte dazu: In 30 Jahren werden insgesamt wesentlich mehr Student*innen als heute an einer Universität eingeschrieben sein, aber das Profil der Programme und damit das Profil der Absolvent*innen wird anders sein. Das Studienangebot der Universität ist im Jahr 2053 inhaltlich auf drei Sektoren verteilt:

→ Mission-oriented Studies: Das sind interdisziplinäre, oft auch interuniversitäre Studien. Ihr Fokus liegt auf den großen gesellschaftlichen und wirtschaftlichen Herausforderungen wie zum Beispiel:

— Auswirkungen der Klimakrise
— Zukunft der Arbeit
— Zukunft der Demokratie
— Aging Society
— Urban Life
— Verhältnis Stadt–Land

→ Spezialisierte Studien: Der Zugang ist geregelt und beschränkt. Sie dienen entweder

— der Ausbildung für bestimmte, klar definierte Berufe insbesondere in den Bereichen Medizin, Technik und Recht sowie in den Künsten oder
— der Vorbereitung auf bzw. den Einstieg in Forschungskarrieren in einzelnen Disziplinen

→ Studium Generale: Bietet offenen Zugang für alle und ist daher das zahlenmäßig größte Studium. Studienziele sind:

— Kompetenzerwerb zur Herstellung von Verbindungen zwischen einzelnen Disziplinen und zum Erkennen neuer interdisziplinärer Wirkungspotenziale
— Kommunikationsfähigkeit in paradigmenbrechenden Wissenschaftsdisziplinen, insbesondere in den Bereichen AI, Robotik, Genetic Engineering und Quantenphysik sowie neue sozioökonomische Theorien
— Verständnis der Grundlagen und Grundprinzipien von Philosophie und Politik
— Transformative Competencies wie kritisches Denken; das Hinterfragen von Denkmustern, Annahmen und Lösungen; die Fähigkeit, widersprüchliche und scheinbar unvereinbare Logiken in Einklang zu bringen; Kooperationsfähigkeit; Kreativität; Reflexionsfähigkeit; Umgang mit Komplexität; Empathie

Da haben wir sie wieder, die Transformative Competencies, als bildungspolitische Antwort auf die Frage nach in gesellschaftlichen und wirtschaftlichen Transformationsprozessen notwendigen Kompetenzen.

Bei der inhaltlichen Zusammenstellung des individualisierten Curriculums gibt es Raum für persönliche Interessen und Vorkenntnisse der Studierenden.

Für alle Studien gilt:

→ In Prüfungen wird nicht bewertet, wie es den Studierenden gelingt, bestehendes Wissen, Daten und Fakten, die in Datenbanken gespeichert und jederzeit abrufbar sind, zu erwerben und zu reproduzieren, sondern ob und wie sie für völlig neue Probleme und Herausforderungen existierende Strategien und Prozesse zur Analyse und Lösungsfindung adaptieren oder neue Strategien und Prozesse entwickeln können.

→ Künstliche Intelligenz in Form von akademischen Chatbots mit leistungsfähigen Datenbanken im Hintergrund wird eine wesentliche Rolle im Studienbetrieb spielen. Alle Studierenden und Lehrenden haben vollen Online-Zugriff auf KI-Tools zur Informationsbeschaffung und Recherche. Die EU sorgt dafür, dass diese KI auf sämtliche großen Wissensdatenbanken innerhalb und außerhalb der EU zugreifen kann. Die Studierenden werden bei der AI-Nutzung, insbesondere bei Fragestellung, Verknüpfung und Auswertung unterstützt.

→ Die Rolle der Hochschullehrer∗innen wird sich durch den Einsatz von KI dramatisch verändern: von der Abhaltung von faktenvermittelnden Lehrveranstaltungen in Vortragsform für eine große Anzahl von Student∗innen hin zu Lehrveranstaltungsformaten, die die Analyse und kritische Reflexion von Daten und Fakten sowie deren Wechselbeziehungen stimulieren und begleiten.

Jetzt schon informell praktizierte Modelle, in denen Studierende miteinander und voneinander lernen, insbesondere Studienanfänger∗innen von fortgeschrittenen Studierenden, werden formalisiert und in den Studienbetrieb integriert.

→ Neue Lehr-Formate ergänzen die traditionellen Lehrveranstaltungen:

— Integration von KI in den Studienbetrieb (Beratung und Unterstützung bei der Fragenformulierung und der Analyse, Verwertung und kritischer Reflexion von KI-Antworten)

— Starke Projektorientierung: individualisiertes Tutoring für Projektdesign und Projektdokumentation; Zusammenarbeit mit außeruniversitären Projektpartnern und Reflexion darüber; disziplinübergreifende diskursive Arbeitsgruppen zur Recherche und zur Analyse interdisziplinärer Wechselwirkungen

→ Curricula gehen ab vom System des Zeit- und Leistungsdrucks, gemessen an absolvierten Prüfungsteilen und ECTS-Punkten. Das Wissen um Zusammenhänge zwischen einzelnen Fächern ist genauso wichtig wie das Wissen in den einzelnen Fächern. Curriculare Kleinteiligkeit ist extrem reduziert.

— In 30 Jahren räumt die Universität Zeit ein zum Denken, Reflektieren, Abwägen und Verwerfen. Mehr Zeit für Pausen im formalisierten, getakteten Studienverlauf. Man kann im Leben nicht immer nur einatmen. Es braucht auch Zeit zum Ausatmen.

— Während in den 1970er Jahren quantitative Methoden in zahlreichen Studien eine dominante Stellung bekamen, stellen im Jahr 2053 künstlerische Methoden (also Ungewissheit, Mehrdeutigkeit, Non-Linearität, Perspektivenwechsel, Abstraktion und Kontextualisierungen) in den Curricula Weichenstellungen für Denkmuster abseits des Gewohnten und Erprobten.

— Die Einteilung der Lehrveranstaltungen in Semester-Wochenstunden wird in großem Umfang anderen Parametern für die zeitliche Organisation des Studiums und für die Entlohnung der Universitätslehrer*innen weichen.

— Studienabbruch stigmatisiert nicht. Der Erwerb von Kompetenz aus Teilen von Studien ist gesellschaftlich und beruflich anerkannt. Formale Abschlüsse und akademische Grade verlieren ihre ultimative Bedeutung.

— Die Universität widmet sich aktiv dem lebenslangen Lernen. Sie wird von Absolvent*innen in periodisch wiederkehrenden Zyklen frequentiert und genutzt werden. Sämtliche Studienangebote werden zum Teil in Modulen angeboten, die sie für das Prinzip des lebenslangen Lernens offen halten.

→ Lehre und Forschung: Die Universitäten werden sich in 30 Jahren weiterhin der Lehre und der Forschung widmen, wobei Lehre und Forschung – stärker noch als bisher – ineinanderfließen. Grund dafür ist die Betonung der Projektorientierung der Lehre.

Zusätzlich zur Grundlagenforschung und der anwendungsorientierten Forschung wird ein neuer Sektor aufgebaut: Mission-oriented Research. Das sind interdisziplinäre Forschungsprojekte, in deren Fokus die großen gesellschaftlichen und wirtschaftlichen Herausforderungen stehen:

— Auswirkungen der Klimakrise
— Zukunft der Arbeit
— Zukunft der Demokratie
— Aging Society
— Urban Life
— Verhältnis Stadt–Land

Die staatliche Forschungsförderung wird verdoppelt und die Budgeterhöhung wird für Mission-oriented Research gewidmet. Alle Lehrenden, Forschenden und Studierenden haben Online-Zugang zu digitalen Wissensdatenbanken, generative KI-Tools (ChatGPT und andere) stehen allen Universitätsangehörigen frei zu Verfügung. Die radikale Universität fordert von den politischen Instanzen auf nationaler und EU-Ebene den freien Zugriff auf Daten im Internet und in Datenbanken für Zwecke der Forschung und Lehre ein.

→ Universitätsinfrastruktur: Die bestehende Raumkonfiguration von Universitäten wird den Arbeitsmethoden der radikalen Universität insbesondere in der Lehre nur mehr zum Teil gerecht.

— Die radikale Universität braucht flexible Räume mit digitaler Ausstattung auf dem jeweils neuesten Stand für Online-Recherchen und für AI-Nutzung durch Einzelpersonen und in Gruppen.
— Die radikale Universität braucht zentrale Orte für informelle Kommunikation und Interaktion. Orte für den unstrukturierten und ungeplanten, auch zufälligen Austausch von Gedanken und Ideen – über die Grenzen von Disziplinen und Projektgruppen hinweg.

→ Third Mission neu definiert:
Jede Universität hat ein Interdisziplinäres Zentrum

— als Ort für disziplinenübergreifende Diskurse und Gedankenexperimente,

— offen für Universitätsangehörige (auch anderer Universitäten) aus unterschiedlichen Fachbereichen,
— offen für Interessierte aus Wirtschaft und Politik, wie von Eric Kandel eingefordert,
— nach dem Muster des AIL – Angewandte Interdisciplinary Lab.

Die Universität ist in die Arbeit von Community Centers systematisch und verpflichtend eingebunden. Ziele sind:

— Rückkopplung universitärer Tätigkeit in Lehre und Forschung mit dem gesellschaftlichen Diskurs
— Wissenstransfer in die Gesellschaft
— Förderung der Funktionsfähigkeit demokratischer Strukturen und gesellschaftlicher Solidarität
— Wissenschaft und Kunst als Dienst an der Gesellschaft

→ Dezentralisierung: Die Universität dezentralisiert ihre Aktivitäten in Forschung und Lehre durch zeitlich befristete oder unbefristete regionale Außenstellen für Studien-Workshops und Forschungsgruppen oder durch Lehr- und Forschungsmodule im Format einer »Travelling University« (Digital Dome – Future Room). Teilweise wird die lokale Bevölkerung in die Aktivitäten einbezogen.

→ Finanzierung: Das Finanzierungssystem für Universitäten, das derzeit auf quantitative Indikatoren zur Messung der quantitativen Leistungsfähigkeit von bestehenden Strukturen und Studienangeboten abstellt, stellt sich im Jahr 2053 grundlegend verändert dar:

— Die Entwicklung und Etablierung von Mission-oriented Studies und Research-Gruppen sowie des Studium Generale, oft auch in universitätsübergreifender Zusammenarbeit, wird durch finanzielle und strukturelle Anreize systematisch forciert.
— More of the same gilt politisch als nicht mehr förderungswürdig. Auf diese Weise wird der Transformationsprozess der Universitäten angeregt und beschleunigt.

Jetzt beginnen!

Angesichts der Geschwindigkeit disruptiver Veränderungen und der Dauer, die Bildungsreformen brauchen, um gesellschaftliche und ökonomische Wirkungskraft zu entfalten, müssen wir jetzt damit beginnen.

Imagination ist ein mächtiges Instrument. Künstlerinnen und Künstler setzen dieses Instrument ein. Aber auch jenseits der Kunst hätte die Kraft der Imagination ein weites Einsatzfeld. Machen Sie mit mir zum Abschluss eine kurze Imaginations-Reise.

Können wir uns heute ein Universitätssystem vorstellen, wie es in 30 Jahren aussehen könnte oder sollte? Eine Universität, die den Anspruch erfüllt, die Basis für eine gerechte und demokratische Gesellschaft zu legen?

Können wir uns ein Universitätssystem vorstellen, das für alle Mitglieder der Gesellschaft – egal ob sie an einer Universität arbeiten und studieren oder nicht – ein offen zugängliches Netzwerk für Recherche, Kommunikation und Feedback ist? Eine Universität, die in die Gesellschaft hineingeht?

Können wir uns ein Universitätssystem vorstellen, in dem nicht der Wettbewerb innerhalb einer einzelnen Disziplin, sondern die Zusammenarbeit unterschiedlicher Disziplinen gefördert und belohnt wird?

Können wir uns eine Universität vorstellen, an der die Nutzung von Künstlicher Intelligenz nicht verboten ist, sondern wo Künstliche Intelligenz als Werkzeug für die Erweiterung der menschlichen Gestaltungskraft eingesetzt wird? Wo das kritische Hinterfragen von Antworten der Künstlichen Intelligenz ebenso zum Standard gehört wie die Gefahrenkontrolle?

Können wir uns eine Universität vorstellen, an der die Suche nach neuen Formen menschlicher Arbeit, nach einem guten Leben in zunehmend alternden Gesellschaften und nach neuen Formen von Partizipation an gesellschaftlicher Entscheidungsfindung nicht nur Kollateralnutzen ist, sondern ausdrücklich definierte Kernziele?

Können wir uns ein Universitätssystem vorstellen, das Generalistinnen und Generalisten, die den ganzheitlichen Blick auf Zusammenhänge und Wechselwirkungen beherrschen, mit der gleichen Ambition, Intensität und Qualität aus- und weiterbildet wie Herzchirurginnen, Pianisten und Quantenphysikerinnen?

Können wir uns derart radikale Universitäten vorstellen?

Ein Blick in die Geschichte der menschlichen Zivilisation zeigt die enorme, oft auch unerwartete Kraft der Menschheit, notwendige Veränderungen umzusetzen. Meist geschieht dies in Zeiten großer Umbrüche. Von der

Aufklärung über die Industrielle Revolution bis zum physischen und geistigen Wiederaufbau Europas nach der Nazi-Diktatur: das Denken und Handeln der Menschen, ihre wirtschaftlichen und politischen Systeme wurden schon oft und erfolgreich radikal verändert. Nicht zuletzt die Universitäten. Auch wenn die aktuellen Veränderungsdynamiken so rasch wie nie zuvor ablaufen: Es spricht alles dafür, dass es auch diesmal gelingen kann. Weil es für alle Sinn ergibt.

Sie meinen, das sei eine sehr optimistische Sicht?

Können Sie sich vorstellen, diesen Optimismus mit mir zu teilen?

Zwischen moderat und radikal: Was Bildung können muss

Lisz Hirn

»Es wäre besser, wir könnten unserer gelehrten Schulbildung einen gesunden Menschenverstand abgewinnen. Aber wir verschwenden ja, wie alle unsere übrigen Güter an überflüssigem Luxus, so unser höchstes Gut, die Philosophie, an überflüssige Fragen. Wie an der unmäßigen Sucht nach allem anderen, so leiden wir an einer unmäßigen Sucht auch nach Gelehrsamkeit: Nicht für das Leben, sondern für die Schule lernen wir.«[1]

1 Seneca, Epistulae morales ad Lucilium, 106. Brief, http://www.thelatinlibrary.com/sen/seneca.ep17-18.shtml, abgerufen am 1.6.2023.

Die Modifizierung dieses Zitats von Seneca kennen Sie alle: »Nicht für die Schule, sondern für das Leben lernen wir.« Was die wenigsten wissen: Die unbekanntere, aber ursprüngliche Version des Zitats diente Seneca dazu, Kritik an den römischen Philosophenschulen seiner Zeit zu üben und an ihrer Art, am Leben vorbei zu philosophieren, also zu wenig am praktischen Leben orientiert zu sein. Es hinterfragt aber auch das Wesen der Bildungsinstitutionen an sich sowie der Erziehenden. Wozu eigentlich Bildung? Als Ausbildung zu einem bestimmten Zweck oder als Bildung zum »guten« Leben, Erziehung zu Humanität und einer gedeihlichen Gesellschaft, wie sie der Humanismus verstanden haben wollte?

Doch zuerst bleibt zu hinterfragen, von welcher Bildung wir eigentlich sprechen wollen: Ausbildung, Bildung oder Unbildung? Und was soll Bildung eigentlich können? Soll sie Wissen vermitteln, sozialen Umgang, vielleicht sogar Glauben und Werte? Haben Lehrpersonen die Aufgabe, ihre Studierenden »auszubilden« oder zu »bilden«, zu guter wissenschaftlicher Praxis zu erziehen oder auch zu moralisch guten Menschen? Und ist eben die Erziehung zum Guten oder die Erziehung zum guten Leben nicht das eigentliche Ziel jeder Bildung? Wie und mit welchen Kriterien lässt sich der Wert von Bildung messen? Und was bringt uns Bildung überhaupt noch? Lassen sich unsere aktuellen Probleme und zukünftige Krisen damit wirklich lösen? Ich habe fünf Punkte identifiziert, die wir uns in aller Schärfe ansehen sollten.

Kommen wir zum ersten: den Grenzen von Bildung und Erziehung. Immanuel Kant schreibt in *Über Pädagogik* dazu: »Der Mensch kann nur Mensch werden durch Erziehung. Er ist nichts, als was die Erziehung aus ihm macht.«[2] Die Vorstellung dahinter: Der Mensch ist ein hilfloses Wesen, das fremder Fürsorge bedarf, um seine körperlichen, geistigen und seelischen Anlagen zu entwickeln. Das Erziehungsziel, das gleichermaßen unzeitgemäß wie aktuell erscheint: Mensch soll ein vollwertiges Mitglied der menschlichen Gemeinschaft werden und dann bestenfalls durch lebenslanges Lernen an seiner Selbsterziehung mitwirken. Klingt gut, aber wie kann man diesem Ideal gerecht werden? Man arbeitet ja mit dem, was da ist, und das ist sehr unterschiedlich, egal ob es sich um Motivation oder Begabung dreht. Zusätzlich kommen noch positive oder negative Umwelteinflüsse sowie sozial und finanziell höchst unterschiedliche Rahmenbedingungen hinzu. Kein Wunder also, dass es gerade bei staatlicher und in unserem Fall demokratischer Erziehung darum gehen muss, diese biografischen Ungerechtigkeiten auszugleichen. Im besten Fall bleibt dann auch noch die Zeit, die Begabungen Einzelner zu fördern und die Fähigkeiten anderer bis zum Möglichen zu steigern. Aber reicht das aus? Oder überschätzen wir hier das Potenzial von Bildung, egal ob wir von elementarer, sekundärer, tertiärer oder lebenslanger sprechen?

2 Immanuel Kant, Über Pädagogik (1803), https://www.deutschestextarchiv.de/book/view/kant_paedagogik_1803?p=11, abgerufen am 1.6.2023.

Das führt uns gleich zur zweiten Schwierigkeit: der Frage, was eine adäquate Lehrperson für diesen besten Fall leisten muss. Manche gehen so weit zu fragen, ob Lehrer aus Fleisch und Blut dafür überhaupt noch notwendig sind. Ob sie nicht von einem technologischen Lehrkörper ersetzt werden könnten. Ich würde das aus einem triftigen Grund verneinen: Entscheidend für einen gelingenden Bildungsprozess ist nämlich gerade die intakte Beziehung zwischen Zögling und Lehrperson. Die Akzeptanz der Erziehung durch den Heranwachsenden oder Studierenden und die dauerhafte Wirkung auf seine Entwicklung hängen nicht nur von der fachlichen Kompetenz, sondern auch von der persönlichen Glaubwürdigkeit des Lehrenden ab. Die Frage, was eine gute Pädagogin ausmacht, ist nicht zu vernachlässigen. Wie muss die Lehrperson sein? Vielleicht sogar ein »Vorbild«? Keine einfache Anforderung an Lehrende. Vorbildwirkung kommt nämlich dadurch, dass sich der Erziehende mit jedem Blick und Schritt von Früh bis Abend neu beweist. Erst wenn das sichtbare Leben mit dem theoretischen Lehren übereinstimmt, kann es ein Lehrender schaffen, so Nietzsche in seinen *Unzeitgemäßen Betrachtungen*, junge Menschen von äußeren Nebensächlichkeiten und Identitäten zu befreien und ihnen zu helfen, zu sich selbst zu finden. Erst dies würde die nötige Distanz für Selbsterkenntnis und Selbstkritik ermöglichen.[3] Um es auf Senecas Zitat zu beziehen: Lehren und Leben des Lehrenden müssen übereinstimmen, dann kann es zu einem Erziehungserfolg kommen. Insofern ist die Beziehung von Studierenden und Lehrenden radikal: Sie ändert von Grund auf die Existenz, ändert von der Wurzel her die Sicht auf die Dinge und will nicht nur an der Oberfläche kratzen.

Folgendes Zitat aus Ernst Blochs Monumentalwerk *Das Prinzip Hoffnung* führt den Gedanken weiter: »Der Mensch lebt noch überall in der Vorgeschichte, ja alles und jedes steht noch vor Erschaffung der Welt, als einer rechten. Die wirkliche Genesis ist nicht am Anfang, sondern am Ende, und sie beginnt erst anzufangen, wenn Gesellschaft und Dasein radikal werden, das heißt sich an der Wurzel fassen. Die Wurzel der Geschichte aber ist der arbeitende, schaffende, die Gegebenheiten umbildende und überholende Mensch. Hat er sich erfaßt und das Seine ohne Entäußerung und Entfremdung in realer Demokratie begründet, so entsteht in der Welt etwas, das allen in die Kindheit scheint und worin noch niemand war: Heimat.«[4]

Die Heimat, von der hier gesprochen wird, ist eine, deren Zugehörigkeit auf Liebe und nicht auf Scham beruht – wie man heutzutage vielerorts und auch zurzeit in Österreich den Eindruck haben muss. Es kann auch eine Zugehörigkeit zu einer intellektuellen, einer wissenschaftlichen Gemeinschaft wie der Universität sein, auch lange nachdem man sie verlassen hat: Der Topos der »geistigen Nährmutter«, der Begriff der Alma Mater, zeugt noch von dieser einstigen Utopie, die in den ersten klerikalen Zentren Europas begann und bis heute – säkularisiert – nachwirkt.

3 Vgl. Friedrich Nietzsche, Schopenhauer als Erzieher, in: Ders., Unzeitgemäße Betrachtungen (1893), http://www.zeno.org/Philosophie/M/Nietzsche,+Friedrich/Unzeitgemäße+Betrachtungen/3.+Schopenhauer+als+Erzieher, abgerufen am 1.6.2023.

4 Ernst Bloch, Das Prinzip Hoffnung. Werkausgabe, Bd. 5, Frankfurt am Main 1985, S. 1618.

Als der zur Disposition stehende Paragraf des Universitätsgesetzes 2002 verabschiedet wurde, begann ich gerade zu studieren. In diesen zwei Jahrzehnten hat sich viel verändert. Ich sehe es, wenn ich an Unis arbeite, und auch, wenn ich die Studierenden beobachte. Die Attraktion der tertiären Bildung hat gelitten, ihr utopisches Potenzial, die Aussicht auf sogenannte höhere Bildung, scheint zu verblassen. Man hört Stimmen, die die elitären Diskurse nicht mehr mit gesellschaftlichen Bedürfnissen gekoppelt sehen. Mittlerweile haben wir es mit Staatenführern (sic!) zu tun, die sogar darauf pochen, dass radikal geführte universitäre Diskurse einen negativen Einfluss auf die gesellschaftliche Entwicklung haben. Zudem treffen aber auch noch unterschiedliche Gerechtigkeitssysteme, also unterschiedliche Vorstellungen davon, was gerecht und ungerecht ist und wer darüber richten soll, aufeinander. Einige dieser Clashs erleben wir gerade. Gerade zeigen #fridaysforfuture, #blacklivesmatter, #letztegeneration etc., dass einige bereit sind, für ihre Anliegen aufzustehen. In dieser Komplexität scheint kaum mehr möglich, Entscheidungen für alle zu legitimieren oder Transparenz über etwaige Legitimationsdiskurse zu schaffen. Wie lässt sich Gesellschaft verändern bzw. wie radikal müssten wir eigentlich sein, um das zu schaffen?

Unbestritten haben Universitäten seit jeher eine wesentliche Stellung im gesellschaftlichen und politischen Diskurs, neue Radikalitäten zu verhandeln – manchmal mit, manchmal ohne Aktivismus. Doch wohin soll es gehen? Damit kommen wir zur dritten Schwierigkeit: Ist friedlicher Protest genauso effektiv wie gewalttätige Revolutionen und wie haben sich eigentlich Bildungsstätten dazu zu verhalten? Die philosophisch und ethisch interessantere Frage ist aber, ob beispielsweise der Zweck der Befreiung von Ungerechtigkeit die radikalen Mittel der Gewalt heiligen kann. Der Philosoph Albert Camus hat diese Frage im intellektuellen Streit mit seinem Kollegen Jean-Paul Sartre verneint. Camus' *Der Mensch in der Revolte* zieht folgendes Fazit aus den Analysen zweier Jahrhunderte metaphysischer und historischer Revolutionen: Mit fanatischen Anhängern einer Ideologie oder eines Glaubens lässt sich nicht diskutieren. Die einen streben nach innerweltlicher, die anderen nach außerweltlicher Erlösung. Weder bei den extremen Rechten noch bei den extremen Linken gibt es absolute Gerechtigkeit zu entdecken. Vielmehr bergen historische Betrachtungen noch eine andere Gefahr, nämlich die der Radikalisierung zugunsten einer retrotopen Ideologie: Unsere falsche Liebe zur Vergangenheit, zu dem, was einmal war, was einmal funktioniert hat oder von dem wir zumindest glauben, dass es bisher funktioniert hat, die kann ein Raub an der Zukunft werden.

Retrotopie nannte der Philosoph und Soziologe Zygmunt Bauman diese Bewegung, die sich nicht in die Zukunft, sondern in die Vergangenheit flüchtet. Man müsse nur zurück in die Goldene Ära, zurück zur Natur, zurück zu den Wurzeln, dann würde alles gut. Retrotopist:innen erhoffen sich die Verbesserung der Welt durch Organisationsprinzipien aus der Vergangenheit. Wie also entkommen wir der vierten Schwierigkeit, der retrotopen Versuchung, Bildung und ihre einst angesehenste Einrichtung, die Universität, von der Vergangenheit her erneuern zu wollen? Die Herausforderungen, auf die zweifellos unzeitgemäße Antworten nötig wären, die von rein pragmatischer Seite, also von Wirtschaft, Technik und Politik, gar nicht kommen können, weil die in ihrer derzeitigen Ausrichtung nach besonders die Ausbildung vor der Bildung betonen müssen, brauchen eine radikale Universität. Insofern würde ich behaupten, dass das Ideal des Ausgebildeten zum größten Feind der Bildung an sich geworden ist. Weil es verkürzt, vor allem aber aktuelle Nützlichkeitskriterien und weder Vorschau noch Nachschau, sondern vor allem die Gegenwart im Auge hat. Werden Bildungsstätten zu Ausbildungsstätten, gibt es dort nur selten (oft auch gar nicht) die Möglichkeit, innezuhalten und kritisch zu fragen, was wir da eigentlich zu tun lernen und ob wir alles tun sollten, was wir nun können. Wie, außer an absurden Zahlenkolonnen und Diagrammen in Evaluationen, könnten wir Bildung bzw. ihre Qualität also zukünftig »messen«?

Eine neue Utopie der Universität könnte sein, nicht nur eine intellektuelle Gemeinschaft zwischen Lehrenden und Studierenden zu entwickeln, wie sie einst propagiert wurde, sondern auch eine Gemeinschaft mit externen Kräften von außen. Das können ehemalige Studierende sein, die nicht mehr im Akademischen, aber im Praktischen tätig sind, und zwar nicht nur interdisziplinär, sondern auch transfakultär. Auch ungewöhnliche Allianzen beispielsweise mit dem Handwerk und Pflege sind denkbar. Was aber nicht heißen soll, dass jeder Beruf akademisiert werden muss. Ganz im Gegenteil gilt es, der Deflation akademischer Tätigkeit, einer seit Längerem bestehenden fünften Schwierigkeit, entgegenzuwirken, von der gerade geistes-, kulturwissenschaftliche und Kunstuniversitäten betroffen sind. Letztere sind die Bildungsorte, die sich anbieten, den radikal guten Geschmack zu entwickeln, den es braucht, um einen gesellschaftlichen und ökologischen Mindeststandard möglich zu machen. Der Appell könnte sein, das kollektiv Gute wieder mit dem individuell Guten obligatorisch verbunden zu denken. Es gälte die Maxime, die in etwas anderer Formulierung seit der Aufklärung durch unser aller Hirne geistert: »Habe den Mut, dich deines guten Geschmacks zu bedienen!« Ohne diesen Mut sind weder Bildung noch ein gesellschaftlicher und ökologischer Mindestanstand zu haben.

Den vorausgegangenen fünf Schwierigkeiten möchte ich abschließend ein Zitat von Ludwig Marcuse hinzufügen. Eines, das wir uns alle – egal ob Lehrende, Studierende, Direktor*innen, Vorstände, Absolvent*innen – gerade in diesen Zeiten zu Herzen nehmen sollten: »Bescheidenheit ist mehr eine Konsequenz des Denkens als des guten Willens.« Wer erkannt hat, dass alle Theologien, Philosophien, Wissenschaften, Institutionen, Überzeugungen im besten Fall Zwischenlösungen waren, kann sich nicht anders helfen: Er muss bescheiden sein oder ein Idiot. Die Verinnerlichung dieser Einsicht und nur dieser moderaten Einsicht zeugt von radikaler Bildung.

»Utopie heißt ja der Plan.« Joseph Beuys' Free International University als alternatives Gesellschaftsmodell

Anne-Marie Franz

»So wird letzten Endes, wenn man utopisch denkt [besser gesagt überhaupt denkt], die ganze Welt zur Akademie.«[1]

Diese universelle Aussage von Joseph Beuys erinnert an seine wesentlich bekanntere These, jeder Mensch sei ein Künstler. Und gemeint ist sicherlich auch hier: Jedes Individuum ist aufgefordert zu denken, zu gestalten und aus seinen individuellen Fähigkeiten heraus mitzuwirken an der Gesellschaft, von der es Teil ist. Bereits Anfang der 1970er Jahre entwickelte Beuys das Modell einer Hochschule, das verstanden werden wollte als eine Möglichkeit und Notwendigkeit, das gegenwärtige Bildungssystem zu verbessern. Es sollte an die Erfordernisse einer modernen Gesellschaft angepasst werden und das Grundrecht des Einzelnen auf die freie Entfaltung seiner Persönlichkeit ernst nehmen. Zur Zeit des hier zitierten Interviews 1969 sieht Beuys die Kunstakademie bzw. die Akademie in ihrer Idealisierung als Modell und Ausgangspunkt für eine gesamtgesellschaftliche Erneuerung. Seine Klasse ist der Vorläufer für die verschiedenen Formen der Sozialen Plastik, die Beuys im Sinne dieser Erneuerung zu formen suchte. Die Unzufriedenheit mit den akademischen Verhältnissen und dem Bildungswesen seiner Zeit, nicht zuletzt auch die fehlende Aufarbeitung der NS-Vergangenheit und die fehlende gesellschaftliche Einbindung der Lehre veranlassten Beuys und seinen Umkreis schon lange vor

1 Joseph Beuys, Zur idealen Akademie. Gespräch mit F. W. Heubach, 1969, in: Interfunktionen, Heft 2, hg. von F. W. Heubach, Köln 1969, S. 59–63, hier S. 62.

1972 und seinem offiziellen Ausschluss aus der Kunstakademie Düsseldorf dazu, Alternativen zum aktuellen Bildungssystem zu entwickeln.

Schon im Juni 1967 war Beuys Mitbegründer der Deutschen Studentenpartei und versuchte mit den Studierenden eine Transformation innerhalb der Akademie anzustoßen. Aus der Deutschen Studentenpartei ging die »Organisation für direkte Demokratie durch Volksabstimmung« hervor.

1971 eröffnete Beuys mit der Organisation mitten in der Düsseldorfer Altstadt ein »Informationsbüro« mit dem Ziel, ein auf Mitsprache- und Mitgestaltungsrecht der Bürger*innen basierendes, basisdemokratisches gesellschaftliches Gegenmodell zu entwerfen und dieses auch außerhalb der Mauern der Akademie zu kommunizieren und zu verankern.

Das Büro verstand Beuys bereits als freie Schule, in seiner Eigenschaft, zum Denken und zum Austausch anzuregen. Am 19. Mai 1972 stellte Beuys seine konkreten Ideen für eine »Freie Schule der Kreativität, Kommunikation und interdisziplinäres Gespräch« erstmals öffentlich vor. Eine Podiumsdiskussion in der Aula der Kunstakademie Düsseldorf sollte den Anstoß geben zur Gründung der »Free International University for Interdisciplinary Research (FIU)«.

Als oberstes Prinzip der vorgestellten Freien Schule wurde die absolute Unabhängigkeit von staatlicher wie auch von privater Einflussnahme auf das Lehr- und Lernprogramm festgehalten.[2] Nach Aussage des Ankündigungsprospekts der Veranstaltung sollte das bisherige Akademie- und Schulsystem nicht durch die Freie Schule ersetzt werden, sondern ergänzend zu dem derzeitigen Bildungsangebot wirken.

2 Vgl. Dieter Koepplin, Freie Schule für Kreativität nach der Idee von Joseph Beuys, in: Götz Adriani/Winfried Konnertz/Karin Thomas, Joseph Beuys, Köln 1973, S. 160–161.

Bei der documenta 5 war Beuys mit einer Zweigstelle des Düsseldorfer Büros der »Organisation für direkte Demokratie durch Volksabstimmung« über 100 Tage vertreten. Vom 30. Juni bis zum 8. Oktober 1972 war er täglich von 10 bis 20 Uhr im Eingangsbereich des Fridericianums anwesend. Am letzten Tag der documenta stieg Beuys gar in den Boxring und kämpfte gegen den Kassler Kunststudenten Abraham David Christian Moebuss »für die Direkte Demokratie durch Volksabstimmung« und gegen die Repräsentative Demokratie. Er gewann diesen Boxkampf in drei Runden. Im Streit mit der Kunstakademie Düsseldorf musste

Beuys sich jedoch zwei Tage später am 10. Oktober 1972 geschlagen geben, als er vom Ministerium nach erneuter Besetzung des Immatrikulationsbüros mit Studierenden fristlos gekündigt wurde.

Es gibt ein Foto von Ernst Nanninga von dem Moment am 11. Oktober 1972, in dem Beuys das Akademiegebäude als lächelnder Verlierer verlässt und damit demonstriert, dass es in seinem Kampf nicht allein um Sieg oder Niederlage geht. Beuys ergänzte die Fotografie mit der provokanten Aufschrift »Demokratie ist lustig«.

Der Kampf selbst ist seine Plastik, so sagt er in einem Zeitungsinterview im *Kölner Stadt-Anzeiger* kurz nach dem Rausschmiss. Und dieser Kampf geht immer wieder und unermüdlich in die nächste Runde.[3] Provokation und Verschleiß scheinen für Beuys so notwendig wie vorausgesetzt für den nie vollendeten evolutionären Prozess der Sozialen Plastik.[4]

Ein halbes Jahr später, am 27. April 1973, gründete Beuys gemeinsam mit Heinrich Böll und Klaus Staeck einen Verein zur Förderung einer Free International University for Interdisciplinary Research (FIU). Auf dem Lehrplan standen neben den klassischen Disziplinen Zeichnung, Malerei, Farbenlehre, Plastik und Bildhauerei auch die Fächer »Soziales Verhalten« und »Wörtlichkeitslehre« sowie ein Lehrstuhl für Höflichkeit.[5]

Die *Honigpumpe am Arbeitsplatz*, die 1977 auf der documenta 6 im Fridericianum Honig bis unter die Glaskuppel und durch den Tagungsraum der FIU im Erdgeschoss beförderte, war mit begleitenden Workshops und Gesprächen als organischem Teil des Kunstwerks die vielleicht greifbarste Form, die die FIU annahm und an der Beuys selbst konkret mitwirkte.

In den 100 Tagen, an denen die FIU hier zur permanenten Konferenz mit zahlreichen Vorträgen und Gesprächen einlud, wurde das interdisziplinäre Prinzip der FIU unter der Beteiligung von Gewerkschafter∗innen, Rechtsanwält∗innen, Wirtschaftsexpert∗innen, Politiker∗innen, Journalist∗innen, Sozialarbeiter∗innen, Lehrer∗innen und Soziolog∗innen sowie Schauspieler∗innen, Musiker∗innen und jungen Künstler∗innen, so beschreibt es Caroline Tisdall, modellhaft Wirklichkeit.[6]

Themen der Zusammenkünfte unter ständiger Anwesenheit von Beuys waren unter anderem Europa, Kernenergie, Regionalpolitik, Menschenrechte, Migration, Nordirland, Dritte Welt, Gewalt und Arbeit. Beuys dachte

3 Vgl. Werner Krüger, Beuys: Mein Kampf ist eine Plastik. Trotz Rausschmiß und Lehrverbot will er hart bleiben, in: Kölner Stadt-Anzeiger, 19.10.1972.

4 Vgl. Volker Harlan, Was ist Kunst? Werkstattgespräch mit Beuys, Stuttgart 1986, 2. Aufl. 1987: »Plastik ist ein evolutionärer Prozeß, jeder Mensch ein Künstler. Deswegen ist, was ich plastisch gestalte, nicht festgelegt und vollendet. Die Prozesse setzen sich fort: chemische Reaktionen, Gärungsprozesse, Farbverwandlungen, Fäulnis, Austrocknung. Alles wandelt sich.«

5 Klaus Staeck, Wer nicht denken will fliegt raus. Sich selbst, in: Beuys. Die Revolution sind wir. Ausst.-Kat. Nationalgalerie im Hamburger Bahnhof – Museum für Gegenwart, Berlin, hg. von Eugen Blume/Catherine Nichols, Göttingen 2008, S. 157.

6 Caroline Tisdall, Die hundert Tage der Freien Internationalen Universität, in: Joseph Beuys. documenta-Arbeit. Ausst.-Kat. Museum Fridericianum Kassel, hg. von Veit Loers/Pia Witzmann, Stuttgart 1993, S. 187–190.

die FIU wie hier in Kassel immer auch als einen demokratischen und frei zugänglichen alternativen Lernraum mit – wenn auch temporärer – physischer Verortung.

Einen konkreten Ort oder gar ein Gebäude gab es für die FIU schlussendlich trotz verschiedener Bemühungen nicht. Beuys initiierte vielmehr Kontakte mit Gruppen und Initiativen in Irland, England, Achberg, Hamburg, Gelsenkirchen und Pescara, um dort vor Ort temporär FIU-Projekte durchzuführen. Die FIU interessierte ihn als internationales und interdisziplinäres, sich ständig umformendes und transformierendes Denkinstrument. Eine Grundbedingung für die freie Schule und eine neue Art des Denkens war nach Beuys eben gerade der freie Austausch außerhalb bestehender Strukturen und Systeme. So sagte Beuys 1976 in einem Interview: »Solange Menschen außerhalb einer Institution miteinander sprechen, vertreten sie ja – oder leben sie ja – schon das Prinzip der Freiheit.«[7]

1984 brachte Beuys es noch einmal auf den Punkt, als er befand, man müsse nicht so sehr an »dem Klotz hängen, der dann nachher da steht«.[8] Vielmehr wollte er die FIU eher als flexibles und selbst organisiertes internationales Netzwerk ganz unabhängig von einer Institution oder seiner Person verstanden wissen.

Auch wenn Beuys nie ausschloss, dass die FIU im wahrsten Sinne ein Dach erhalten könnte, so fürchtete er nach Klaus Staecks Einschätzung sicherlich auch, dass mit der Verortung eine Institution entsteht, die sich im Grunde nicht von den bestehenden Akademien und Universitäten unterscheidet.

In seiner Rede *Sprechen über Deutschland*, die er 1985 in den Münchner Kammerspielen hielt, rückte er nochmals den netzwerkartigen Charakter in den Mittelpunkt: »Es müssen freie Schulen und Hochschulen entstehen, es müssen Zentren entstehen, in denen Kreativität als Freiheitswissenschaft verstanden wird. [...] Solche Zentren brauchen keine physischen Zentren zu sein. Es brauchen keine großen Bauwerke errichtet zu werden. Die Zentren sind auch schon bereits vorhanden. Wer ein sensibles Auge hat, der wird in jedem seiner Mitmenschen dieses Zentrum finden«.[9]

Hier schließt sich der Kreis zur ganzen Welt als Akademie – ein utopisches Versprechen, das ausnahmslos jeden auffordert, sich aktiv und denkend an der Gestaltung bzw. dem Prozess Umgestaltung der Welt

7 Joseph Beuys, Was ist eine freie Akademie? Interview von Hinrich Gerresheim mit Joseph Beuys aus dem Jahr 1976, Achberg 2014, S. 18.

8 Rainer Rappmann, Der Soziale Organismus – ein Kunstwerk. Interview mit Joseph Beuys, in: Volker Harlan/ Rainer Rappmann/ Peter Schata, Soziale Plastik – Materialien zu Joseph Beuys, Achberg 1984, S. 16.

9 Joseph Beuys, Sprechen über Deutschland. Rede vom 20. November 1985 in den Münchner Kammerspielen. Die Vortragsreihe Bd. 3, Wangen 2002, S. 16.

zu beteiligen. In dieser Aufforderung wird die Utopie zum Plan, und so befand Beuys in einem Gespräch 1984: »Utopie heißt ja der Plan. Manchmal ist es ein Langzeitplan, kürzer oder länger, je nach Anstrengungen, die gemacht werden auf diesem Weg. Und am Ende ist dieses utopische Ziel erreicht.«[10]

10 Friedhelm Mennekes im Gespräch mit Joseph Beuys, 30.3.1984, in: Friedhelm Mennekes, Joseph Beuys. Christus denken / Thinking Christ, Stuttgart 1996, S. 45.

Radikale Vielfalt – eine Befragung

Olga Grjasnowa, Gerhild Steinbuch

Radikalität zum Abheben, Ablegen, als Accessoire, Alltag, Ausnahme, Radikalität als Privileg? Im Begriffsdickicht herumstehen, die Sprache im Blick, das, was sie formt, woran sie geformt wird. Da den Überblick bewahren: gar nicht so einfach. Wovon sprechen wir also, wenn wir von Radikalität sprechen, und wovon schreiben die, wenn sie, falls sie radikal schreiben?

Die heutige Radikalität ist vor allem eine bürgerliche. So begegnet sie uns etwa auf Spielplätzen, wo es letztens zwischen einer Mutter und einer Großmutter fast zu Handgreiflichkeiten wegen gendergerechter Sprache gekommen wäre – die eine Mutter duldete keine femininen oder maskulinen Pronomen, und die andere Frau fühlte sich davon provoziert, so sehr, dass sie beschloss einzugreifen. Ihre Diskussion ging sehr lange und wurde zunehmend aggressiver. Die meisten erziehungsberechtigten Menschen um sie herum starrten auf ihre Mobiltelefone und taten so, als ob sie kein Deutsch verstehen würden, und schauten immer wieder verstohlen zu den beiden Frauen, denn ein Streit auf einem Spielplatz zwei Tage zuvor hatte mit einem Polizeieinsatz geendet: Väter hatten sich mit Fahrrädern beworfen.[1]

Oder bei den Protesten der »Letzten Generation«, deren Mitglieder und Aktionen durch und durch bürgerlich sind und in der Tradition der Anti-AKW-Bewegung stehen statt der Antifa und die gerade durch ihre Bürgerlichkeit radikale Reaktionen der Politiker*innen triggern, die glauben, sich so vor der vermeintlich kleinbürgerlichen Wählerschaft mit law & order profilieren zu können. Je radikaler, desto besser. Selbst Hausdurchsuchungen, bei denen nichts außer Kleber gefunden wurde, waren gerade radikal genug.

Allerdings ist die Radikalität der bürgerlichen Mitte die Gefährlichste von allen. Denn sie kommt harmlos

1 BZ vom 1.6.2023, https://www.bz-berlin.de/berlin/neukoelln/elternstreit-auf-spielplatz-eskaliert-fahrrad-geworfen.

daher, als gesellschaftliche Norm, und zu den Normen müssen sich alle verhalten.

Der Duden definiert Radikalität als etwas von Grund auf Erfolgendes, Ganzes, Vollständiges, Gründliches, radikales Handeln als Vorgehen mit Rücksichtslosigkeit und Härte. Ich stehe im Begriffsfeld, wälze das Begriffsfeld, denke: Radikalität verändert immer wieder ihre Form und Sprache, sie lässt sich nicht zuordnen, bevor sie auftritt. Ich stelle Spieler∗innen auf, stelle sie gegeneinander: Radikalität und Durchlässigkeit, Radikalität und bedachtes Sprechen, Radikalität und Erzählung, Stück, Radikalität und formaler Zugriff, Radikalität und Vorsicht. Ich betrachte Radikalität als Bedingung grundsätzlicher Transformationsprozesse und suche nach Positionen und Positionsverlusten, orientiere mich: Irgendwo muss man ja anfangen. In anderen Gedanken orientieren. Sara Ahmed schreibt: »Orientation is about how we begin, how we proceed from there.« Wir beginnen am Schreibtisch sitzend. »Who faces the writing table? Does the writing table have a face, which points toward some bodies rather than others?«[2] Wo hört der eigene blinde Fleck auf und beginnt die Erzählung, die darüber hinaus geht, zum Beispiel hinein in die sogenannte Gesellschaft? Lässt sich diese von hier aus überhaupt betrachten, beschreiben, schreiben, oder: Welche Sprache läuft von hier los und kommt von dort zurück, und wie lässt sie sich transformieren, wenn sie bei allem Willen zur Abweichung, zum Abschweifen immer wieder ankommen muss, hier bei mir, in der sogenannten Gegenwart, weil die Zukunft eine andere Sprache produzieren wird – und weil die Sprache der Gegenwart, wenn sie bei mir ankommt wie dieses Zitat, immer schon gesagt, das heißt, in gewisser Weise fixiert worden ist?

2 Sara Ahmed, Orientations – Toward a Queer Phenomenology, in: GLQ. A Journal of Lesbian and Gay Studies, Vol. 12, No. 4, 2006, S. 543–574.

Wir beginnen also am Schreibtisch sitzend. Von dort bewegen wir uns in andere Zimmer, Räume, orientieren und werden orientiert. Gleichzeitig stehen wir auch bereits in anderen Räumen, die Räume schichten sich, auf- und gegeneinander. Wir orientieren uns in mehreren Räumen zur selben Zeit, die einander selten komplementieren, oft ausschließen, ausschließen könnten oder können: Familie, Arbeit, Text, Universität, Aktivismus. Wir wechseln zwischen Räumen, legen Räume übereinander, schieben Räume ineinander. Wie den einen Raum transformieren ohne den anderen? Oder, anders gefragt: Wo die Cuts setzen, Leerstellen, Risse als potenzielle

Möglichkeitsräume für Veränderung, ohne dabei Grenzen als Barrieren zu etablieren, auszuschließen, abzusprechen?

Wenn man radikale Kunst als erstrebenswerte Praxis versteht, die mit der autoritären Setzung eines Kunstwerks als in sich stabiles Ganzes bricht, somit auch gesellschaftliche Einheitserzählungen infrage stellt und Räume öffnet, lässt sie sich gewissermaßen als Gegenpol zu all jenen politischen Praxen verstehen, die Gemeinschaften mittels Ausschluss bilden, rhetorisch, physisch, existenzbedrohend. Radikale Kunst experimentiert, sie lässt Galerien, Theater, Literaturhäuser als entpolitisierte Orte hinter sich, stört autoritäre Raumkonzepte, schafft Raum für Utopien. Radikale Kunst transzendiert Grenzen zwischen Gattungen, zwischen Kunstsparten, versteht sich als transdisziplinär, verfügt über unbegrenzten Materialkorpus, ihr Material ist die Welt, die sie durch spielerischen Zugriff mitgestaltet. Radikale Kunst arbeitet mit Verfahren, die Ordnungssysteme infrage stellen, sie schweift ab, bricht ab, überschreibt, zitiert, verfremdet, kopiert.

Aber wie wirksam sind diese Verfahren, heute, jetzt, hier, wofür wirken sie und gegen wen? Was passiert mit radikalen künstlerischen Praktiken, wenn sie gelehrt, also in gewisser Weise institutionalisiert werden? Sind es nur bereits genannte Orte, die durch das Bewusstsein der Besucher*innen um ihren Kontext Irritationen, Rollenverschiebungen, Unplanbares nahezu unmöglich machen? Hat das Unplanbare noch mit Radikalität zu tun – oder mit Konvention, Unterhaltung, Establishment?

Radikalität als Marke

Zurückspulen in die jüngere Vergangenheit: Im Sommer 2017 bricht ein Grüppchen Rechtsextremer auf zur Rettung des Abendlandes. Schon wieder! Eins, zwei, drei: Wir kommen in Frieden. Auf ihrem Kreuzzugsschiff der Nächstenliebe (wobei der Nächste hier immer den in derselben schönen, braunen Erde Verwurzelten meint) schippern sie munter drauflos, um das zu tun, was NGOs im Mittelmeer bereits tun – nur effektiver und weniger korrupt und auch sonst irgendwie identitär richtiger. Flüchtende Menschen, in Seenot befindlich, sollen gerettet – und dann postwendend zurückgeschickt werden. Die Mission scheitert bzw. treibt ohne klaren Ausgang dahin, steht doch bei allen Aktionen der rechtsextremen selbsternannten Identitären Bewegung, um die es sich hier handelt, weniger das Erreichen eines Ziels im Vordergrund als das Abhalten der Aktion an sich. Oder anders: Zur Heldenerzählung reicht die proklamierte Heldentat, das Ziel der Reise ist ihr Antritt, so er medial rezipiert wird. Die Geschichte schreibt sich also quasi von selbst, und sie schreibt sich immer weiter: Denn es handelt sich bei der unter dem Titel *Defend Europe* abgehaltenen munteren Bootsfahrt um bloß eine weitere Aktion in einer Reihe von vielen ähnlichen, die im deutschsprachigen Raum mit der »Gegenbesetzung« der Wiener Votivkirche als »Reconquista« eröffnet wurde. Reconquista als Retraumatisierung. Die Identitäre Bewegung unterscheidet sich hier also nicht von anderen, traditionelleren rechtsextremen Gruppierungen – allerdings versteht sie sich per Eigendefinition als gewaltfrei. Es wird vermeintlich nicht angegriffen, sondern in Situationen eingegriffen, interveniert unter Zuhilfenahme situationistischer, zweckentfremdeter Praktiken.[3]

Aktionismus, Überschreibung, Cut-up: Selbst der Gründungsmythos der sogenannten Bewegung präsentiert sich gemäß situationistischer Praktiken als Collage: Das Lambdazeichen der Identitären soll dem Zeichen auf dem Schild der Spartaner entsprechen. *This is Sparta!* Aber welches? Graphic Novel, Legitimationserzählung, Blue-Screen-Spektakel. Ein vielfach kopierter Gründungsmythos, der Einheitlichkeit fingiert, um den eigenen Standplatz zu legitimieren, der das Recht zu sprechen für sich beansprucht und benutzt, um die Fiktionenbildung voranzutreiben – das Recht zu sprechen und das Recht zu schlagen. Neben der Behauptung einer Geschichte, die so nie stattgefunden hat, treten auch deren Protagonist*innen als das auf, was sie nicht sind. Sie wissen um die spektakuläre Gesellschaft und ihre Wirkmechanismen, wissen, wie man Ordnungen stört, sie verfügen souverän über Strategien der Bildstörung, die sie einsetzen, um ihnen eigene menschenfeindliche Ordnungsprinzipien zu etablieren und bildwirksam sowie popkulturell aufgeladen zu verteilen: radikal uniform.

Was heißt die Zweckentfremdung vormals subversiver künstlerischer Mittel nun für eine widerständige künstlerische Praxis? Was wäre ein radikaler künstlerischer Zugriff in einer Welt, deren Protagonist*innen ständig Geschichte(n) schreiben, neu schreiben, überschreiben, in denen sie permanent als etwas anderes

3 Nach Gerhild Steinbuch, Hinter den Räumen (Schreiben, trotz allem), in: Sandra Umathum/Jan Deck (Hg.), Postdramaturgien, Berlin 2020, S. 84–95.

auftreten und immer als etwas, das sie nicht sind, und doch durch ihre Auftritte eindeutig scheinen und unglücklicherweise für einige Augen auch eindeutig zu sein beginnen?[4]

4 Ebd.

Avantgarden kamen und gingen, wurden historisch und fanden ihren Platz in den Geschichtsbüchern. Sie standen für Provokationen, radikalisierte Experimente, Ausweitung der Materialgrundlagen, Vernetzung der Gattungen und Sparten und Erweiterung der Diskurse. Radikale Kunst ist ein ziemlich kippliges Begriffsfeld.

Heute wird der Begriff Radikalität von der Werbung geliebt und in der Politik gefürchtet. Er kann helfen, Aufmerksamkeit zu generieren und Güter und Dienstleistungen zu vermarkten: So gibt es eine Künstlerinnen-Gruppe, die sich »Radikale Töchter« nennt, »Radical Hair« ist der Name eines Friseursalons, »Radical Transformation« wird von einem Lifecoach aus Berlin angeboten, in der Schweiz steht es für einen Schnäppchenmarkt mit radikalen Liquidationen, Bücher haben Titel wie »Radikale Zärtlichkeit« oder »Radikale Selbstfürsorge«, und die Künstlerresidenz Hedgebrook in den USA wirbt mit »Radical Hospitality«.

Radikalität ernst nehmen

Aber vielleicht versuchen wir zuerst, den Begriff ernst zu nehmen:

Was sich festhalten lässt. Unsere Welt befindet sich inmitten von radikalen Umbruchprozessen, diese spiegeln sich auch in Kunst, Theater, Literatur wider, subversiv wie affirmativ. Wer jetzt Widerstand sagt, meint dabei meistens jene Art neoliberaler Resilienz, die strukturelle Diskriminierung eher überdeckt denn freilegt. Oder eine Art der Radikalität, die sich über Exklusion und das Absprechen von Existenzberechtigungen definiert.
Wie radikal sein, wenn alles immer schreit? Wie radikal schreiben? Vielleicht wäre es sinnvoll, Durchlässigkeit als Teil von Widerstand zu denken, weniger als etwas, das in Kauf genommen oder aufs Spiel gesetzt werden muss, sondern als Voraussetzung eines radikal gegenwärtigen Aufeinandertreffens. Vielleicht kann Radikalität als künstlerische Praxis vor diesem Hintergrund neu gelesen werden. Nicht als eine Praxis des radikalen Umbruchs, sondern der radikalen Öffnung: einer radikalen Öffnung für andere Geschichten, Perspektiven, Menschen; für das Umlernen der eigenen Dogmen, für das Überdenken

der eigenen Gewohnheiten und zugleich als Widerstand gegen eine radikale und vor allem radikal menschenfeindliche Praxis des Ausschließens und Absprechens.

Für diese Prozesse werden einzelne Sprachen und Formen gefunden werden müssen, Sprachen und Formen, die ein gegenwärtiges Aufeinandertreffen und eventuell sogar ein Sich-Verstehen ermöglichen. Eine radikale Schreibpraxis heißt womöglich, zumindest für eine Theaterautorin, Texte als Orte der Versammlung zu denken, an denen man einander begegnet, an denen man erfindet, experimentiert, diskutiert. Orte der Verhandlung, aber auch der Imagination. Orte, an denen etwas gleichzeitig real und nicht real ist.

Was der Dramatiker Thomas Köck über das Theater schreibt, nämlich dass dort eine verdichtete Sprache in ihrer Seltsamkeit und Fremdheit radikal gegenwärtig auf Körper trifft,[5] markiert eine für das Erzählen essenzielle Differenz: Geschichten sind von Körpern nicht zu trennen, sie werden auf Körpern ausgetragen und in diese eingeschrieben, Körper, die Biografien haben, die selbst sprechen. Ein radikaler Text muss Raum bieten für dieses Sprechen. Der Text ist nicht die Welt, denn der Text ist vielleicht schlauer als die schreibende Person, aber trotzdem begrenzt in seiner Weisheit, die, wenn überhaupt, nur zwischen den Wörtern, den Worten liegen kann, in den Rissen, durch die etwas in die Sprache hineinsuppt und den Sprachfluss verschiebt, woandershin, ins Nicht-Intendierte. »Was steht da, was heißt das, ist das, was das Geschriebene bedeutet, das Gemeinte, ist es das, was man hatte sagen wollen?«, fragte Rainald Goetz 2012 in seiner Antrittsvorlesung zur Heiner-Müller-Gastprofessur an der Freien Universität Berlin: »Die Differenz zwischen Text und Gedanke ist die Essenz dieser dauernd praktizierten Übung des Schreibens, das Lesen der eigenen Schrift. Und das ist die Grunderfahrung des Schreibens: dass das, was da steht, nicht das sagt, was man hatte sagen wollen, dass der Eigensinn der Schriftlichkeit, der Fixierung, der textlichen Verbalität sich dauernd vordrängt. Sehr stark sagt der Text, was er will, nicht, was er nach dem Willen des Schreibers sagen sollte.«[6]

Die Schnittstelle zwischen Welt und Text und das radikale Potenzial eines Textes liegen also in der Frage nach der Sprache, die gesprochen wird – und in der Frage danach, was aus der Sprache herausspricht, welche Stimmen, Narrative, Blickgewohnheiten –, und auf

5 Thomas Köck, der körper, die wörter, das ereignis, in: Logbuch Suhrkamp, o. D. http://www.logbuch-suhrkamp.de/thomas-koeck/der-koerper-die-woerter-das-ereignis/.

6 Rainald Götz, Antrittsvorlesung zur Heiner-Müller-Gastprofessur an der FU Berlin 2012. https://youtu.be/tJk2_Yopxcw.

welche Körper, Geschichten, Biografien sie verweist. Denn was tun wir, wenn wir uns durch Sprechen beglaubigen, und wie tun wir das? Das Sprechen, das Schreiben braucht eine Legitimation, »ich als« darf etwas sagen, das auch gehört werden muss, weil es das zur Sprache bringt, *bezeugt*, was in den Körper eingeschrieben wurde. Oder was dem Körper erst durchs Sprechen zugeschrieben wurde? Wenn der Text radikal mit Welt arbeiten soll, dann muss auch danach gefragt werden, ob er es bewusst tut oder ob er gesellschaftliche Erfahrungen, Verletzungen, Grenzüberschreitungen, Übergriffe reproduziert und legitimiert.

Das ist natürlich auch für die Prosa wahr, aber nicht gänzlich. Die Prosa arbeitet nicht mit vorhandenen Körpern, sie muss diese erst erschaffen und beschreiben. Und hier fängt es bereits an, welche Worte wähle ich, um einen Körper zu beschreiben, nenne ich seine Fülle, seine Fähigkeiten, seine Hautfarbe und wie mache ich das? Oder beschreibe ich bloß die Reaktionen auf solch einen Körper? Roxanne Gay, eine queer-feministische Autorin, schreibt: »When you're overweight, people project assumed narratives on to your body and are not at all interested in the truth. Fat, much like skin colour, is something you cannot hide, no matter how dark the clothing you wear, or how diligently you avoid horizontal stripes. You may become very adept at playing the role of wallflower. You may learn how to be the life of the party so that people are too busy laughing at or with you to focus on the elephant in the room.«[7]

7 Ausschnitt aus Roxane Gay, Hunger. A Memoir of (My) Body, London 2017, adaptiert und gekürzt für The Guardian, 1.7.2017, https://www.theguardian.com/books/2017/jul/01/roxane-gay-my-body-is-a-cage-of-my-own-making.

In der Prosa ist dies alles die Verantwortung der Schreibenden, dabei können natürlich entweder Klischees oder Schlimmeres reproduziert werden, oder es findet sich doch eine neue Sprache, eine neue Methode.

Aber auch Orte, Stimmungen, sogar Jahreszeiten und Epochen können und mitunter müssen in der Prosa erschaffen werden. Wichtig für die Prosa ist die Sprache, der Aufbau, und je länger ich schreibe, desto eher glaube ich, dass der Aufbau fast das Wichtigste an der Prosa darstellt, die Entscheidung für eine bestimmte Geschichte, zeitliche Periode und vor allem eine Perspektive, aus der diese Geschichte erzählt wird.

Nicht minder wichtig ist die Frage »Wer schreibt?«, ohne die Biografie mit der Autorschaft gleichsetzen zu wollen, und wie dieser Text und von wem rezipiert wird. Denn da gibt es durchaus Unterschiede. Wie Ocean

Vuong in einem Interview mit dem *Guardian* feststellte: »I make a distinction, however, between memoir and autobiography, the latter I take quite literally to be 'the writing of the self'. It's a tricky thing, though, because I've learned that writers of colour are often expected to perform a kind of ethnography in their work that's devoid of 'craft' – or, worse, that their work is read as 'mere' reportage, creating a myth that the work is only valuable for its 'exotic' subject and not for its artistic strategies. In this way, I have great affinity with [Toni] Morrison's claim that 'I am not my work', and, further, that my work is not just my experience, but rather a questing forward from experience.«[8] Oder wie es im Gedicht von Semra Ertan heißt: »Mein Name ist Ausländer«. So wird etwa die Einordnung in »Migrationsliteratur« und deutschsprachige Literatur erst nach und nach aufgegeben.

Radikale Literatur entsteht durch die radikale Vielfalt der Schreibenden, ihrer Schreibweisen, Erfahrungen, Ansichten, Weltauslegungen und Gattungen. Eine radikale Literatur braucht eine radikale Öffnung und Anerkennung anderer, und zwar eine radikale Anerkennung. Nicht nur in der literarischen Produktion, sondern auch im sogenannten Literaturbetrieb. Hier muss tatsächlich die Radikalität eingefordert werden: Vielfalt der Narrative und Poetiken, der Schreibenden und Kulturmittler*innen. Es geht dabei darum, die Toleranz der Vielfalt durch eine grundlegende Transformation der Gesellschaft herzustellen, es geht um das Erschaffen von Texten, die die Dominanz bestimmter Perspektiven und Normen herausfordern und alternativen Sichtweisen und ästhetischen Ausdrucksformen Raum geben. Nur ist Aktivismus natürlich nicht per se Kunst und Literatur verfolgt andere Ziele.

8 Ocean Vuong: ›I don't believe a writer should just keep writing as long as they're alive‹. Interview mit Kadish Morri, in: The Guardian, 3.6.2023, https://www.theguardian.com/books/2023/jun/03/ocean-vuong-i-dont-believe-writer-should-just-keep-writing-as-long-as-theyre-alive-time-is-a-mother-paperback.

Radikalität als Struktur

Die produzierte Kunst sollte im besten Fall ausgestellt werden, Literatur sollte veröffentlicht und rezipiert werden, Aufmerksamkeit bekommen. Bei Weitem nicht alle Institutionen sind fortschrittlich, manche nur radikal, wie etwa der gegenwärtige oder ehemalige Lektor und stellvertretende Geschäftsführer des Deutschen Literaturfonds, die Homepage des Deutschen Literaturfonds hüllt sich da etwas in Schweigen, Gunther Nickel, auch als ehemaliger Sprecher des hessischen Landesverbandes der Alternative für Deutschland (AfD) bekannt.

Zu seinen Fachgebieten gehört übrigens die Innere Immigration.

Radikalität bedeutet eben nicht nur radikales Schreiben, sondern auch die radikale Öffnung der Institutionen, ein Öffnen der Sprache, im Schreiben wie im Sprechen, also auch in der Lehre. Radikalität heißt hier vor allem eines: ein ständiges Aushandeln, ein Aushalten von Widersprüchen, heißt: Durchlässigkeit bewahren für neue Perspektiven, deren Geschichten und deren Dramaturgien, auch für deren Körper und deren Fähigkeiten; heißt ein fundamental anderes Verständnis von Zeit, das diese Aushandlungsprozesse mit sich bringen. Wie lässt sich also Radikalität lehren? Durch Positionsverschiebung: »Orientation is about how we begin, how we proceed from there.« Sich orientieren heißt abweichen, heißt auch, die Abweichung nicht als ausgetretenen Pfad vielfach beschreiten, zur Marke werden lassen, heißt neugierig bleiben und misstrauisch vor allem sich selbst gegenüber. Die radikale Universität ist Lernort für alle, auch für die Lehrenden und bedarf ständiger Weiterentwicklung. Im idealen Fall ist es ein Ort, an dem Künstler*innen und Autor*innen gehört, gesehen und ernst genommen werden. Es gibt auch keine andere Möglichkeit, denn wir müssen Sprachen und Formen finden, finden lassen, die nicht unseren, den bereits gedachten, gemachten, vielfach zitierten entsprechen.

Keine Kunst für den Markt, sondern für die Gesellschaft

Die Jahre als Studierende an einer Kunstuniversität sind wahrscheinlich die einzigen, die einem anderen Werteschema als dem kapitalistischen folgen oder zumindest eine Weile lang folgen können. Aber es ist kein Luxus, sondern eine absolute Notwendigkeit, künstlerische Praxen zu ermöglichen, die nicht für den Markt da sind, sondern für die Gesellschaft. Kunstformen, die das Schreiben außerhalb der Mehrheitsgesellschaft nicht nur ermöglichen, sondern auch fördern, machtkritische und/oder marginalisierte Perspektiven und Schreibweisen zulassen und dabei differenzierte Unterscheidungen machen. Dabei geht es natürlich stets nicht nur um Positionen, sondern um Menschen.

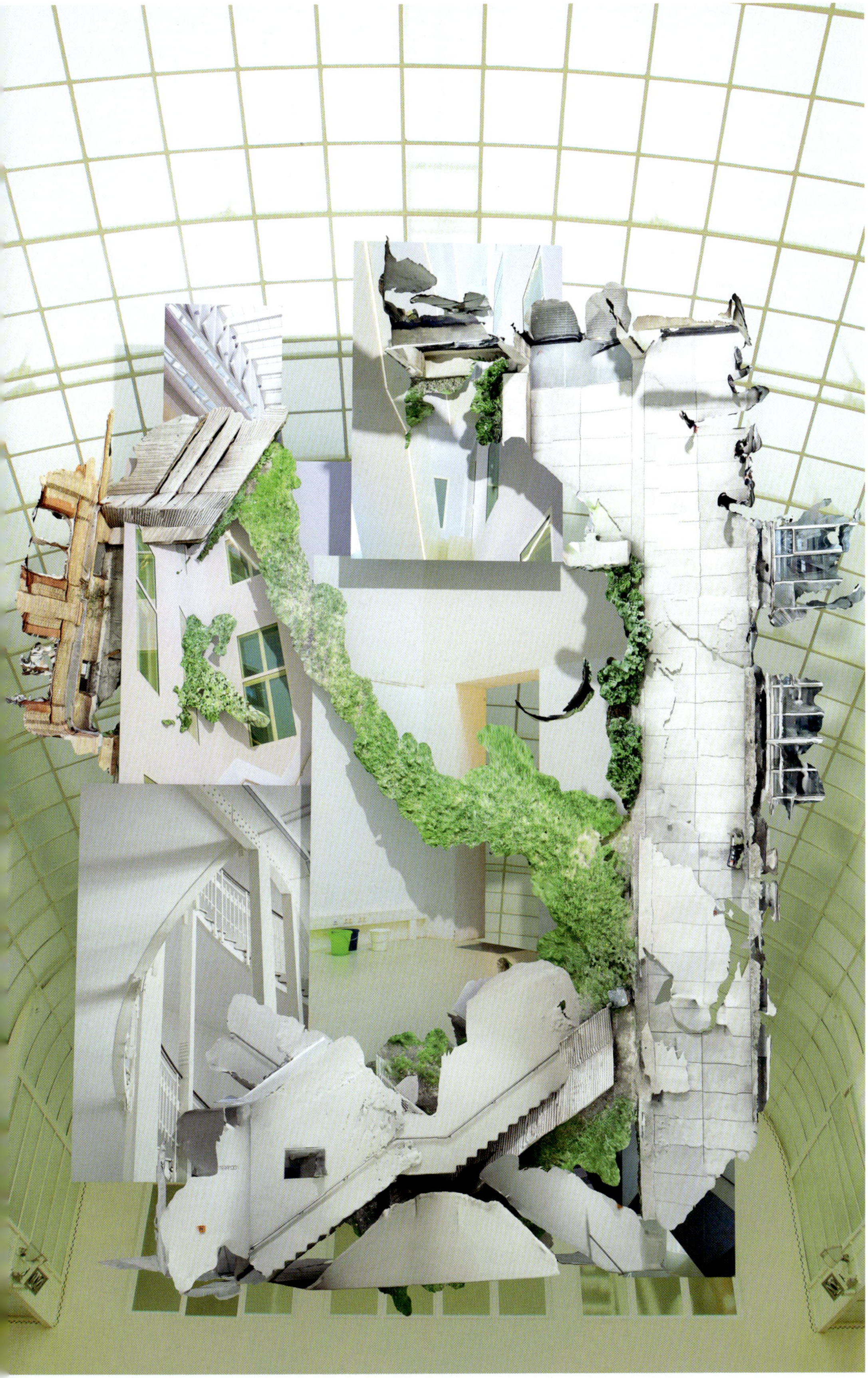

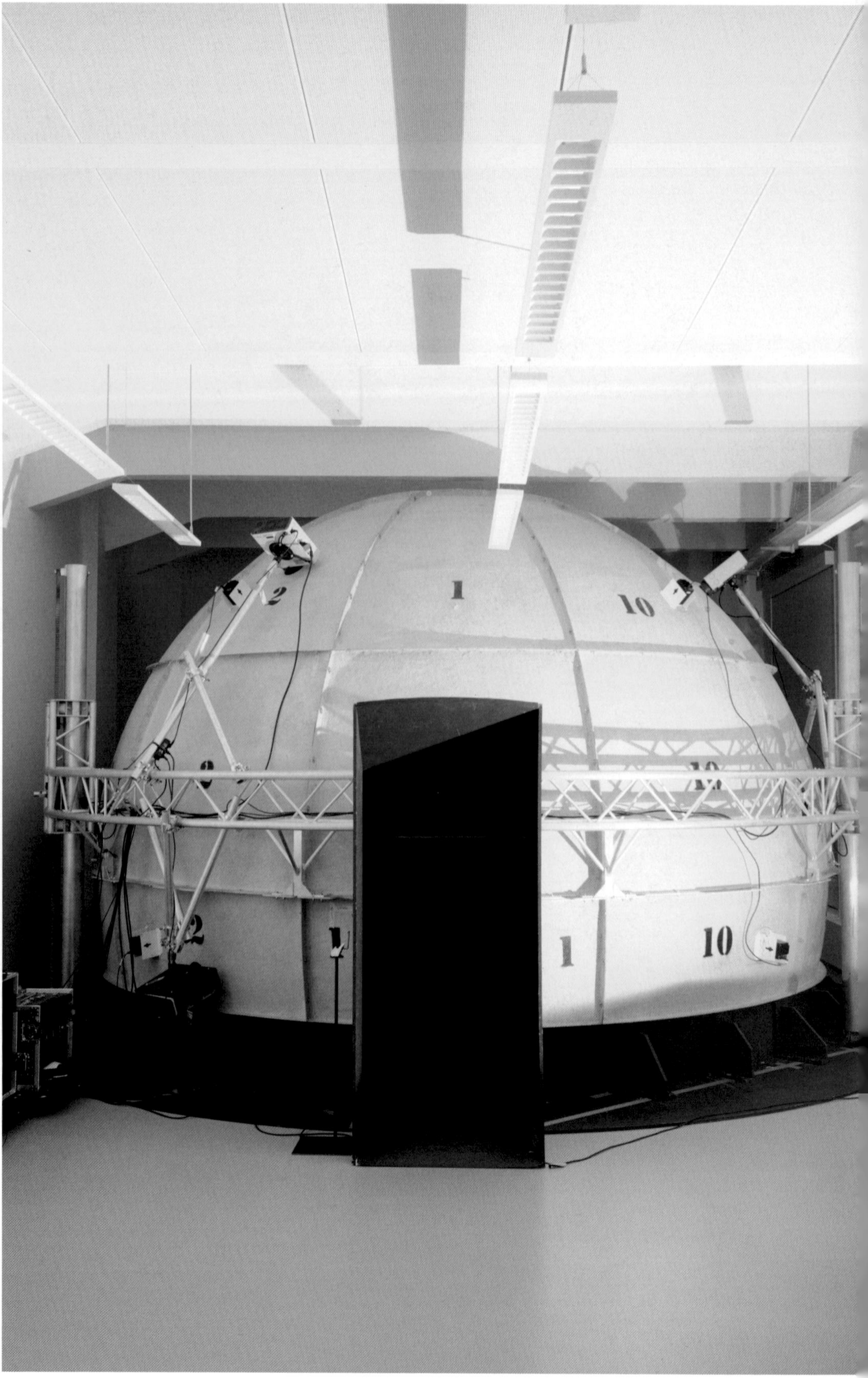
2
1
10
1
10

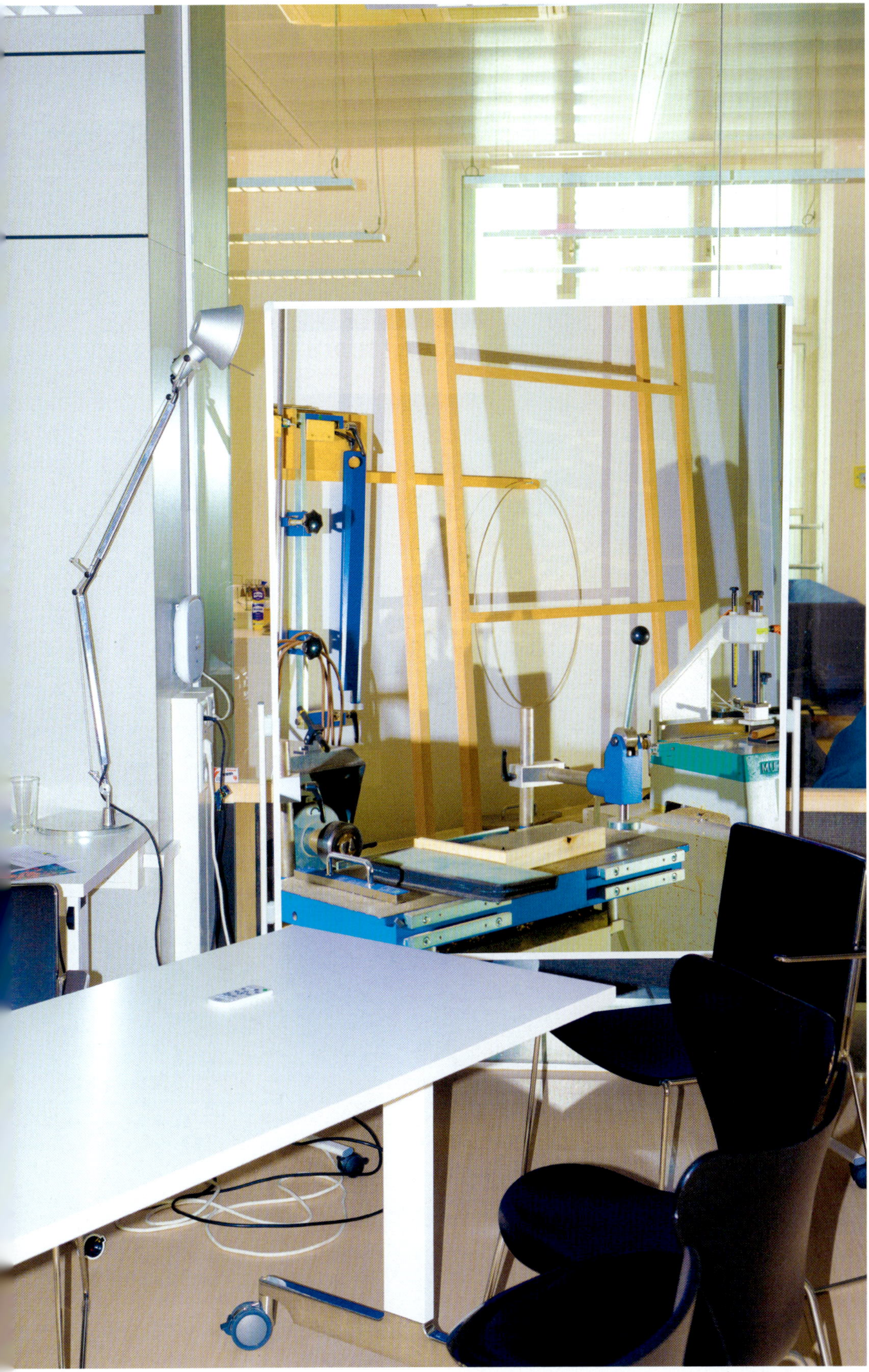

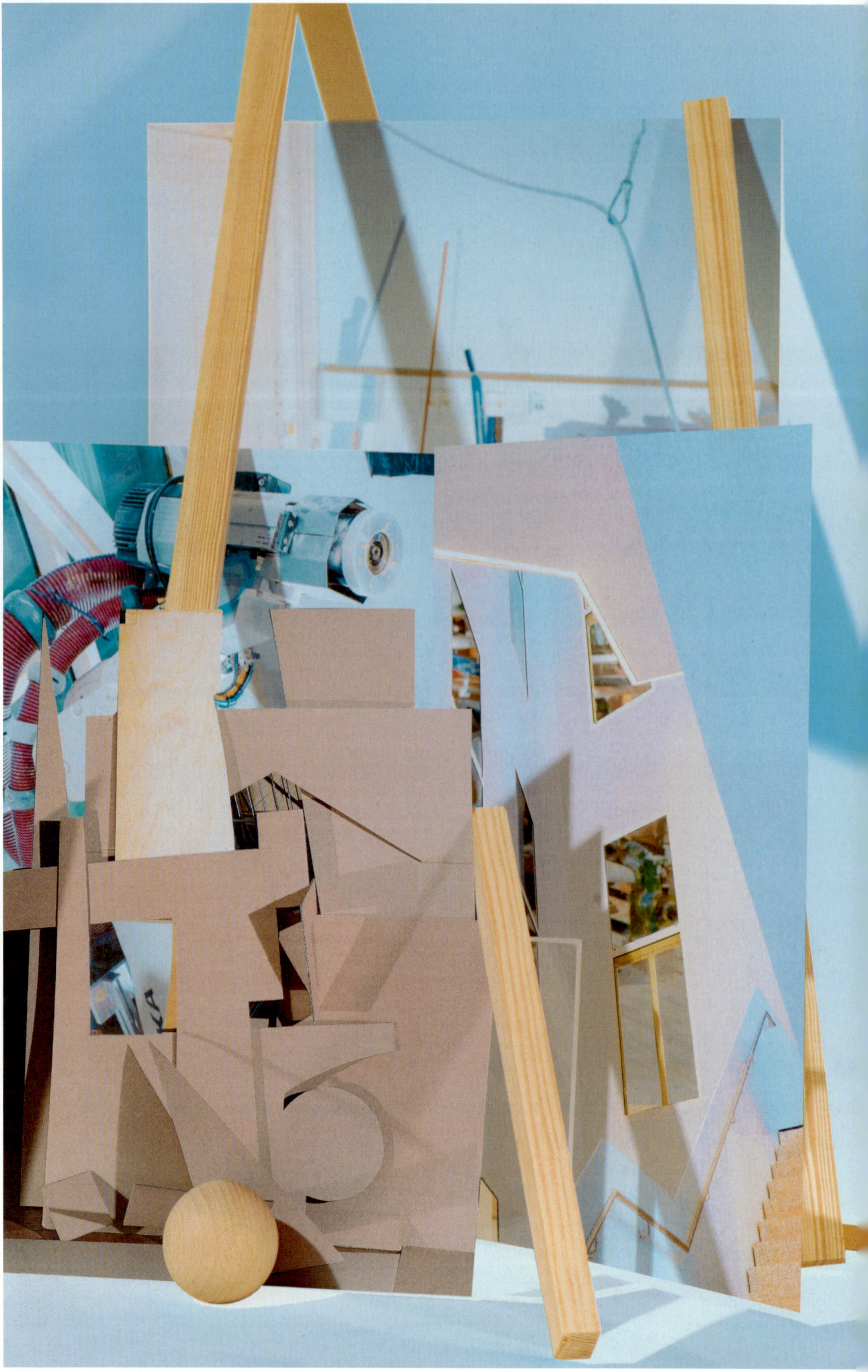

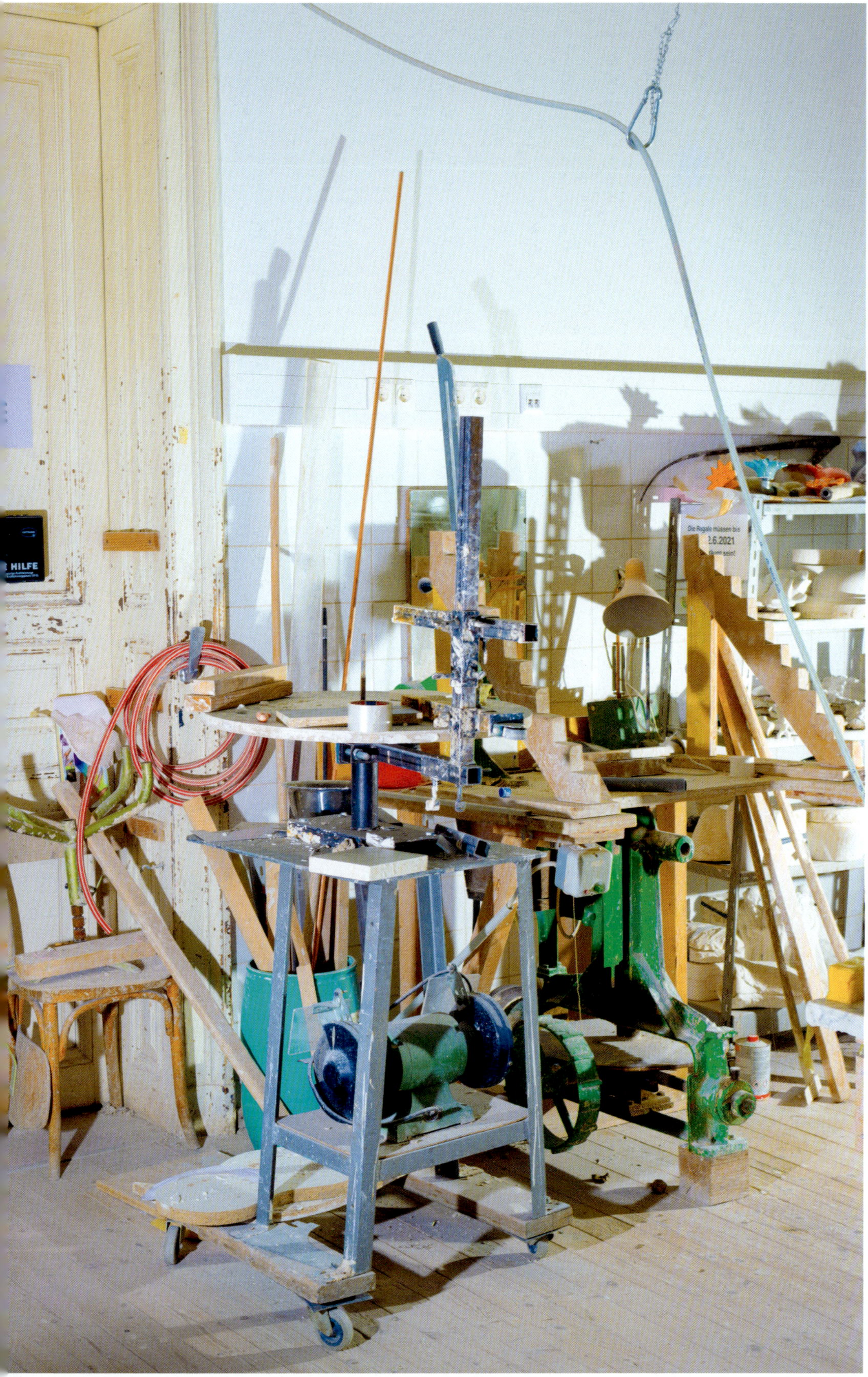
HILFE
Die Regale müssen bis

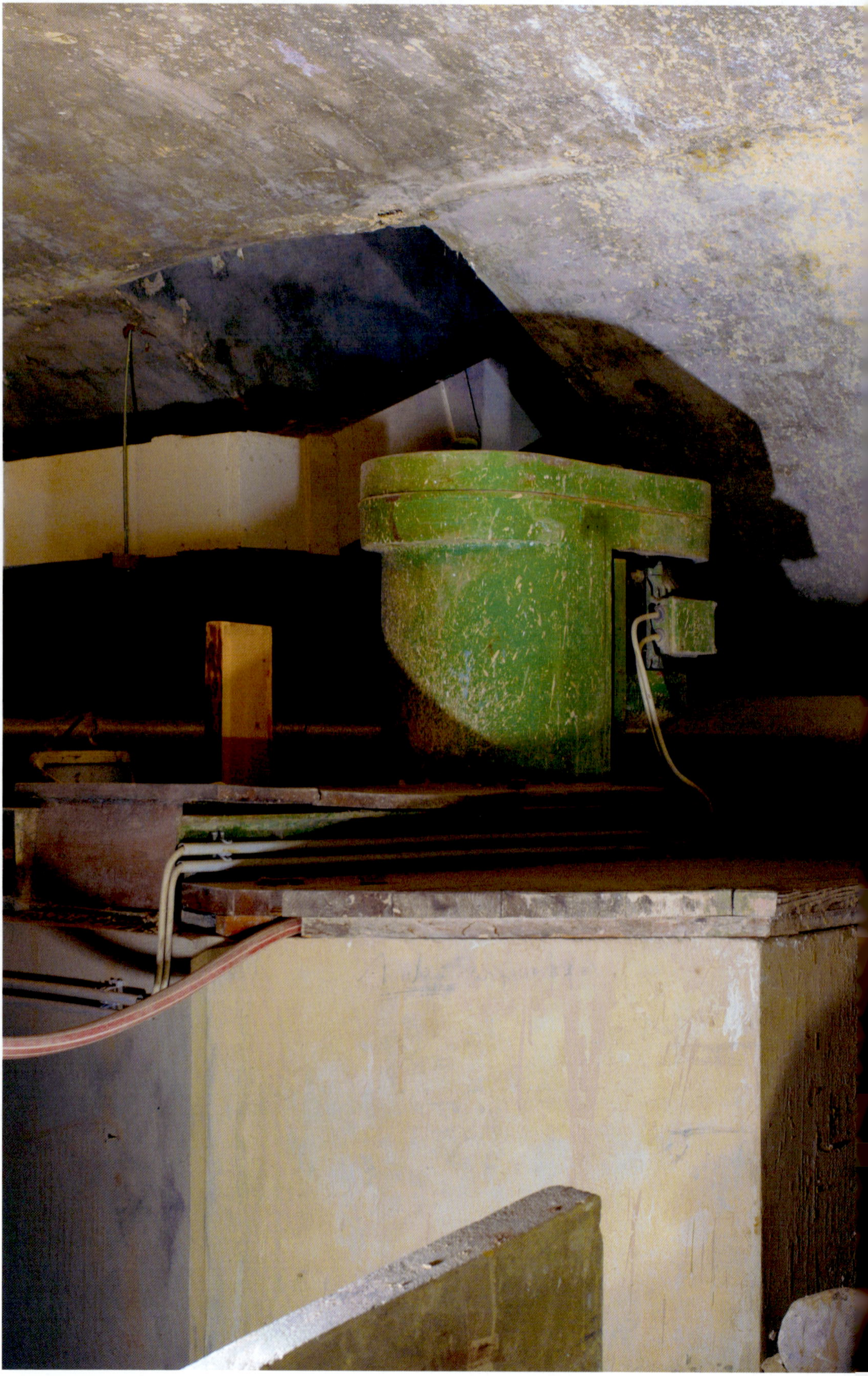

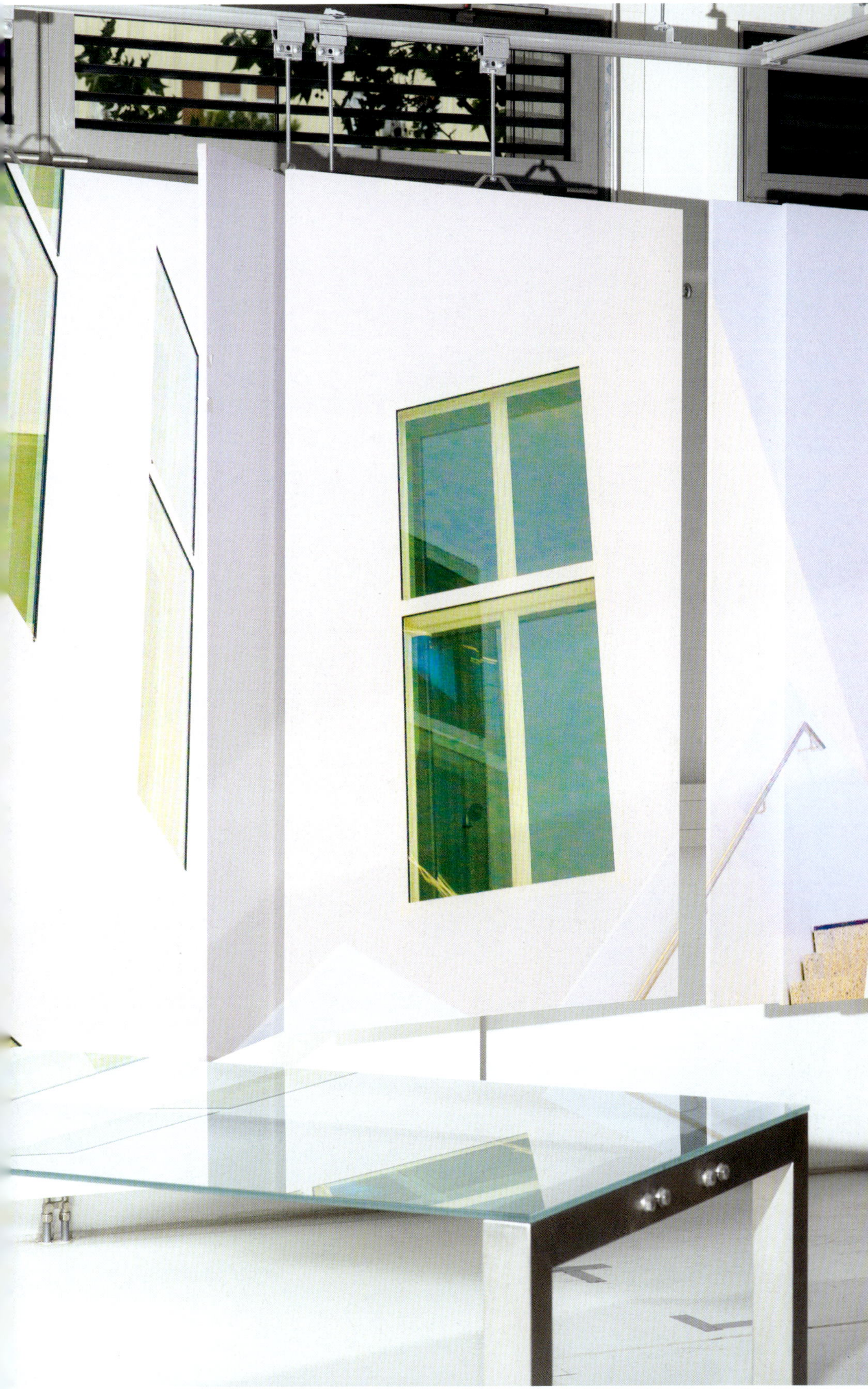

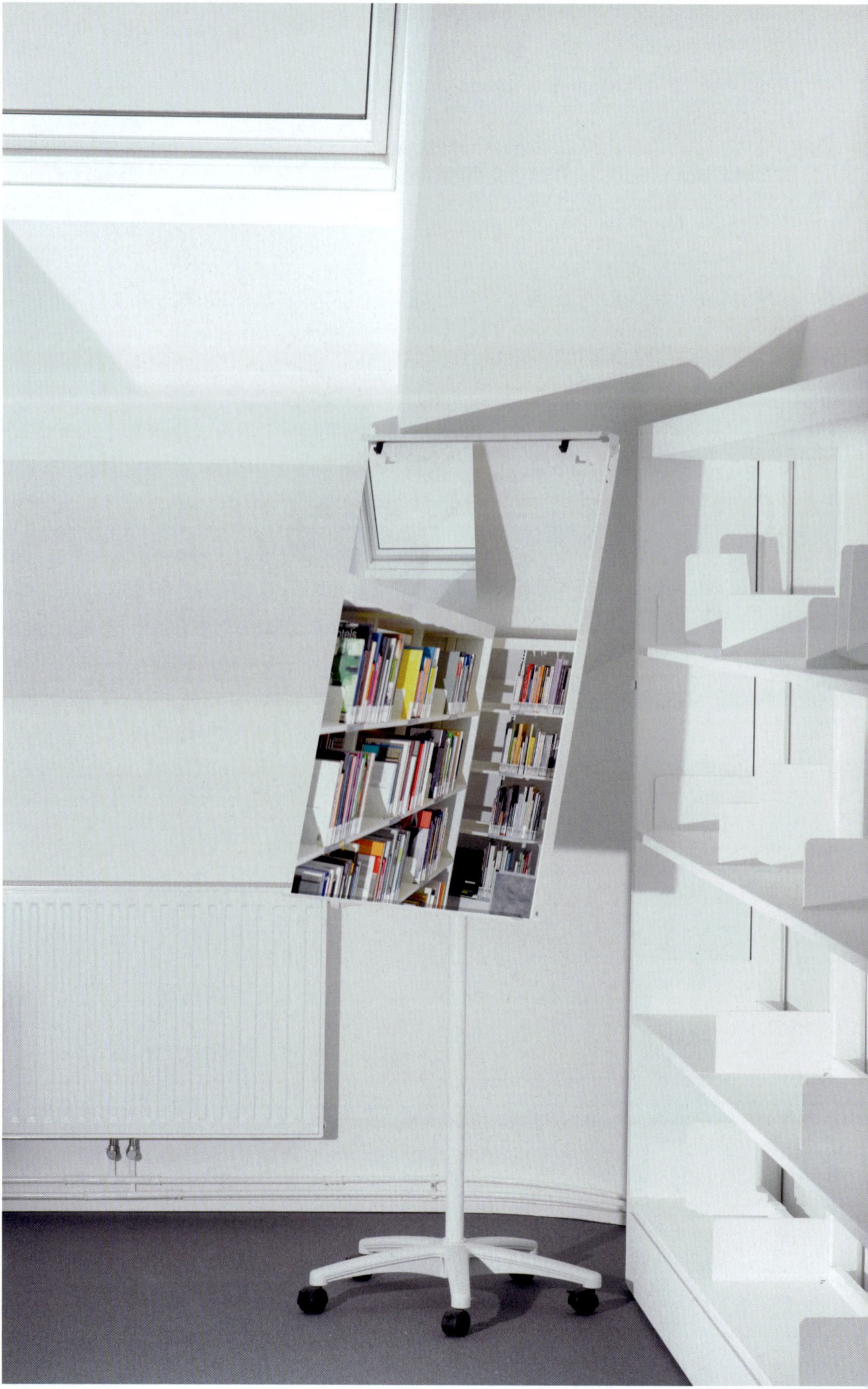

Radikale Bildung

Radikale Bildung. Ein Beitrag zum Verhältnis von Denken und Leben

Bernd Scherer

Mein Vortrag wird sich einem grundlegenden Aspekt der Universität widmen: Wie könnte heute eine radikale Bildung aussehen? Ich verstehe Bildung als einen Prozess, in dem es darum geht, »bewusst leben zu lernen«.[1] In Bildungsprozessen sind Denken-Lernen und Leben-Lernen immer aufs Engste verzahnt. Denkprozesse sind Zeichenprozesse, in denen man sich von der Ausführung einer Handlung distanziert. Sie beziehen sich auf bereits ausgeführte oder mögliche Handlungen, die als Schemata zur Verfügung stehen. In diesen werden die individuellen Differenzen bei der Ausübung ausgeblendet. Lebensprozesse hingegen sind Prozesse der Aneignung, des Vollzugs von Handlungen. Hier artikulieren sich gerade individuelle Differenzen. Denkprozesse ohne Aneignungsprozesse laufen ins Leere, Aneignungsprozesse ohne Distanzierung bleiben ephemer, verflüchtigen sich.

Ich möchte dies an einer Geschichte von Harun Farocki verdeutlichen. In dem Text *Lerne das Einfachste!* erzählt Farocki, wie es zu seinem Vietnamfilm *Nichtlöschbares Feuer* kam, als eine Bildungsgeschichte.[2] Die Bildung erfolgte in diesem Falle auf dem Schulhof. Dort hörte er folgenden Witz: »In der Nachkriegszeit: Ein Mann arbeitet in einer Staubsaugerfabrik. Er stiehlt jeden Tag ein Bauteil. Als er alle Teile zusammen hat, will er den Staubsauger zusammensetzen – aber wie er es auch anstellt, es kommt eine Maschinenpistole heraus.«

Diese Geschichte, die er von seinen Mitschülern gehört hat, wird für Farocki zur »Strukturidee« für seinen Vietnamfilm. Über seinen nächsten Film nachdenkend

1 Kuno Lorenz, Der dialogische Charakter der Vernunft, unveröffentlichtes Manuskript, S. 8f.

2 Harun Farocki, Lerne das Einfachste!, in: Ders., Lerne das Einfachste! Texte 2001–2014. Schriften Bd. 6, Köln 2022, S. 361f.

wird ihm klar, dass er unter Bezug auf das »Bauprinzip« der Geschichte einen Film über die Herstellung von Napalm und den Vietnamkrieg »zu machen hatte«. Der Film sollte zeigen, wie wir, abends vor unseren Fernsehern sitzend, Menschen sehen, die von Napalm verbrannt werden, ohne zu realisieren, dass wir das Napalm mithergestellt haben.

Mit den Worten »Strukturidee« und »Bauprinzip« verweist Farocki darauf, dass er sich nicht bloß die Geschichte der Mitschüler wiederholend aneignete, sondern dass sie in einem Distanzierungsprozess gleichzeitig zu einem Gegenstand seines Denkens wurde. In dem Moment, wo die Geschichte dann zum Bauprinzip des Vietnamfilms wird, findet eine auf der individuellen Erfahrung basierende Aktualisierung des Erlernten statt. An die Stelle der Nachkriegserfahrung tritt für den Filmemacher Farocki die persönliche Herausforderung, sich mit den Bildwelten des Kriegs in Vietnam auseinanderzusetzen. Der Denkprozess verwebt sich mit dem Lebensprozess zu einer Bildungsgeschichte, die zu Farockis Film *Nichtlöschbares Feuer* führt.

Die Bildungsgeschichte Harun Farockis lässt sich fortschreiben in unsere Zeit. An die Stelle der Napalmbilder aus Vietnam treten dabei Bilder einer planetarischen ökologischen Katastrophe. Die Logiken dieser Katastrophe weisen eine ähnliche Struktur auf wie die Bildungsgeschichte Farockis: Wir wollten das Energieproblem lösen und entwickelten Atomkrafttechnologien. Heute sind wir konfrontiert mit einem Atommüll, der noch Jahrtausende strahlen wird. Wir wollten das Ernährungsproblem lösen und entwickelten Kunstdünger, die Böden zerstören und Wasser verschmutzen. Wir wollten Waren für die großen Massen produzieren und entwickelten Kunststoffe, die in Form von Mikroplastik die Meere kontaminieren und mittlerweile auch in die Nahrungsketten eindringen.

Für lange Zeit konnten wir die Folgen unseres Tuns ignorieren, weil sie wenig oder überhaupt nicht sichtbar waren. Die Schattenseiten dieser Form des Wirtschaftens wurden externalisiert. Die Abfallprodukte – sie sind das Napalm der Farocki-Geschichte – wurden in den globalen Süden verfrachtet, dessen Kolonialgeschichte nie wirklich überwunden, sondern in andere Abhängigkeitsverhältnisse transformiert wurde. So konnten wir hier im Norden uns lange Zeit der Illusion hingeben, dass die Müllberge in Afrika, die verschmutzten Küsten und die Plastikkontinente in den Meeren nicht wirklich etwas mit unserer Welt zu tun haben.

Dies änderte sich in den letzten Jahren. Wir erleben einen Bumerangeffekt. Die Veränderung der Nahrungsketten erreicht uns, der Klimawandel trocknet auch unsere Böden aus, und Menschen, die im Süden nicht mehr von ihren Böden leben können, flüchten in den Norden. Wir befinden uns in einer planetarischen Krise, die kein Außen mehr kennt. Weder funktioniert die Verlagerung der Zerstörung in die Zukunft noch auf andere Kontinente. Erdwissenschaftler*innen sprechen deshalb von einem neuen Zeitalter, dem Anthropozän.

Es zeichnet sich dadurch aus, dass der Mensch durch die von ihm geschaffenen Technologien und Infrastrukturen so tief in das Erdsystem eingreift, dass er nicht nur den Planeten als Ganzes transformiert, sondern auch das bisherige Gleichgewicht aus der Balance bringt. Dies zeigt sich am exponentiellen Anstieg wesentlicher Erdparameter, vom Anstieg des CO_2-Gehalts bis zur Versäuerung der Meere, vom Wasserverbrauch bis zur Herstellung von Plastik – ein Phänomen, das Wissenschaftler*innen als »Great Acceleration« bezeichnen. Der Klimawandel, von dem wir in den letzten Jahren zunehmend betroffen sind, ist eine Konsequenz dieser Entwicklung. Da alle diese Prozesse von Menschen erzeugt sind, wird Menschheitsgeschichte zur Erdgeschichte.

Die bei diesen Prozessen eingesetzten Energien bringen aber nicht nur das Erdsystem aus der Balance, sie destabilisieren auch unsere Ordnungssysteme, indem sie unsere bisherigen Denk- und Wissenssysteme mitsamt den ihnen zugrunde liegenden Kategorien infrage stellen:

Natur-Kultur-Dualismus: Die Unterscheidung zwischen Natur und Kultur und die damit verbundene Unterscheidung zwischen einem intentionalen Handeln des Menschen und den kausalen Prozessen der Natur waren grundlegend für die Wissensproduktion einer globalen Moderne. Sie liegen der Trennung von Natur- und Kulturwissenschaften zugrunde. Die anthropozänen Prozesse haben nun jedoch zur Folge, dass sich menschliches Handeln immer stärker mit Naturprozessen verwebt. So führt die industrielle Produktion – also eine bestimmte Form menschlichen Handelns innerhalb der industrialisierten Teile der Welt – dazu, dass sich das Klima verändert und die Meeresspiegel ansteigen, ein wiederum naturhafter Prozess, der seinerseits Menschen andernorts dazu veranlasst, küstennahe Regionen zu verlassen. Aufgrund der immer stärker werdenden Durchdringung der Naturphänomene durch menschliches Handeln und Bewusstsein ändern sich die Gegenstandsbereiche der Naturwissenschaften grundlegend, was beispielsweise die rechtliche Frage aufwirft, wer im Falle der Klimaveränderung als Täter etwa für Überschwemmungen verantwortlich gemacht werden kann, sind doch die Verursacher*innen des anthropozänen Wandels nicht immer auch die Betroffenen.

Repräsentations- und Wissensbegriff: In der Welt des Holozäns galt der Mensch lange Zeit als Akteur, der vor einer einigermaßen konstanten Naturkulisse agiert. Dies hatte zur Folge, dass die Zeichenwelten als variabel angesehen wurden und unterschiedliche Gesellschaften verschiedene Zeichensysteme und damit Kulturen entwickeln konnten. Demgegenüber galt die Natur, die Welt der Gegenstände, auf die sich die Zeichen bezogen, als weitgehend konstant, ein Verständnis, das auch dadurch befördert wurde, dass das Erdsystem in den Zeiten des Holozäns einigermaßen stabil war. Zeichen repräsentierten demnach konstante Gegenstände.

Dies verändert sich in der anthropozänen Welt grundlegend. Wir sind wissensgetriebene Gesellschaften, nicht nur, weil unser Wissen ständig zunimmt, sondern weil die Realitäten, die wir erzeugen, auf Wissen beruhen. Dies bedeutet, die Wissens- und damit die Zeichensysteme repräsentieren nicht mehr ausschließlich die Welt, sondern mit ihrer Hilfe werden aufgrund der mehr oder weniger direkten Umsetzung von Wissen in Technologien und deren Anwendungen immer neue Welten geschaffen. Wir beziehen uns also mit den Zeichen nicht mehr auf die eine äußere Welt, sondern wir bewegen uns innerhalb von Welten, in denen sich Zeichen- und materielle Prozesse miteinander verbinden. So wird etwa am Beispiel der durch Algorithmen gesteuerten Finanzmärkte ersichtlich, wie Datenerhebung, Berechnung und Rückübersetzung in die Wirklichkeit zu einer beinahe in Echtzeit erfolgenden Verknüpfung des in Algorithmen gespeicherten, sich über Feedbackloops permanent verfeinernden Wissens mit der sich dadurch transformierenden Wirklichkeit führen. Die Zeichenwelten der Algorithmen interagieren unmittelbar mit den realen Welten und umgekehrt.

Diese Entwicklung stellt die Wissensproduktion und die Bildung vor große Herausforderungen. War es doch die Rolle der Wissenschaften auf der Grundlage von Forschungsprozessen, Begriffe und Darstellungen zu entwickeln, die die äußere materielle Welt beschrieben. Damit prägten sie zunehmend, was in unseren Gesellschaften als Realität verstanden wurde. Im Hinblick auf den anfangs eingeführten Bildungsbegriff können die Arbeitsweisen der Naturwissenschaften als Distanzierungsprozesse beschrieben werden. Sie erlaubten es, mit rationalen und quantitativen Verfahren Repräsentationsformen der Welt zu erzeugen, die die Welt aus einer objektiven Distanz beschreibbar und kontrollierbar machten. Nun wurde dieses Distanzierungswissen aber verwendet, um Technologien und damit Welten zu erzeugen, die unmittelbar mit unserer subjektiven und gesellschaftlichen Erfahrung und damit unserem Leben interagieren, und das in einer Weise, die unsere Existenz auf dem Planeten gefährdet. Das heißt, unser Leben und Überleben ist zutiefst affiziert von den Formen des Wissens, die unsere Bildung dominierten. Im Hinblick auf unser Überleben benötigen wir deshalb Bildungs- und Wissensformen, die an die Stelle einer Priorisierung der Distanzierungsprozesse in den Naturwissenschaften treten und die im Sinne des eingeführten Bildungsbegriffs es erlauben, Denk- mit Lebensprozessen zu verknüpfen.

Mit der Problematik, die hier skizziert wurde, waren die Erdwissenschaftler∗innen, deren Arbeit es in den letzten Jahren war, die materiellen Veränderungen des Erdsystems im Hinblick auf die Evidenzen für die naturwissenschaftliche Einführung des Begriffs zu untersuchen, selbst konfrontiert. Ihr Selbstverständnis als Naturwissenschaftler∗innen war es, mit objektiven Methoden die Daten für ein neues Erdzeitalter zu sammeln. In dem Prozess mussten sie feststellen, dass es sich dabei um ein Verfahren handelte, das ihre eigene Rolle als subjektiv Betroffene und damit ihr Leben im Sinne der Distanzierung bewusst ausblendete. Denn auf der einen Seite trug das Wissen gerade von Geologen und anderen Erdwissenschaftler∗innen in der Vergangenheit dazu bei, die Lager fossiler Energien aufzuspüren, deren Verbrennung zum Klimawandel wesentlich beitrug. Andererseits ist auch ihr eigenes Leben von der Zerstörung des Planeten betroffen.

Was tun? Da die bisherigen Kategorien unserer auf Distanzierung beruhenden Wissenssysteme nicht mehr funktionieren, sind ein Umbau und eine Neuorientierung allein auf der Theorieebene nicht möglich. Wir benötigen neue reflexive Praxen, in denen ein distanzierendes Denken mit einem unmittelbaren Leben-Können verbunden ist. Es geht sowohl um auf Denken beruhende Sinn- wie auf praktischem Tun beruhende Realitätsproduktion. Da dieses Leben-Können nie abstrahiert von individuellen Lebensentwürfen gedacht werden kann, muss es darum gehen, Praxismodelle zu entwickeln, die die Perspektiven aller an einer Problemlage Beteiligten mit einbeziehen. Diese Praxismodelle dienen dann als Probebühnen für ein Leben in der anthropozänen Welt. Auf diesen Probebühnen werden Handlungen nicht einfach aus-, sondern vorgeführt. Sie verweisen auf die Möglichkeiten neuer Denk- und Handlungsmuster. Es handelt sich um Akte der Poesis, wie wir sie in den Künsten antreffen. Die Einbeziehung aller Betroffener geht dabei über die menschliche Spezies hinaus und schließt alle auf der Erde lebenden Akteure ein, also auch Tiere und Pflanzen. Wie solche Denk- und Handlungsmodelle aussehen könnten, möchte ich an Beispielen aus unserer Arbeit am Haus der Kulturen der Welt vorführen.

Ein solches Modell war die Vorratskammer von My Villages. Es war ein Teilprojekt des Projektes *Über-Lebenskunst*, das gemeinsam von dem Haus der Kulturen der Welt und der Bundeskulturstiftung entwickelt wurde. Der Grundgedanke von *Über-Lebenskunst* findet sich bereits im Wortspiel des Titels. Angesichts der Bedrohung des Lebens auf der Erde aufgrund der anthropozänen Entwicklungen fragte das Projekt danach, was ein gutes Leben im Sinne der Lebenskunst sein könnte. Die Besucher*innen sollten nicht mit einem Doomsday-Szenario konfrontiert, sondern zu Mitakteur*innen bei der Exploration neuer Lebensmodelle werden. Neben vielen anderen Projekten führte die *Vorratskammer* ein Ernährungsmodell vor, das auf regionaler Küche beruht und damit erhebliche Energiemengen einspart. Ziel war es, mittels der *Vorratskammer* ein Fest für 8.000 Menschen zum Abschluss von *Über-Lebenskunst* zu organisieren.

Eine Vorratskammer ist wie eine Sammlung, in der Objekte aufbewahrt werden. Eine Vorratskammer anlegen heißt, sich Gedanken darüber machen, was benötigt wird.

Was für ein Fest soll es werden? Ein Fest, in dem Überfluss zelebriert wird? Soll Kaffee, Wein, Fleisch in unbegrenzten Mengen zur Verfügung stehen? Welche Geschichte des guten Lebens wollen wir erzählen? Dazu wurden eigene Formate entwickelt, wie »Das große Aufessen« oder »Die Viertelstunde der Seltenen Güter«. Diese Beispiele zeigen schon: Es ging beim *Vorratskammer*-Projekt nicht nur darum, lokales Essen zur Verfügung zu stellen, um die Ernährung der Besucher*innen zu garantieren, sondern auch darum, ästhetische Formen zu entwickeln, in denen im Hinblick auf Ernährung ein anderes Leben erfahrbar vorgeführt wird.

Sowohl Umsicht wie auch Planung sind gefragt. Eine Vorratskammer nimmt Rücksicht auf die natürlichen saisonalen Unterschiede und entzieht sich damit der Logik einer Konsumgesellschaft, die alles zu jeder Zeit anbietet. Wann findet man Pilze oder Löwenzahn? Wann muss das Leinfeld angebaut werden, um das Leinöl zu gewinnen, das für lokale Speisen wichtig ist? Wie können die im Frühjahr oder Herbst des Vorjahrs geernteten Früchte so konserviert werden, dass sie im Sommer für das Fest zur Verfügung stehen? Alte Praxen, wie die Käsezubereitung oder das Brotbacken, mussten in Workshops neu erlernt werden.

Die Entwicklung der *Vorratskammer* setzte einer industriellen Produktionsweise von Nahrung Kooperationsformen mit einer Vielzahl von lokalen Produzenten entgegen. Dabei baute sie ein Netzwerk sozialer Beziehungen auf, die von Schrebergartenbesitzern bis zu Bauern aus Brandenburg reichten. An die Stelle einer anonymen Logistik, die im Hintergrund die Infrastruktur der Nahrungskette sicherstellte, entstand ein Geflecht sozialer Beziehungen. Dieses Geflecht von Relationen fand seine bildliche Repräsentation in Tafeln, die die Besucher*innen/Kund*innen/Mitakteur*innen genau darüber informierten, woher die jeweiligen Produkte kamen.

Dass es bei der *Vorratskammer* nicht um eine prämoderne Sehnsucht nach traditionellen Formen des Ackerbaus ging, zeigte sich unter anderem beim Salatanbau. Hier wurden neue Technologien aus Holland importiert, die es erlauben, Salat in urbanen Kontexten anzubauen. Der schwimmende Salat vor dem HKW erzeugte dabei ein eindrucksvolles Bild der Nahrungsproduktion in urbanen Räumen.

So definierte die *Vorratskammer* einen poetischen Raum, in dem alternative Lebensformen exploriert werden konnten. Das heißt, sie stellte eine Experimentalordnung für Bildungsprozesse dar, in der eine Vielzahl von Menschen handelnd miteinander interagierten und sich gleichzeitig reflexiv über alternative Lebensentwürfe verständigten, in der also Lebens- und Denkprozesse miteinander verwoben wurden.

Neben dem Essen erweist sich das Wohnen als existenzielle Frage der Über-Lebenskunst. Diesem Problem widmete sich das HKW-Projekt *Wohnungsfrage*. Dazu wurde unter anderem das Architekturkollektiv Bow Wow eingeladen, einen Wohnraum für Studierende zu entwickeln. Sie taten dies in enger Zusammenarbeit mit einem studentischen Kollektiv. Die Student∗innen übernahmen in diesem Projekt die Rolle von Expert∗innen. Sie waren die Expert∗innen für ihre Lebens- und Arbeitssituation, die deshalb wichtige Parameter für die Architektur definierten.

Als Inspiration für das Projekt diente ein Roman von Italo Calvino, der im Jahr 1957 veröffentlicht wurde: *Der Baron auf den Bäumen*. Der Protagonist des Romans ist ein junger Mann, der dem ausschweifenden Mittagessen seiner reichen Familie entflieht, um in den Bäumen zu wohnen. Gegen die Besitzrechte der Landeigentümer setzt der Roman das Bild einer Freiheit, die in den Wipfeln der Bäume erfahrbar wird, losgelöst vom Boden, mit einem weiten Blick über das Land. Diese Geschichte greift Bow Wow auf und übersetzt sie in unsere Gegenwart: »His free spirit appropriates the forest and transforms it into an urban environment. 'Urban forest' is the place for today's 'Baron Rampante' in a city like Berlin.«[3]

3 Kooperative Labor Studierender + Atelier Bow Wow, Urban Forest, Berlin 2015, S. 17.

Wenn man den von Bow Wow geschaffenen Raum betritt, macht man die Erfahrung von Großzügigkeit und Offenheit. Die einzelnen Raumelemente scheinen über drei Ebenen zu schweben. Nur kleine geschlossene Boxen im oberen Bereich markieren die Möglichkeit eines Rückzugs ins Private. Funktionale Raumordnungen für gemeinschaftliches Arbeiten und den Austausch mit der Stadt sind frei begehbar und erfahrbar.

Das Bild des Barons in den Bäumen führt zu einer Konstruktion mit ganz spezifischen Charakteristiken: Der Raum ist für sechs Personen gestaltet; die Grundfläche aber beträgt nur 80 m^2, das heißt, pro Person gibt es etwas mehr als 13 m^2. Das bedeutet wenig Grundfläche pro Person. Gleichzeitig hat man aber eine großzügige Raumerfahrung. Letzteres hat zwei Gründe: auf der einen Seite die Höhe der Konstruktion, die circa acht Meter beträgt. Hinzu kommt die organische Bewegung des Raumes über verschiedene Ebenen. Dabei bietet die obere Ebene – ganz im Sinne des Barons, der in den Bäumen lebt – in Form von kleinen hüttenartigen Konstruktionen die Möglichkeit zum Rückzug ins Private, die mittlere Ebene dient der Gemeinschaftsarbeit, und der untere Bereich eröffnet die Möglichkeit zur sozialen Interaktion mit der Stadt.

Bow Wows Konstruktion dreht die Logik der Konsumgesellschaft um. Während in dieser alle Energien in die Transformation von Handlungen, Wahrnehmungen, Träumen und Imagination in Waren gesetzt werden, kreiert Bow Wow einen poetischen Raum, der unsere Imagination anregt, über grundlegende Parameter des Wohnens nachzudenken: Besitztum, individuelle, gemeinschaftliche und gesellschaftliche Bedürfnisse und Interaktionen und Organisation von Raum in einer horizontalen und vertikalen Dimension.

Es ist ein poetischer Raum, weil es sich um eine materielle Konstruktion und nicht eine Idee handelt, deren Konkretheit die Imagination nicht eingrenzt, sondern sie freisetzt, die verschiedenen Eigenschaften des Raumes zu explorieren. *Urban Forest* ist ein materielles Objekt, das uns erlaubt, unsere Ideen bezüglich des Wohnens, Lebens, sozialer Beziehungen und ökonomischer Bedingungen neu zu formen. Dabei evoziert es Emotionen und stellt einen Raum zur Navigation von Wahrnehmung und zur Exploration sozialer Beziehungen zur Verfügung.

Bow Wow bedient sich aber auch in diesem Projekt des mimetischen Verfahrens. Dieses situiert die Konstruktion in einem historischen Kontext. Das heißt, das Projekt ist nicht nur auf die Zukunft hin offen aufgrund seines poetischen Charakters, der zur Imagination und Exploration einlädt, sondern wird auch verankert in einem historischen Erfahrungsraum: Bei der Mimesis geht es nicht um die schlichte Nachahmung des Bestehenden, sondern es geht um die Herstellung desselben, also der Baumsituation, aber anders, als eine urbane Baumsituation. Genau deshalb verweisen Bow Wow auf Calvinos Roman: Die Idee des Lebens in den Bäumen ist eine Geschichte, die lebhaft in unser

Bewusstsein eingeschrieben ist, sodass wir uns auf sie beziehen können. Sie kann reanimiert, nicht einfach nur wiederholt oder nachgeahmt werden: Wir leben nicht mehr in einem traditionellen Wald, sondern einem »urbanen«.

Calvinos Geschichte, um einen Schritt weiter zu gehen, ist in Bow Wows Umsetzung aber auch eine Übertragung von japanischen Vorstellungen und Konzepten in einen europäischen Kontext. In Japan ist der urbane Raum sehr durch die gebirgige Landschaft eingeschränkt. Deshalb waren japanische Architekten schon immer gezwungen, Konzepte für einen begrenzten Raum zu entwickeln. Bow Wow experimentierten von Anfang an mit diesen Begrenzungen und bezogen sich dabei auf eine lange Genealogie japanischer Architektur, die sich den geografischen Bedingungen anpasst und eigene kulturelle Lösungen dafür finden musste.

Und es ist genau dieses historische oder mimetische Bewusstsein, das sie nach einem europäischen Erinnerungsraum suchen ließ, der es erlaubt, japanische Techniken und Denkweisen in den europäischen Kontext zu übersetzen. Calvinos Roman liefert diesen Erfahrungsraum.

Zusammenfassend lässt sich festhalten: Wollen wir Kulturtechniken überwinden, die zum Einfrieren unseres Handlungs- und Imaginationspotenzials führt, bieten sich Poiesis und Mimesis als Verfahren an. Die Mimesis erlaubt es in diesem Fall, das Design in unseren vergangenen Erfahrungen und damit der Geschichte zu verankern, während die Poiesis es für eine Imagination der Zukunft öffnet. Mimesis und Poiesis transzendieren damit den Zeithorizont der globalen Jetztzeit.

Diese Beispiele sind charakteristisch für die Arbeitsweise des HKW als einer »contemporary« Kunst- und Kulturinstitution. Es stehen nicht mehr Werke im Zentrum, sondern soziale Praktiken. An die Stelle der Produktion von Objekten tritt die gemeinsame Entwicklung von Modellen neuer Lebensformen. In den Projekten werden Dispositive entwickelt, in denen diese Praktiken ihre innere Logik entfalten können. Aus der Sicht einer Bildungsinstitution wie der Angewandten ist es dabei von Bedeutung, dass diese Projekte die etablierten Rollen im Kunstbereich wie Künstler∗in, Designer∗in, Techniker∗in, Kurator∗in ausblenden und damit deren Privilegien und Statuszuschreibungen unterlaufen. An die Stelle fixierter sozialer Rollen treten Kompetenzen, die sich dynamisch entwickeln.

Die beiden Beispiele beziehen sich auf den lokalen Kontext von Berlin. Wir sind aber konfrontiert mit einer planetarischen Krise. Was bedeutet dies für ein Bildungsprojekt, wie es hier skizziert wird? Unsere Antwort am HKW war das *Anthropocene Curriculum*.[4] Die Grundidee dieses Projektes bestand in der Einsicht, dass die anthropozänen Verwerfungen einerseits planetarisch sind, sich aber lokal in ganz unterschiedlicher Weise artikulieren. Statt um eine universale Form der Wissensproduktion muss es deshalb darum gehen, Formen lokal situierten Wissens zu produzieren, die aber gleichzeitig über eine digitale Netzwerkstruktur mit anderen Teilen der Welt verwoben sind.

4 Eine der Hauptkuratorinnen des Projekts war Katrin Klingan, die jetzt hier in Wien, u. a. auch an der Angewandten, arbeitet.

Als Beispiel kann hier das *Mississippi*-Projekt dienen, das als ein Projekt des Netzwerkes realisiert wurde. Einerseits entzündete sich am Mississippi schon früh die Imagination von Poeten und Erzählern, die den Fluss zu einem ikonischen Bild der Natur machten. Andererseits wurde der Fluss im 20. Jahrhundert durch das amerikanische Militär in eine Transportautobahn für Menschen und Güter verwandelt, die nicht nur die einzelnen Staaten miteinander verbindet, sondern auch seit der auf Sklaverei beruhenden Plantagenwirtschaft den amerikanischen Westen mit der Welt. Damit wurde der Fluss als Transportmaschine auch zum Inbegriff des anthropozänen Zeitalters und zum Schauplatz anthropozäner Konflikte. Diese beginnen im Norden, wo der auf Wasserwirtschaft beruhende Boden indigener Völker durch die Ölleitungen einer auf Petrochemie beruhenden Gesellschaftsform gefährdet ist. Und sie ziehen sich bis in den Süden, wo die Lebensgrundlagen der Nachkommen der Sklavenwirtschaft heute durch die Petrochemie bedroht werden, die ihr Rohprodukt aus dem Golf von Mexiko bezieht.

Anthropozäne Bildungsprozesse in diesen Kontexten sind Einübungen in Formen eines epistemischen Widerstandes, der die Grundlogiken kapitalistischer Extraktionsprozesse und die damit einhergehende Zerstörung der Lebensgrundlage bekämpft und alternative Denk- und Handlungsmodelle entwirft. Das Netzwerk von *Anthropocene Curriculum* verbindet sich auf der einen Seite mit solchen lokalen Widerstandsformen, wie zum Beispiel der Einrichtung alternativer Archive, die die Zerstörung der Lebensgrundlage dokumentieren, oder dem juristischen Kampf um Landrechte oder Restitution, andererseits verschafft es diesen lokalen Konflikten einen globalen Resonanzraum. Gleichzeitig nimmt es diese Kämpfe zum Anlass, um neue Curricula und damit neue Formen der Wissensproduktion zu entwickeln, die ein rein akademisches Wissen mit sozialem und ästhetischem Handlungswissen verbindet.

Die bisher geschilderten Beispiele sind angesichts der existenziellen planetarischen Krise Beispiele dafür, alternative Denk- und Handlungsmodelle mittels Probebühnen für einen gesellschaftlichen Bildungsprozess zur Verfügung zu stellen. Die Technologie, die zurzeit am stärksten unser Leben transformiert, ist *Das Neue Alphabet* in Form des digitalen Codes. Dem Thema des *Neuen Alphabets* widmete das HKW deshalb eine dreijährige Projektreihe.

Alphabete spielten schon immer eine Doppelrolle in der Geschichte der Menschheit. Auf der einen Seite schaffen sie Transparenz, sie stabilisieren Denk- und Wahrnehmungssysteme, erlauben ihre Übermittlung über Generationen und stellen ein Ordnungssystem zur Verfügung. Auf der anderen Seite sind sie unter anderem genau aufgrund dieser Eigenschaften auch Instrumente der Macht. Sie schließen ein und aus. Wer nicht über das jeweilige Alphabet verfügt, ist benachteiligt, da er keinen Zugang zu dieser Macht hat. Dieser Zugang spielte in kolonialen Zusammenhängen eine zentrale Rolle. Die Bürokratien der Kolonialherren beherrschten die Schrift, ihnen war eine mit oralen Traditionen lebende Bevölkerung ausgeliefert. Immer wieder entwickelten die Kolonisierten deshalb im Kampf gegen die Kolonialherren eigene Gegencodes, alternative Alphabete, die das Überleben der Gemeinschaft sichern sollten.

Die Durchsetzung der Hegemonie eines Alphabets und einer Sprache bedeutete immer auch die Marginalisierung oder Zerstörung von differenten Lebensweisen und Lebensauffassungen. Wenn sich Leben durch Vielfalt auszeichnet, dann muss es gerade darum gehen, zwischen verschiedenen Sprachen zu übersetzen und nicht eine gegenüber den anderen durchzusetzen. Das ist im Übrigen auch eine der Grundeinsichten der Europäischen Union, die erhebliche Ressourcen dafür einsetzt, die Sprachenvielfalt als Grundlage der Union zu erhalten.

Eine besondere Rolle spielt in der Entwicklung der Alphabete der binäre Code, der die Grundlage für die heutige digitale Welt darstellt. Er ist das abstrakteste Alphabet, das nur auf der Differenz 1/0 beruht. Aufgrund seiner Abstraktheit sind alle anderen Zeichensysteme und Alphabete in ihn übersetzbar, das macht seine Universalität aus.

Er wurde zum ersten Mal von Leibniz entwickelt, auf der Grundlage von dessen Auseinandersetzung mit chinesischen Schriftzeichen. Für Leibniz diente der binäre Code als Grundlage für die Herstellung eines Kalküls, mit dem unser ganzes Wissen erfasst werden sollte. Kalküle sind dabei mathematische Gebilde, die aus Handlungsregeln bestehen. Das Wissen über die Welt sollte in Form einer Universalsprache, der *characterica universalis*, durch Rechenregeln erzeugt werden. Es sollte transparent und sicher verfügbar sein.

Diese Leibniz-Idee wurde die Grundlage für die Algorithmen der digitalen Welt, die hinter den Bildschirmen der Computer unsere Welt steuern. Eine Grundidee von Leibniz droht allerdings in diesem Prozess verloren zu gehen: Die *characteristica universalis* war für Leibniz nur ein Instrument, Wissen darstellbar und kalkulierbar zu machen. Es war ein Instrument, das im Sinne der Transparenz und Zugänglichkeit eine Distanz zu einem objektivierten Wissen herstellte. Es ging ihm nicht um die Homogenisierung der Darstellungsweisen. Vielmehr betonte Leibniz in seiner *Monadologie* gerade die Bedeutung der Perspektivenvielfalt und damit auch die Bedeutung ganz unterschiedlicher Darstellungsformen, Sprachen und Alphabete, die für die Erzeugung neuen Wissens grundlegend sind. Bezogen auf unsere Unterscheidung von Leben und Denken stellt nach dem Verständnis von Leibniz die *characteristica universalis*, also der historische Vorläufer der digitalen Welt, ein Instrument des Denkens dar, während die Perspektivenvielfalt der *Monadologie* die je subjektiven Zugänge und damit das Leben repräsentiert.

Wir leben heute in einer Welt, in der sich digital gesteuerte Technologieprozesse immer stärker mit menschlichen Handlungen verweben. Um die dabei erzeugten Problemlagen zu verstehen, ist es hilfreich, sich vor Augen zu führen, wie die Angleichung maschineller Operationen an menschliches Denken vollzogen wurde. Die grundlegende Idee geht dabei auf Untersuchungen des Neurophysiologen Warren McCulloch und des Logikers Walter Pitts zum Gehirn zurück. Der entscheidende Schritt, den McCulloch und Pitts unternahmen, damit die physiologischen Prozesse des Nervensystems logische Operationen des Gehirns repräsentieren konnten, bestand darin, das Abfeuern von Neuronen als »Ja-oder-Nein-Aussagen« zu interpretieren,[5] ihnen also einen semiotischen Charakter im Sinne des binären Codes zuzuordnen. Damit war das Nervensystem objektiv mit naturwissenschaftlichen Methoden beschreibbar und repräsentierte gleichzeitig Funktionen des Geistes: Es konnte als Mensch und Maschine zugleich aufgefasst werden.

5 Orit Halpern, Beautiful Data. A History of Vision and Reason since 1945, Durham/London 2014, S. 44ff.

Wir sehen hier ein Verfahren am Werk, das grundlegend für das 20. Jahrhundert wurde: Die Welt wird über analytische Methoden in kleinste Einheiten zerlegt – in diesem Fall das Abfeuern von Neuronen (an anderer Stelle findet die Zerlegung des Materiellen in Atome und Elektronen statt) –, um sie dann mit Mitteln der Mathematik und Logik zu rekonstruieren.

Genau dies geschah dann auch mit einem klaren Ziel: Sobald man sich in der Lage sieht, ein Modell für menschliche Denkformen zu entwickeln, lassen sich Maschinen konstruieren, die zunehmend mit menschlichen Akteuren interagieren. In dieser Interaktion wird das Verhalten der Maschinen durch immer neue Feedbackschleifen verfeinert, wobei die Maschinen von Anfang an als Erweiterung des menschlichen Nervensystems konzipiert sind, um immer mehr Handlungs- und Wissensformen an sie auszulagern.

Aber genau der Grundansatz dieses Denkens, nämlich die Vorstellung, das Gehirn könne wie ein Computer behandelt werden, der binäre Informationen erhält und diese prozessiert, ist in den letzten Jahren in die Kritik geraten. Der darauf aufbauende Artificial-Intelligence-Ansatz kann nämlich nicht hinreichend mit neuen, im System noch nicht integrierten Problemstellungen umgehen. Die neuen Ansätze verweisen auf spontane Fluktuationen im Bewusstsein, die durch dessen Einbettung in einen materiellen, sich bewegenden Körper entstehen. Diese Fluktuationen erzeugen ein Rauschen, das durch die binäre Logik 1/0 nicht erfasst wird, das aber die Grundlage für alle, vor allem aber auch kreative Bewusstseinsvorgänge sein könnte.[6] Damit verortet die neueste Forschung menschliche Intelligenz in jeweils individuellen menschlichen Körpern,

6 Siehe hierzu Thomas Nail, Artificial intelligence research may have hit a dead end, in: Salon, salon.com/2021/04/30/why-artificial-intelligence-research-might-be-going-down-a-dead-end/, abgerufen am 12.6.2021.

menschliche Denk- und Wahrnehmungsformen sind von je individuellen Körpererfahrungen abhängig. Die auf dem binären Code aufbauende Welt der Daten und Algorithmen ist dann immer schon eine Abstraktion objektivierter menschlicher Erfahrungen. Zugespitzt heißt dies, dass das Leben zwischen 1 und 0 stattfindet. Diese Spanne ist es, die subjektive Differenz erzeugt, die widerständig ist gegen die Abstraktionsverfahren rationaler Operationen der digitalen Welt.

Für die Körperlichkeit menschlicher Erkenntnis fand Alexander Kluge im Kontext der Eröffnung des *Neuen Alphabets* verschiedene Bilder. Zunächst verwies er darauf, dass ein wesentlicher Aspekt des Erfolgsmodells von Apple in der Exploration eines Sinnes liegt, der in der Moderne lange nicht beachtet wurde, nämlich des Tastsinns. Auf der Grundlage dieser Beobachtung entwirft Kluge ein Gegenmodell des Denkens und Fühlens. Die Erkenntnis, welche Lustsignale die Fingerkuppen bei der Benutzung der Maus oder beim Streichen über den Touchscreen aussenden, macht darauf aufmerksam, welche sensorischen und kognitiven Möglichkeitspotenziale sich über den Körper erstrecken, die es zu entdecken und zu entfalten gilt. Und Kluge fährt fort: Die menschlichen Wesenskräfte sind vielgestaltiger, als wir meinen. Sie wären nach Kluge aufgrund ihrer Vielstimmigkeit in der Lage, einen Turm von Babylon zu bauen, der nicht umfällt: und zwar zunächst im Subjekt selbst, in unserem Inneren. Die menschlichen Wesenskräfte sind ein Ausdruck für die Architektur der Subjektivität.

Blicken wir auf die Hände einer Hebamme, so Kluge weiter. Mit dem Tastgefühl der Fingerspitze dreht sie das Kind, das im Mutterleib falsch herumliegt, sanft und machtvoll in die richtige Richtung. So kommt das Kind zur Welt. Die Hände dieser Frau besitzen eine Feinsteuerung (auch die des Uhrmachers, auch die der Liebenden). Was sind, so Kluge, dagegen die plumpen Säbelhiebe des Verstandes, der seine Logik verwaltet.

In einem ganz anderen Status: die Intelligenz der Fußsohle. Sie sitzt lebenslänglich eingekerkert im Schuh. Aber wie lebendig und für das Überleben notwendig war die Sinnlichkeit des Fußes für unsere Vorfahren, die Sammler und Jäger. Sie hatten Kenntnisse, die kein digitales System begreift.

Wirklichkeitsdurchbrechend auch das Zwerchfell. Wenn ein mächtiges Regime sich aufplustert, wenn die Tage feierlich ernst und grausam werden, dann erfasst diesen Muskel ein ununterdrückbarer Lachreiz. Der im Zwerchfell versteckte Partisanen-Sinn ist Garant, dass Tyrannen nicht länger herrschen als zwölf Jahre.

Kluge buchstabiert in diesen Beispielen aus, dass menschliches Denken und Fühlen nie losgelöst von der Körperlichkeit zu denken ist und somit jede Übertragung auf eine daten- und algorithmenbasierte Sprache einer Abstraktion unterliegt, die die ursprüngliche Komplexität reduziert.

Für einen Bildungsansatz, der ein bewusstes Leben ermöglichen möchte, gilt es vor diesem Hintergrund Denk- und Handlungsansätze zu entwickeln, die in einer zunehmend sich digitalisierenden Welt durch Verfahren der Widerständigkeit Räume für das Leben eröffnen, das heißt individuelle Ausdrucks- und Denkweisen, neue Perspektiven. Im Folgenden möchte ich an zwei Beispielen aus dem Projekt *Das Neue Alphabet* aufzeigen, wie dies aussehen kann.

Das erste Beispiel ist eine Arbeit von Shafali Jain, Pallavi Paul und Isabel de Sena, das in der New Alphabet School in New Delhi entstand. In dem Projekt ging es um die Praxis des Codierens. Es fand im Januar 2020 statt im Kontext friedlicher Demonstrationen gegen den »Citizenship Amendment Act«, in dem entgegen den Prinzipien der säkularen Verfassung bestimmten Gruppen von Migranten, speziell mit muslimischem Hintergrund, von staatlicher Seite die Bürgerschaft untersagt werden sollte. Die Demonstrant∗innen wurden mit Kamera-Drohnen und anderen technologischen Mitteln überwacht und in der Folge bedroht, oder sie verschwanden sogar. Die Autor∗innen des Projektes entwickelten vor diesem Hintergrund eine Geschichte, in der Bürger∗innen lernen, mit Hilfe künstlerischer und technologischer Mittel eigene Bildverfahren zu entwickeln, um sich der Staatsüberwachung zu entziehen und damit eigene Räume des Über-Lebens zu kreieren. Bei den Bildverfahren handelt es sich um Strategien, in denen die Objektivierungsmethoden der Überwachungstechnologien pervertiert und gegen diese selbst gerichtet werden, indem die menschlichen Körper bildlich verändert werden. Die Akteursrolle der Betroffenen, i.e. das Leben, artikuliert sich genau über diese Pervertierung.

Zum Schluss möchte ich auf ein Projekt der Künstlerin Filipa César verweisen. Um Gegenstrategien zum

Absorbtionsmechanismus der Algorithmen und des digitalen Kapitalismus zu entwickeln, knüpft die Künstlerin an Strategien des antikolonialen Kampfes an, Strategien, die die Unterdrückungs- und Ausbeutungsmechanismen der Kolonialmacht subversiv unterlaufen. Für Filipa César lässt sich von einem Revolutionsführer wie Amilcar Cabral lernen, wie man sich die hegemoniale Sprache aneignen, aber zur eigenen Nutzung umdeuten kann. So nutzte Cabral in Portugiesisch-Guinea seine agronomischen Studien in Portugal, um durch Recodierung agronomischen Textwissens Ausbeutungsmechanismen von Land und Boden durch die Kolonialherren in seinem Widerstandskampf adressieren zu können.

Neben einer De- und Recodierung der hegemonialen Sprachen etablierten bzw. erhielten sich in Guinea-Bissau aber auch in den Webepraxen der Frauen Formen eines eigenen Alphabets, denen die Rolle einer Geheimsprache gegenüber der Kolonialmacht zukam. Diese ermöglichte es, eine eigene, von der Hegemonialmacht nicht kontrollierte Kommunikation zwischen den Unterdrückten zu etablieren.

In Berlin etablierte César nun im Rahmen von *Das Neue Alphabet* des Hauses der Kulturen der Welt mit Frauen aus Guinea-Bissau ein Projekt, das die Praxis der Entwicklung von Codes, aber auch der Einführung von Fehlern in bestehende Codes mit den Besuchern einübt. Dabei werden Textilien zu Text.

Der Strategie liegt die Logik zugrunde: »Error is displaced data, poison displaced substance, dirt displaced matter.« Der Webraum wird zum Trainingscamp: »into the subversive potency of computational weaving against the engineering of extractive epistemologies«.

Auf der Basis dieser Analyse und der genannten Beispiele würde ich argumentieren, dass die neue Herausforderung für das emanzipatorische Projekt von Subjektentfaltung in Kunst- und Kulturinstitutionen in den neuen Formen des digitalen Kapitalismus besteht, da diese permanent subjektive Artikulationen in objektivierte und damit kommerzialisierbare Daten transformieren und dabei die sich in sozialen Beziehungen artikulierenden Subjekte in atomisierte Individuen verwandeln.

Die Herausforderung lässt sich so beschreiben: Es ist gelungen, Instrumente und Technologien zu entwickeln, die es uns erlauben, bisherige Grenzen zu überschreiten und auf einer globalen und sogar planetarischen Ebene zu agieren. Wir müssen aber noch Institutionen schaffen, die es uns erlauben, ein humanes Leben auf diesem Level zu führen. Deshalb muss es das Ziel sein, dass Kunst- und Kultur-Institutionen angesichts einer digitalen Welt Counter-Spaces zur Verfügung stellen, die den Akteuren erlauben, im Sinne sich sozial entfaltender Subjektivitäten Gegenwelten zu entwickeln. Ihre Aufgabe besteht dann darin, sozialen Wandel durch eine Reorganisation unserer Wahrnehmungsweisen zu initiieren.[7]

Warum setzen diese Projekte eine radikale Bildung voraus? Radikal ist diese Bildung – und das betrifft die *Vorratskammer* und das Wohnprojekt wie auch die digitalen Gegenstrategien –, weil sie buchstäblich an den Wurzeln unserer alltäglichen Lebensformen ansetzt.

Dennoch möchte ich zum Schluss in Form einer dialektischen Umkehrung der Farocki-Erzählung die Frage stellen, warum in der Zusammenarbeit zwischen den Studierenden und Bow Wow statt einer Wohneinheit nicht ein Panzer entstanden ist.

Liegt es vielleicht daran, dass in Zeiten des Klimawandels Feuer mit Feuer zu bekämpfen keine gute Überlebensstrategie ist?

7 Vgl. Jacques Rancière, The Politics of Aesthetics. The distribution of the sensible, London 2004.

compost care, compost sounds, deep listening, deep learning. Die *Klasse für Alle*

Andrea Lumplecker

I compost my soul in this hot pile. The worms are not human; their undulating bodies ingest and reach, and their feces fertilize worlds. Their tentacles make string figures.[1]

The chthonic ones are not confined to a vanished past. They are a buzzing, stinging, sucking swarm now, and human beings are not in a separate compost pile. We are humus, not Homo, not anthropos; we are compost, not posthuman.[2]

Kompost statt Posthuman(ismus), Humusismen statt Humanismen; und ich bin in diesen wurmigen Haufen gesprungen. Composting is so hot![3]

Deep Listening is a life long practice. The more I listen the more I learn to listen. Deep Listening involves going below the surface of what is heard, expanding to the whole field of sound while finding focus. This is the way to connect with the acoustic environment, all that inhabits it, and all that there is. Deep Listening includes all sounds expanding the boundaries of perception. Thought is included.

We open in order to listen to the world as a field of possibilities. Through accessing many forms of listening we grow and change whether we listen to the sounds of our daily lives, the environment or music. Deep Listening takes us below the surface of our consciousness and helps to change or dissolve limiting boundaries.[4]

We are of the Earth, in our Diversity.[5]

1 Donna Haraway, Staying with the Trouble. Making Kin in the Chtthulucene, Durham, NC 2016, S. 35.

2 Ebd., S. 55.

3 Donna Haraway, Unruhig bleiben. Die Verwandtschaft der Arten im Chthuluzän, übersetzt von Karin Harasser, Frankfurt am Main 2018, S. 50.

4 Pauline Oliveros, Quantum Listening. From Practice to Theory (To Practice Practice), https://s3.amazonaws.com/arena-attachments/736945/19af465bc3fcf3c8d5249713cd586b28.pdf.

5 Vandana Shiva, Growing Gardens of Diversity, Weaving Garlands of Love, https://www.lifegate.com/india-diversity-vandana-shiva.

Die *Klasse für Alle* lernt im und mit dem *Garten für Alle*.

In unserer Vorstellung ist der Garten ein sozialer Raum: Es geht ihm und uns nur gut, solange wir einander und den nicht-menschlichen Spezies respektvoll gegenübertreten. (Wir ahnen, dass kulturelle Diversität und Biodiversität miteinander zu tun haben könnten.)

Der Garten ist in diesem Aufeinandertreffen ein emotionaler Raum. Es geht um unser Überleben in einer ungewissen Zukunft. Wir stoßen in den aktuellen Katastrophen an unsere Grenzen und müssen einfallsreich sein, um weiterzukommen. Im Garten treffen Natur und Kultur aufeinander, Ordnung und Chaos, sichtbare und unsichtbare Systeme: Im Verständnis dafür – und mit der Freude darüber –, wie Pflanzen mit Insekten, Fungi und Mikroben über unsichtbare Systeme interagieren, tun sich neue Möglichkeiten auf. Ein Bewusstsein für Biodiversität, das Verlangen nach Bodenentsiegelung, nach mehr Grün mitten in der Stadt macht sich schon breit.

Wir müssen mit Nachdruck Forderungen an die Politik und an die Institutionen stellen für ein rasches und konsequentes Handeln auf breiter Basis. Gleichzeitig ist es notwendig, durch persönliche Erfahrungen in die Tiefe zu gehen: unser Wissen in kleinste Details erweitern, die Beziehungen zu den kleinsten Wesen verändern, die heilenden Kräfte der Pflanzen kennenlernen, ihre Farben spüren und riechen, sie deshalb schätzen und schützen. Wir müssen uns hinausbegeben für sinnliche Erfahrungen.

Der Garten ist ein *playground*, ein Übungsareal. Im Garten zu sein tut gut, macht Freude. Gärtnern ist ein aktiver Dialog mit lebendigem Material – Denken, Fühlen, praktisches Tun gehen Hand in Hand. Aktives Tun bei gleichzeitiger Verlangsamung von Zeit: Wir müssen jetzt handeln, gleichzeitig braucht es Geduld und Ruhe.

Der Garten ist ein empathischer Raum, mit dem wir lernen, gesunde Beziehungen führen zu können. Wir lernen Respekt für die Erde, für alle unsere Mit-Bewohner∗innen. Es geht dabei auch um Ästhetik und mehr noch um die Magie, die in einem bewussten Miteinander entsteht. Der Garten ist, historisch gesehen (und in der Ableitung des altgermanischen Wortes *gardo*), ein abgeschlossener Raum. Die Frage ist, ob ein *Garten für Alle* überhaupt möglich ist?

Mit der Gruppe der *Seeding Practise* haben wir – die *Klasse für Alle* und die Angewandte – in vielen Gesprächen, die letztendlich in eine Kooperation mit dem

1. Bezirk gemündet sind, es geschafft, die öffentliche Wiese vor dem Hauptgebäude am Oskar-Kokoschka-Platz zur Biodiversitätswiese zu erklären. Die Gräser sind dort inzwischen – mitten in der Stadt – ungewöhnlich hoch. Wir sehen Schafgarbe, Mohn, Beifuß, Fetthenne, Brennnesseln; Schmetterlinge, Wildbienen, Vögel und Insekten haben wieder Lebensraum.

Wir treffen uns für *Saturdays for Gardening* am Zukunftshof – einem Zentrum für Stadtlandwirtschaft und ökologisch orientierte Stadtteilentwicklung – im 10. Bezirk, wo wir lernen, die Prinzipien der Permakultur als Möglichkeit der Agrikultur im globalen Zusammenhang zu sehen und auf unsere urbanen Ökosysteme, aber auch auf unser persönliches Leben anzuwenden für eine Veränderung zum Positiven.

Wir lernen Holzkohle herzustellen für Terra preta: *Biochar* (Biokohle) ermöglicht die Umwandlung von Kohlenstoff aus der Atmosphäre in Biomasse und mittels Pyrolyse in Holzkohle. Holzkohle wird erst nach mehreren tausend Jahren wieder in CO_2 umgewandelt, gleichzeitig kann sie durch ihre unglaublich große Oberfläche Unmengen an Wasser und Nährstoffen speichern sowie Platz für Bodenleben bieten.

Die *Compost Group* der *Klasse für Alle* trifft sich freitagnachmittags im Hof des Hauptgebäudes der Angewandten am Oskar-Kokoschka-Platz. Kompostieren ist eine praktische Tätigkeit, aber auch Metapher für Prozesse des Sammelns, der Zersetzung und Neubildung von Wissen: ein »Wiederverzaubern der Welt«[6] (ich spreche nun mit den Worten der politischen Philosophin und Aktivistin Silvia Federici). Langsam werden erste Spuren unseres Lesens, Nachdenkens, aber vor allem vorsichtigen Tuns sichtbar: Abgesteckte Wiesenbereiche wachsen und blühen nun auch im Hof üppig hoch. Ein vorerst kleines Kartoffelbeet steht für die Idee, dass irgendwann in der Mensa aus dieser Ernte Essen zubereitet werden könnte. In einer Ecke wurde Beifuß gepflanzt (es geht auch um medizinisches Wissen), zwischen den Kirschlorbeersträuchern sind nun Baumableger aus dem Stadtpark eingezogen, Brennnesseln (für Jauche für die Herstellung von Terra preta) werden gepflegt, und es wird der Kompost gewendet. Fünf kleine Obstbäume (Kirsche, Zwetschke, Apfel, Birne, Marille) stehen dicht wie in einer Baumschule neben dem Kompost und warten darauf, dass ein Ort im Garten

6 Silvia Federici, Re-Enchanting the World. Technology, the Body, and the Construction of the Commons, Oakland, CA 2018.

für sie ausverhandelt und möglich wird (auch Fruchtbäume in der Stadt sind von politischer Bedeutung und werden für unser zukünftiges Überleben an Bedeutung gewinnen).

Daneben werden im *Compost Book* Spuren unserer Zusammenarbeit mit den mehr-als-menschlichen Wesen aufgezeichnet, und das Fotopapier unter dem *Fotochemie-Pflanzen-Klär-Versuchscontainer* zeigt ebenfalls für unsere Augen sonst nicht sichtbare Prozesse.

Radikal leitet sich aus dem lateinischen *radix* ab, der Wurzel. Die Wurzeln sind selbst in unserem Garten nur selten sichtbar, aber wir können lernen, der Erde, auf der wir so selbstverständlich gehen, Bedeutung zuzumessen und ein Verständnis für das Darunter zu entwickeln mit Methoden der Kunst, der Wissenschaft und einer gärtnerischen Praxis.

Kompostieren bedeutet auch: Nicht nur Bodenlebewesen und Sauerstoff helfen dabei, Humus entstehen zu lassen. Unsere Begegnungen, Gespräche und Freundschaften bringen im gemeinsamen Lernen und Arbeiten voran, was wir später in den sozialen Terrains verstreuen – und damit komme ich zum Wir und Alle in der *Klasse für Alle*.

Die Dringlichkeit der aktuellen existenziellen Gefahren erfordert eine *soziale Ökologie*,[7] gemeinschaftliches Handeln und Dialog. Zentral in der *Klasse für Alle* ist, dass Menschen jeden Alters, unterschiedlichster Kulturen und Herkünfte, aus vielen Berufsfeldern, mit oder ohne Vorbildung und den diversesten Fähigkeiten und Interessen zusammen arbeiten. Wir lernen von- und miteinander und möglichst unhierarchisch. Das kann bedeuten, dass Studierende einen Workshop leiten oder Teilnehmende die Expert∗innen sind. Unterschiedlichste Formen von Wissen und künstlerischen Praxen finden damit ergänzend zueinander.

7 Murray Bookchin, What is Social Ecology?, in: Ders., Social Ecology and Communalism, Oakland, CA 2006, S. 19–52.

Wir haben aber auch schon erfahren: Es reicht nicht, eine Einladung auszusprechen, damit Menschen, denen Kunst und Universität nicht vertraut sind, kommen. Es braucht eine Anstrengung und das anhaltende Wollen, mit Menschen zu kommunizieren, mit denen uns keine Alltagssprache verbindet. Es ist notwendig, mit Fremden zu sprechen, mit Menschen, die anderer Meinung sind, die weniger Privilegien besitzen, und unsere unterschiedlichen Sprechweisen auf kreative Weise kompatibel zu machen.

Wir müssen offene Situationen und willkommen heißende Räume schaffen, in Kooperationen mit sozialen Vereinen treten, erkennen, dass ein Miteinander in Diversität Unterstützung und Vermittlung braucht und ein verschärftes Bewusstsein für Privilegien. Wir müssen so etwas wie eine Gesamtschule vor Augen haben, Zugangsmöglichkeiten durch ungewöhnliche Formate schaffen (Spaziergänge, Workshops im Stadtraum und im Wald) und dabei immer im Blickfeld haben, dass wir Klassismus überwinden wollen. Wir sind in der *Klasse für Alle* in diesem Prozess noch am Anfang, und er wird unser Hauptanliegen der nächsten Jahre bleiben.

Zurück zu den versprochenen Sounds der mehr-als-menschlichen Wesen.

Teilnehmende der *Compost Group* haben sich über Deep-Listening-Prozesse in field und compost recordings begeben und zusammen mit dem Musiker Paul

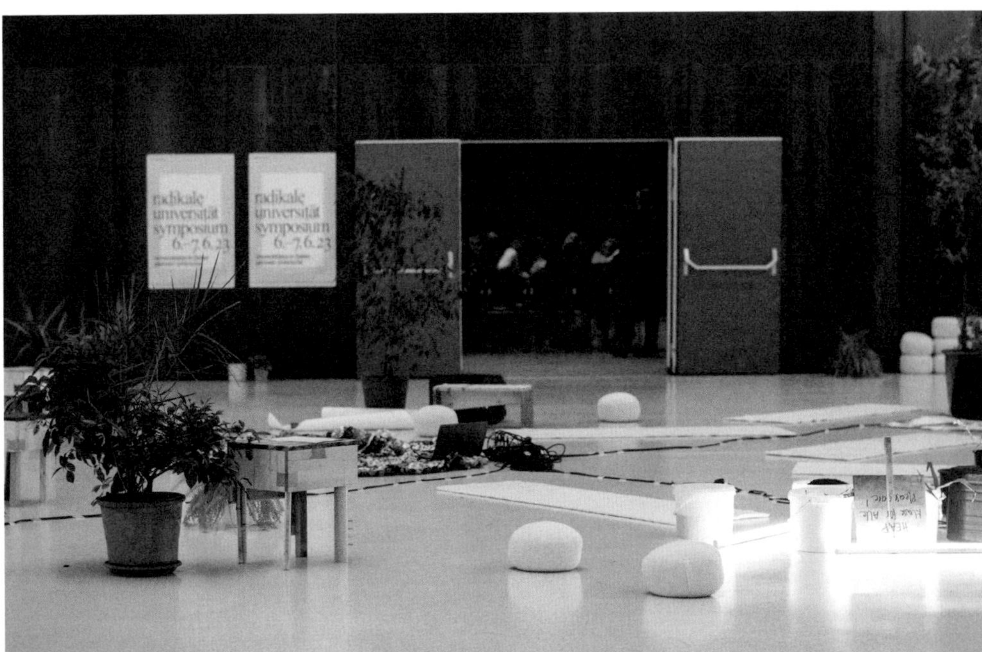

Abb. 1: Installation von Andrea Lumplecker (*Klasse für Alle*, Angewandte) compost care, compost sounds, deep listening, deep learning, Foto Joanna Pianka, eSeL

Ebhart eine Soundcollage erarbeitet, die im Atrium der Angewandten zu hören ist. Der bunte Teppich, auf dem Sie dabei sitzen können, ist der *common ground*, an dem über das letzte Jahr hinweg unzählige Teilnehmende in vielen Community Workshops miteinander geflochten haben.

Mitarbeitende aus Büros, Studios und Werkstätten der Angewandten haben für *Plant Symposium* ihre Büropflanzen zur Verfügung gestellt – wir sehen, es gibt auch einen Garten hier im Haus!

Sogenannte *transitory plants* wurden vom Zukunftshof geholt oder an anderen Orten gefunden und gespendet und werden in den Hof am Oskar-Kokoschka-Platz ziehen.

Die Keramikaschenbecher, sowohl künstlerische als auch Gebrauchsobjekte, verlangen nach sorgsamem Gebrauch, genau wie unser Garten.

Ich möchte die Gelegenheit für eine persönliche Anmerkung nützen und die *Klasse für Alle* als radikale Idee in der Angewandten verorten. Die *Klasse für Alle* ist in einer Kunstinstitution verankert, was sie besonders macht. Dass wir aus dieser Institution heraus im und mit dem Garten denken und lernen können, erscheint mir radikal anders und eine Möglichkeit für ein Weiterkommen in eine Zukunft. Dass wir nicht nur in der Universität, sondern auch am Zukunftshof, in den Stadtgärten und auf den Straßen sein und lernen können, ist wichtig.

Dass wir die Angewandte öffnen und dafür unsere eigene Institution – ihre Regeln, Gesetze, Codes und Routinen – infrage stellen müssen, oft auch auf einer alltagspraktischen Ebene, bedeutet Anstrengung und Arbeit, ist aber unerlässlich.

Ich erinnere mich an meine Freude, als ich die Leitung für eine Weiterbildungsklasse an dieser Universität übernehmen durfte, mit den für mich immer schon als radikal, weil gesellschaftsverändernd empfundenen Ideen, die dahinter standen. Ich spreche von den Ideen der Öffnung, und ich möchte mich bei Rektor Gerald Bast bedanken für seine Überzeugung, dass es die Möglichkeit für ein Lernen der Vielen braucht. Ich möchte mich bei Vizerektorin Eva Maria Stadler bedanken, die die Klasse in den zwei Jahren des Aufbaus mit Leidenschaft für die Sache begleitet hat.

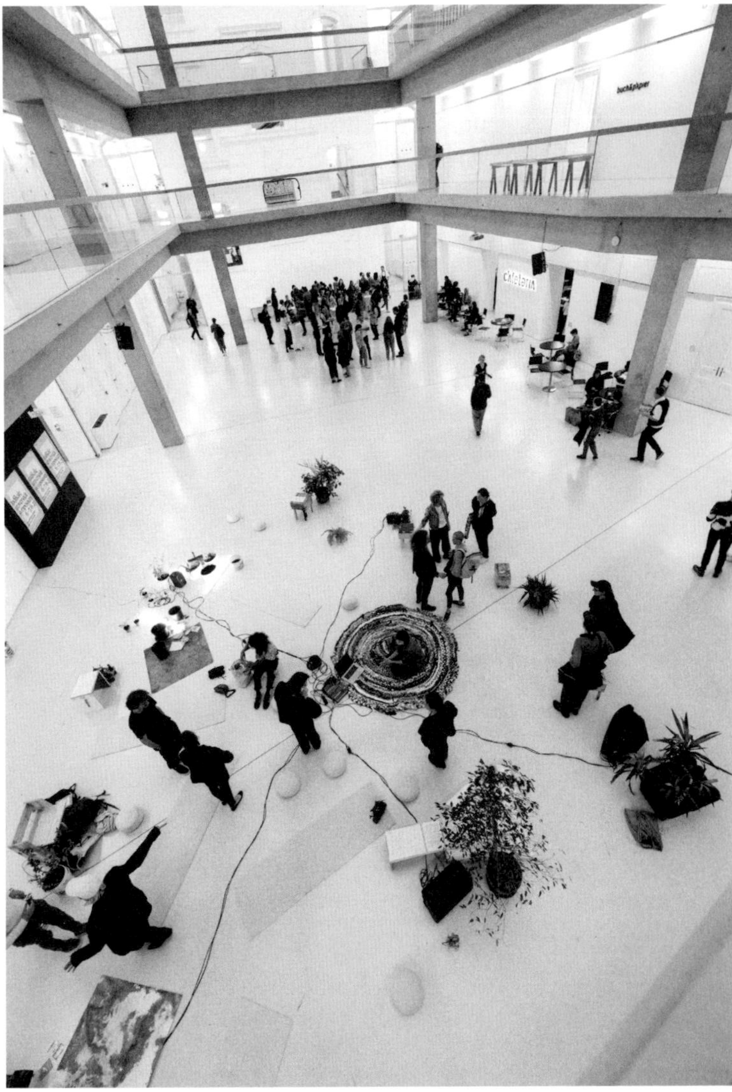

Abb. 2: Installation von Andrea Lumplecker (*Klasse für Alle*, Angewandte) compost care, compost sounds, deep listening, deep learning, Foto Joanna Pianka, eSeL

Ich freue mich, dass meine Idee, das Projekt dieser Öffnung *Klasse für Alle* zu nennen, mit Vertrauensvorschuss angenommen wurde – ich weiß, es ist ein offenes Versprechen, ein Prozess, für den wir weiter brennen müssen.

Ich möchte mich bei allen meinen Mitstreiter∗innen bedanken, die für diese Idee mit mir Feuer gefangen haben und mit und von denen ich lernen darf.

Und nicht zuletzt bedanke ich mich bei allen Teilnehmenden, ohne die es keine *Klasse für Alle* geben würde. Die *Klasse für Alle* ist unendlich groß, und die Zahl der Teilnehmenden verändert sich mit jedem Programm. An diesem Abend waren es die, die für die *Compost Sound* Installation miteinander gearbeitet haben. In diese Sounds und ein Deep Listening möchte ich Sie gerne einladen. Ich lade Sie ein, Teil der *Klasse für Alle* zu werden.

Radikale Schule

Alexia Weiss

Am 16. Mai 2023 wurden die Ergebnisse der jüngsten PIRLS-Studie (die Daten sind von 2021) präsentiert. Bei dieser *Progress in International Reading Literacy Study* werden die Lesefähigkeiten von Volksschüler*innen erhoben. In Österreich kann demnach jedes fünfte Kind nicht ausreichend lesen.[1]

Der Bildungsforscher Stefan Hopmann (Universität Wien) betonte anlässlich dieser Daten, dass sich hier zeigt, wie sehr sich in Österreich soziale Unterschiede auf die Bildungschancen auswirken.[2] Diese Bilanz ziehen Bildungsexpert*innen in Österreich immer und immer wieder – inzwischen seit Jahrzehnten. Und sie weisen auch darauf hin, woran es hakt.

Zitat Hopmann von diesem Mai: »Wir haben in Österreich das zentrale Problem, dass Elterneinsatz, Hausaufgaben und ähnliche Sachen eine völlig überzogene Rolle spielen, wo man eben nicht allein in der Schule lernen kann, was es für die Schule braucht.« Hier müsste man ansetzen.

Und, ebenfalls Hopmann: Dass eine Lehrkraft eine Klasse vier Jahre unterrichtet, sei »von vorneherein ein gescheitertes Projekt«. Niemand sei in der Lage, der Unterschiedlichkeit der Schülerinnen und Schüler quer durch alle Inhalte im Volksschulunterricht gleichermaßen gerecht zu werden.

Ich möchte hier ein Plädoyer für eine radikale Schule, vor allem aber für ein radikales Neudenken von Schule halten.

Drei Punkte möchte ich dabei herausstellen:

Erstens: Es braucht endlich Chancengerechtigkeit für alle Kinder. Bildung darf nicht weiter vererbt werden, einfach weil die einen Kinder zu Hause Eltern haben, die sie unterstützen können, und andere nicht. Das betrifft übrigens nicht nur Kinder aus Familien mit nicht-deutscher Muttersprache. Eltern, die selbst nicht über höhere Bildungsabschlüsse verfügen, Alleinerziehende, Berufstätige,

1 https://www.iqs.gv.at/services/aktuelles/pirls-2021-ergebnisse-veroeffentlicht.

2 https://www.derstandard.at/story/2000146513822/pirls-studiebildungsgerechtigkeit-hat-sich-seit-30-jahren-nicht-verbessert.

die sich ihre Arbeitszeit nicht einteilen können, aber auch Mütter und Väter mit schweren und/oder chronischen Erkrankungen oder Eltern mit ökonomischen Sorgen, sie alle können sich nicht täglich mit den schulischen Aufgaben ihrer Kinder befassen.

Wie kann Chancengerechtigkeit erreicht werden? Durch eine gemeinsame Schule mit massiver innerer Differenzierung und durch eine Ganztagsschule. Alles Schulische soll in der Schule passieren.

Was meine ich mit innerer Differenzierung? Was die Kinder, die heute Erfolg in der Schule haben, von denen, die sich schwer tun, meist unterscheidet, ist, dass sie eben Eltern oder einen Elternteil (meist die Mutter) haben, die sie durch die Schullaufbahn begleiten. Das zieht sich vom Lernen der Merkwörter für die Ansage in der Volksschule bis zur Unterstützung bei der Literatursuche für die Vorwissenschaftliche Arbeit (VWA) in der Maturaklasse. Wenn man also in der Schule jedem Kind einen Coach zur Seite stellt, der alle zwei Wochen mit dem Kind spricht, schaut, wie es sich in welchem Gegenstand tut, wofür es sich interessiert, wo es sich vielleicht schwer tut, aber auch, ob es vielleicht eine Entwicklungsverzögerung oder zu Hause ein Krise gibt, ob das Kind sozial in der Klasse gut integriert ist oder sich vielleicht gemobbt fühlt, dann bekommt jedes Kind genau die Begleitung, die es braucht. Denn der Coach ist auch für die Zusammenstellung des jeweils individuellen Stundenplans zuständig, kann Förderstunden vorsehen und Vertiefungsstunden organisieren. Außerdem kann er oder sie auf ein multiprofessionelles Team von Nurse, Schularzt/ärztin, Sozialarbeiter*in, Psycholog*innen, und verschiedenen Therapeut*innen von Logopäd*innen bis Ergotherapeut*innen zurückgreifen.

Und, ganz wichtig: der Lehrer*in-Kind-Schlüssel muss ganz anders aussehen, um jedem Kind gerecht werden zu können. Fächer wie Sprachen oder Mathematik sollten idealerweise in einer Gruppe von bis zu maximal zehn Schüler*innen unterrichtet werden. So gibt es auch die Möglichkeit, Schüler*innen auf etwa demselben Lernlevel zusammenzufassen, sodass jeder und jede wirklich in seinem oder ihrem Tempo lernen kann. Anderes wie fächerübergreifende Projekte oder Kunst oder Musik kann im Klassenverband stattfinden, wobei auch in einer Klasse nicht mehr als 20 Schüler*innen sein sollten.

Diese Schule unterstützt übrigens nicht nur die vermeintlich schwachen Kinder. Sie fördert auch jene mit ausgeprägten Stärken und Interessen. Wenn also oft die Sorge geäußert wird, eine Gesamtschule würde die Nivellierung nach unten bedeuten: mitnichten. Von solch einem System profitiert jedes Kind und jeder Jugendliche. Und zwar auch, weil hier die Motivation und die Freude am Lernen groß geschrieben werden. Wenn ein Kind sich in Sprachen leicht tut, kann es entweder eine weitere lernen oder bekommt vertiefende Angebote für jene, die es bereits lernt. Kinder mit einer anderen Muttersprache werden auch in dieser alphabetisiert, das ist nicht nur ein Schatz für die Gesellschaft, den es zu heben gilt, das hebt auch den Selbstwert. Besonders quirlige und sportliche Kinder bekommen so viele Bewegungsstunden, wie sie benötigen, jene, denen Kunst besonders gut tut, mehr Kunst, und wer sich für Chemie interessiert, eben mehr Chemie. Und interessiert sich ein Schüler, eine Schülerin für ein Fach weniger, kann der Coach schauen, ob dieses reduziert werden kann. Für jeden Bildungsabschluss werden für jedes Fach Mindestlevels definiert, die absolviert sein müssen – es gäbe aber gleichzeitig Spielraum, andere Fächer intensiver zu belegen.

Heute ein Gymnasium zu absolvieren bedeutet oft, eine ganze lange Liste an Dingen vor sich zu haben, die abgehakt werden. Und wenn man das dann geschafft hat und auch noch die letzte Hürde – die Zentralmatura – genommen hat, bekommt man das Reifezeugnis. Nur ist irgendwann die Freude, Neues zu lernen, auf der Strecke geblieben. Da ist anzusetzen.

Zweitens: Wir müssen Schule systemisch begreifen. Gesellschaft verändert sich, dadurch ergeben sich andere Bedürfnisse. Ich möchte das anhand einiger Beispiele illustrieren.

Es braucht ganztägige Betreuung, damit beide Elternteile arbeiten können und auch Alleinerziehende gut zurechtkommen. Und wenn ich arbeiten sage, meine ich Vollzeit arbeiten. Was nicht heißt, dass alles andere der Erwerbsarbeit untergeordnet werden sollte. Ich kann der aktuellen Debatte um Arbeitszeitverkürzung viel abgewinnen. Aber viele Frauen arbeiten in Österreich viel zu lange Teilzeit. Die einen, weil sie im ländlichen Raum zu wenige Betreuungsangebote finden, andere, auch viele gut ausgebildete Frauen, weil sie ihre Kinder bestmöglich begleiten wollen. Das bedeutet für viele Frauen einen Karriereknick und vor allem weniger Pension im Alter. Natürlich gibt es schon derzeit viele Frauen mit kleineren Kindern, die Vollzeit arbeiten. Das ist dort möglich, wo ganztägige Betreuung angeboten wird. Nur kommt es dann auch auf die Qualität dieser Betreuung an. Die Realität sieht so aus, dass ein Volksschulkind zwar nachmittags in den Hort geht, aber dennoch am Abend zu Hause die Lesehausübung gemacht, ein Plakat für ein Referat vorbereitet werden muss etc. etc. Das heißt, Eltern und da wieder vor allem Mütter reiben sich auf zwischen Job und der schulischen Unterstützung für das Kind oder die Kinder. Langfristig laugt das nicht nur enorm aus, es führt auch zu ständigen innerfamiliären Konflikten, weil Eltern und Kinder am Abend eigentlich erschöpft sind und allen eine entspannt gemeinsam verbrachte Zeit wesentlich besser tun würde.

Wir sind mit einem Fachkräftemangel konfrontiert. Systemisch betrachtet müssen wir uns als Gesellschaft daher um jedes einzelne Kind bemühen, damit es später gut ausgebildet dem Arbeitsmarkt zur Verfügung steht. Und mich hier bitte nicht missverstehen: Es geht nicht darum, auf Zuruf der Wirtschaft Arbeitskräfte für den Arbeitsmarkt zu produzieren. Es geht darum, jedes Kind so zu stärken, dass es seinen Ausbildungsweg findet – ob das nun eine Lehre oder eine mittlere Ausbildung oder ein Studium ist. Und dann wird diese Person auch einen Arbeitsplatz finden – und sich der Arbeitgeber über gut ausgebildete und motivierte Mitarbeiter∗innen freuen.

Nächstes Beispiel: Wir sehen derzeit eine Krise der medizinischen und vor allem psychiatrischen, psychologischen und psychotherapeutischen Versorgung von Kindern und Jugendlichen. Prävention ist hier immer besser als ein Feuerwehreinsatz, zumal für den Feuerwehreinsatz aktuell an allen Ecken und Enden die kassenfinanzierten Therapieplätze und die Plätze auf kinder- und jugendpsychiatrischen Stationen fehlen. Wenn Schule also die gesamte Entwicklung eines Kindes im Blick hätte, könnte hier viel abgefedert werden.

Und weil da nun von jenen, die Schule immer noch nur als Ort, an dem Stoff durchgenommen wird, begreifen, der Einwand kommen könnte: Aber die Kosten! Volkswirtschaftlich wäre es besser, durch rasches Eingreifen nur kurze sozialarbeiterische oder therapeutische Interventionen zu brauchen, als durch zu spätes Erkennen

Jugendliche in Krisen rutschen zu lassen, aus denen sie nicht mehr herauskommen und durch die sie nicht selten zu Schul-Dropouts werden. Sie dann wieder zu stabilisieren braucht viel mehr therapeutischen Aufwand, und sie wieder in einer Bildungsinstitution zu integrieren, sodass sie einen Abschluss machen, ist ebenfalls eine Herausforderung. Damit verlieren Individuen die Chance, ihre Existenz selbst sichern zu können, dem Arbeitsmarkt gehen potenzielle Fachkräfte verloren, dem Sozialstaat entstehen oft langjährig Kosten. Prävention würde sich hier also lohnen.

Und drittens: Wir müssen Schule zuallererst aus der Perspektive der Kinder betrachten. Die Frage darf nicht sein, was müssen Kinder wissen, sondern: Was brauchen Kinder? Und da ist mein Credo: Jedes Kind soll sich gemäß seinen Möglichkeiten und Interessen bestmöglich entfalten können.

Ich möchte hier an die Ausführungen von Rektor Gerald Bast anschließen:[3] Es geht schon heute nicht mehr um Faktenwissen. Es geht um das Verbinden von Fakten und Zusammenhängen, um das Analysieren, das Hinterfragen, darum, die richtigen Schlüsse zu ziehen. Dazu braucht es fächerübergreifenden Unterricht, dazu braucht es eine frühe Heranführung an Diskurs und Meinungsaustausch, aber auch eine viel frühere Vermittlung von Digital Skills. Und es braucht einen Unterricht, der motiviert.

3 Vgl. den Beitrag von Gerald Bast in diesem Band, S. 21.

Der wichtigste Hebel dazu sind jene, die vermitteln: die Lehrer und Lehrerinnen.

Und hier schlage ich nun doch auch den Bogen zu den Universitäten. Einerseits hilft ein Schulsystem, das jedem Kind gute Chancen ermöglicht, jedem jungen Menschen, der das möchte, an einer Universität zu studieren. Andererseits werden an den Unis bzw. den pädagogischen Hochschulen die Pädagog∗innen ausgebildet. Auch ihre Bedürfnisse muss Schule besser berücksichtigen. Junge, eigentlich motivierte Lehrer∗innen erleben den Schulalltag in ihren ersten Jahren als derart belastend und entgrenzt, dass einige von ihnen – wie schon seit Jahren Elementarpädagog∗innen – nach kurzer Zeit in eine andere Tätigkeit wechseln. Die Ganztagsschule würde zwar bedeuten, dass Lehrer∗innen den gesamten Arbeitstag in der Schule verbringen – sie könnten dort aber im Gegensatz zu heute über einen guten Arbeitsplatz mit Schreibtisch, Computer und WLAN verfügen und Besprechungsräume vorfinden, sodass auch sie alles Schulische in der Schule erledigen könnten.

Das ist der easy part.

Der schwierigere ist, dass Lehrer∗innen lernen müssen, sich als Teamplayer∗innen zu verstehen. Das empfinden derzeit einige noch als Zumutung. Sie verstehen zum Beispiel Sozialarbeiter∗innen oder Psycholog∗innen als Support, also als Professionen, die zu ihrer Unterstützung da sind. Wo wir hinkommen müssen, ist, dass es an der Schule ein Team gibt, das die Kinder begleitet und motiviert und fördert. Lehrer∗innen unterrichten, Coaches begleiten und ziehen andere Mitglieder des Teams hinzu, wenn sie einen Bedarf dafür sehen – für Sozialarbeit, für einen medizinischen Check-up, für eine psychologische Testung, für Ergotherapie, für Psychotherapie. Es müssen hier alle Berufsgruppen auf derselben Augenhöhe agieren.

Lehrer∗innen müssen aber auch lernen, dass sie nicht ausschließlich (oder eigentlich gar nicht) da sind, um zu beurteilen und damit auch zu verurteilen, sondern dass sie mit jedem Kind ein Team bilden und das Ziel ist, dass das Kind etwas mit Freude lernt. Und ich fürchte, das wird in Österreich nur durch einen radikalen Ansatz umzusetzen sein, nämlich dadurch, dass man den Lehrer∗innen das Beurteilen und Benoten entzieht und zugleich den Schulerfolg eines Schülers, einer Schülerin verstärkt in ihrer Verantwortung sieht.

Wie könnte das konkret aussehen? In meinem Modell durch standardisierte Tests. Da denken nun sofort alle an die Zentralmatura, und dass diese nicht der Weisheit letzter Schluss ist. Im derzeitigen Schulsystem, vor allem in der Mittelschule, ist allerdings nicht gewährleistet, dass Jugendliche mit grundlegenden Kompetenzen herauskommen, etwa sinnerfassend lesen können oder das Prozentrechnen beherrschen. Es werden alle Augen zugedrückt und sie werden positiv beurteilt, um ihnen keine Steine in den Weg zu legen. Im aktuellen System ist das zwar sicher die bessere Alternative, als über keinen Pflichtschulabschluss zu verfügen. Ich denke allerdings, dass man ihnen damit in the long run nicht hilft. Sie brauchen diese Grundfertigkeiten. Immer mehr Lehrbetriebe führen bei der Personalauswahl ein Assessment-Center durch, um zu schauen, wer ein fehlerfreies Mail schreiben oder einen Flächeninhalt berechnen kann. Standardisierte Überprüfungen sollten also sicherstellen, dass solche Skills beherrscht werden. Gleichzeitig darf der Unterricht nicht nur daraus bestehen, auf diese Tests hinzuarbeiten, wie das zum Beispiel derzeit in Deutsch der Fall ist, wo in der Oberstufe oft (aber auch nicht von allen Lehrer∗innen in allen Klassen) nur mehr Textsorten in der richtigen Länge geübt werden und jegliche Kreativität auf der Strecke bleibt.

Ich möchte hier aber auch noch an das anschließen, was Hopmann angesichts der PIRLS-Studie zur Volksschule sagte: Es sei nicht sinnvoll, dass eine Lehrperson Kinder vier Jahre lang unterrichtet. Das halte ich für einen essenziellen Punkt, den man sich auch nach dem Gender-Aspekt ansehen muss.

Ebenso oft, wie festgestellt wird, dass Bildung in Österreich vererbt wird, wird beklagt, dass wir ein MINT-Problem haben. Mathematik ist weiterhin das Angstfach Nummer eins, insgesamt zu wenige junge Menschen interessieren sich für naturwissenschaftliche Ausbildungen, und vor allem Frauen sind in naturwissenschaftlichen und technischen Studienrichtungen wie Physik oder Informatik unterrepräsentiert. Das sind aber die Tätigkeiten, die später besser bezahlt werden als zum Beispiel Care-Arbeit, hier liegt also auch ein Grund für den Gender-Pay-Gap.

Ein Hebel wäre hier, Kinder viel früher intensiv mit Naturwissenschaften in Kontakt zu bringen. Es wäre also gut, auch in der Volksschule Fachpädagogen und Fachpädagoginnen zu haben: für Deutsch, für Mathematik, aber eben auch für Naturwissenschaften, wo durch Hands-on-Versuche Interesse geweckt werden kann.
Die Realität heute ist, dass die meist weibliche Volksschullehrerin sich mehr für Deutsch als für Mathematik interessiert und der Sachunterricht ein bisschen Geschichte Österreichs und der Region, ein bisschen Biologie und etwas Geografie abdeckt, weil sich die Volksschullehrerin für ein chemisches Experiment oder Grundlagen der Physik schlicht nicht interessiert.
Das klingt nun nach Rollenstereotyp, aber die Realität unterstreicht das leider in vielen Fällen (nicht in allen, wie immer greifen keine pauschalen Zuschreibungen).
Hier flächendeckend Fachlehrer∗innen, die wirklich für ihr Fach brennen, einzusetzen könnte viel verändern.

Wir lesen in Gerald Basts Beitrag auch über den Einsatz von Künstlicher Intelligenz. KI bildet heute vor allem männliche Perspektiven ab, weil Programmierung und Entwicklung großteils durch Männer erfolgt. Auch aus der gesamtgesellschaftlichen Perspektive wäre es daher wichtig, mehr Mädchen und Frauen für Informatik zu begeistern. Aber damit muss schon in der Volksschule begonnen werden – und da sind wir wieder bei der Lehrer*innenausbildung.

Es muss eben insgesamt viel mehr systemisch und weniger in kleinen Schrebergärten gedacht werden. Das aus den hiesigen Köpfen herauszubekommen ist allerdings ein Kraftakt, und die Widerstände sind so groß, dass ein Schulkonzept, das Ganztagsschule und die gemeinsame Schule für alle vorsieht, hierzulande von den einen als Traumtänzerei, von anderen als radikal empfunden wird.

Radikal ist dabei negativ konnotiert. Ich empfinde Radikalität aber durchaus als etwas Positives und auch Befreiendes. All die kleinen Reförmchen haben unser Schulsystem in den vergangenen Jahrzehnten nicht nach vorne gebracht. Wir brauchen hier wirklich einen Neubeginn. Also: Sind wir radikal – und bauen wir die Schule so um, dass sie allen Kindern gerecht wird![4]

4 Das gesamte Konzept für eine umfassend neu gedachte Schule findet sich in der Streitschrift: Alexia Weiss: Zerschlagt das Schulsystem ... und baut es neu!, Wien 2022.

Die Universität erzählt / Von der Universität erzählen: Literarisierung und Radikalität in amerikanischen Campus-Diskursen

Adrian Daub

Ich will heute vom Erzählen über den Campus sprechen, vom Erzählen über den US-Campus im Besonderen, vom Erzählen über dessen Radikalismus. »Erzählen« hierbei bewusst als prozessuale Beschreibung: Es wird sehr viel über diesen Campus erzählt, wiederholungsreich und einigermaßen obsessiv; der Radikalismus des US-Campus hat sich erst durch diese Wiederholung konstituiert. Das bedeutet nicht, dass es an US-Campus nie oder keinen Radikalismus gab. Sondern eher, dass Geschichten über Radikalismus mit der Zeit und mit der Wiederholung erst plausibel und triftig wurden. Denn Geschichten über radikale Campus in den USA sind ja nie rein faktisch – sie sagen nie nur: Das gibt es. Sie sagen auch: Die Tatsache, dass es das gibt, geht uns, geht Sie alle etwas an.

Ich will also nicht nur darauf reflektieren, wie erzählt wird, sondern warum und warum so häufig, ausgiebig, emotionalisiert. Denn wie ich in meinem Buch *Cancel Culture Transfer* zeige, rekurrieren auch internationale Debatten mittlerweile äußerst stark auf diese spezifische Uni-Welt, die einerseits einigermaßen besonders ist, aber andererseits als Indiz einstehen soll für etwas, dass sich nunmehr angeblich außerhalb der efeuberankten Mauern Bahn bricht. Kaum ein Essay zu den Exzessen der »Woken« oder zur »Cancel Culture«, der nicht mit einer Anekdote aus den USA begänne. Der US-Campus stellt eine Art Vorboten dar für die Probleme, die angeblich »jetzt auch hier« von der Uni-Welt, von jungen Menschen, von Radikalen ausgehen sollen. Um diese Erzählfunktion geht es mir heute: was es praktisch bedeutet, wenn Campus-Fiktionen zum politischen Motor werden.

Ich kann hier nicht weiter auf die lange Tradition der Campus-Literatur im englischsprachigen Raum eingehen. Ich bitte allerdings darum, diesen Kontext mitzudenken. Die Texte, um die es mir heute geht (und in denen »Radikalität« weitaus mehr im Vordergrund steht als bei Romanen von Saul Bellow, Kingsley Amis oder Philip Roth), treten als Sachbücher auf. Aber sie schöpfen stark aus literarischen Konventionen, und ihnen würde wohl auch nicht dieselbe Plausibilität zugemessen, wenn es nicht als Hintergrund eine fiktionale Erzähltradition über den US-Campus gäbe. Auch diese Tradition ist keine invariante: Die Literatur hat den Campus für sich entdecken müssen, hat Leser*innen beibringen müssen, dass die Geschichten, die sie auf ihm ansiedelt, Universelles ausdrücken und auch für Leser*innen interessant sind, die noch nie (oder seit Jahrzehnten nicht mehr) auf einem solchen Campus waren.

John Williams will anhand seiner Schöpfung William Stoner, eines wenig bemerkenswerten Professors an der University of Missouri, Fragen stellen über das Scheitern, über das Altern, über das, was der Mensch nach einem langen Leben zurücklässt und wie viel Dauer das haben kann. Der Campus ist für ihn das Reagenzglas, in dem das am besten geht: ein Arbeitsplatz, der gleichzeitig das ganze gesellschaftliche Leben einer Person darstellt und den ein Mensch wie Stoner von Jugend bis zum Augenblick seines Todes nie wirklich verlässt. Und Philip Roth will in *Der menschliche Makel* die USA der späten 1990er diagnostizieren, eine Furie der Scheinheiligkeit, die er in Interviews bevorzugt am Impeachment Bill Clintons festmacht. Aber er verlegt den Roman nicht etwa nach Washington DC, sondern auf einen fiktiven Campus in Massachusetts. Auch dieser ist eine Versuchsanordnung, in der komprimiert und dicht erzählt werden kann, vielleicht gerade weil die Vorgänge am fiktiven Athena College in der isolierten Welt der Berkshires, anders als die im fernen Washington, nur für die dort gemeinsam Eingeschlossenen Konsequenzen haben.

Aber neben dieser fiktionalen Erzähltradition gibt es seit mindestens 70 Jahren eine nicht- oder semifiktionale. Es handelt sich um – gemeinhin konservative – Kritiken am Unisystem. Für diese ist der Campus kein Mikrokosmos mehr, sondern Petrischale in einem ganz anderen Sinn: Was hier passiert, könnte möglicherweise überspringen auf den Rest der Gesellschaft. Die Diagnose dieser Form der Campus-Kritik speist sich aus einer ähnlichen Quelle wie die Campus-Literatur: Der US-Campus ist eine kleine, autarke Welt für sich, er wirkt visuell, architektonisch stark geschieden von dem ihn umgebenden Raum. Die Menschen, die in ihm aufeinandertreffen, sind einander – zumindest für eine gewisse Zeitspanne – die ganze Welt. Kleine interpersonelle Probleme werden schnell zum großen Politikum, und jedes Politikum, und sei es noch so gewichtig, geht früher oder später in interpersonellen Querelen auf.

In der Campus-Literatur wird diese Tatsache wie gesagt als eine Art probate Versuchsanordnung gebraucht: ein Mikrokosmos, in dem man Fragen über Scheitern, Altern, die Generationen und vieles andere mehr effizient stellen kann. In der zweiten Tradition – der Kritik des »radikalen« Campus – wird dieselbe ästhetische Differenz zu einer moralischen uminterpretiert. Die Universität ist in ihrer Autarkie und interpersonellen Verflechtung ein Gefahrenherd. Wenn an der University of Texas das English Department in Streit gerät, weil man sich uneins ist, was auf die Kanon-Liste gehört und welche Texte nicht – dann ist das keine Campus-Posse mehr, sondern ein Indiz, dass die USA an ihrer eigenen kulturellen Identität irre werden. Wenn ein Professor in Harvard entnervt beschließt, einen Kurs wegen kritischer Rückfragen von Seiten von Studierenden nicht mehr anzubieten, dann soll das ein Verdikt über eine grassierende gesamtgesellschaftliche Zensurkultur sein. Die beiden soeben angesprochenen Fälle kommen aus den 1980er Jahren – und das dürfte der Moment gewesen sein, als die Implausibilität dieser Konstruktion endgültig aus dem Blick geriet. Gewiss, es *könnte* sein, dass eine Erregung über ein Sandwich in Oberlin College ein wichtiges Indiz für den Zustand unserer Gesellschaft ist. Was aber seit den 1980er Jahren zu beobachten ist: Man muss diesen Verdacht kaum mehr begründen, ihm wird einigermaßen unkritisch Plausibilität zugestanden.

Der Begriff der »Radikalität« oder des »Radikalismus« ist in diesem Diskurs zum selbstverständlichen hermeneutischen Horizont für politisierte Campus-Geschichten geworden. 1990 schrieb der Kulturkritiker Roger Kimball *Tenured Radicals*: im Endeffekt eine lange Liste von Professor:innen an amerikanischen Unis und was sie alles Kurioses lehren und forschen. »Radikalismus« konnte für Kimball einiges bedeuten, aber eben nicht alles: Er listet vor allem Marxist*innen, aber eben auch Feminist*innen, Queer Theorists, Historiker*innen mit starkem Interesse an afroamerikanischer Geschichte usw. Dinesh D'Souzas Buch *Illiberal Education* von 1991 war ebenso wie Kimballs Teil einer Welle (zwischen etwa 1986 und 1995), die den Kampf gegen Campus-Radikalismus vom Ruch des Konservativen befreite und als Verteidigung des Liberalismus positionierte.

Der Vorwurf der »radikalen« Universität ist hier eigentlich ein reiner Etikettenwechsel: »Radikal« heißt hier, was nicht mehr »kommunistisch« heißen darf. Der Kommunismusvorwurf hatte sich, was Campus-Diskurse anging, stark abgenutzt und war zu stark mit dem härtesten Konservatismus assoziiert. Wer geifernd vor Kommunisten an den Unis warnte, stellte sich schnell in eine konspirative Ecke, klang wie die John Birch Society oder Joe McCarthy. Und insbesondere ab 1989/90 funktionierte der Kommunismus als Schreckgespenst nicht mehr. Aber obwohl 1990 der Moment war, in dem sich das Narrativ über den »radikalen« Campus als Warnung vor »political correctness« in der breiteren US-Publizistik etablierte: Die Wurzeln einer – vom Antikommunismus zumindest rhetorisch geschiedenen – Kritik am Campus als »hotbed of radicalism« sind weitaus älter.

Ihre Anfänge dürften bei William F. Buckleys 1951 erschienenem Buch *God and Man at Yale* zu verorten sein.[1] Buckley, damals gerade 25 Jahre alt, wurde später als Herausgeber des *National Review* eine Ikone für US-amerikanische Konservative. Buckleys Buch war der Beginn der modernen Konservativen Bewegung und stand vor allem für ihre intellektuell ambitionierten Vertreter. Dieser neue Konservatismus – weniger patrizierhaft als noch Herbert Hoover, weniger konspirativ als McCarthy, weniger offen rückwärtsgewandt wie die Populisten des Heartland – artikulierte sich vermittels eines Sich-Abarbeitens am College-Campus.

1 William F. Buckley, God and Man at Yale. The Superstitions of »Academic Freedom«. New York 1951.

Und zwar ganz explizit am Campus: Es geht Buckley einerseits nicht um *das* Bildungssystem der USA – Sorgen über High Schools, und was Schüler dort lernten, waren in den 1950er Jahren ein beliebter Topos erzkonservativer Kritiker. Die Universitäten waren diesen häufig suburbanen, kleinbürgerlichen (und weiblichen) Aktivist*innen allerdings tendenziell egal. Yale hätte für sie auf dem Mars liegen können. Buckleys Kritik kehrte dies um: Er durchstreift Yales Campus mit dem Auge eines Menschen, für den dieser Ort vier Jahre lang seine ganze Welt gewesen war. Und er schließt aus dieser auf den ersten Blick so atypischen Oase auf »unsere großen Lerninstitutionen« und über diese auf eine gesellschaftliche Gefahr.

Das Problem mit Yale, so stellte Buckleys Buch es dar, lag einfach darin, dass die Universität anders war – und sogar noch stolz darauf. Die Uni sei zwar erpicht darauf, sich anti-kommunistisch zu geben, mache sich aber vor allem Sorgen um die akademische Freiheit der Lehrenden – und meinte damit, so Buckley, die Freiheit, Kommunist zu sein. »Mich würde interessieren, wie lange eine Person, die sich als Rassist offenbarte, die einen Vortrag über die anthropologische Überlegenheit der Arier hielt, in Yale überleben würde«, schrieb der junge Buckley. Im Grunde genommen meinte Freiheit der Forschung für seine Professoren in Yale nichts weiter als die Freiheit, sich an die Vorurteile ihrer kleinen Campus-Welt zu klammern und ihnen den Anstrich der Prinzipientreue zu verpassen. »Akademische Freiheit« sei, wie es im Untertitel des Buches heißt, »ein Aberglauben«.

Mehr noch, Buckley behauptete, dass dieser »akademischen Freiheit«, also der Freiheit von Lehre und Forschung, eine sehr viel fundamentalere Freiheit geopfert werde: die Autonomie der Studierenden. Die Lehrenden seien aber antichristlich und »antiindividualistisch« und verlangen das implizit auch von ihren Zöglingen. »Unter dem Schutzetikett ›akademische Freiheit‹ hat sich«, so Buckley, »eine der außergewöhnlichsten Inkongruenzen unserer Zeit« etabliert. Die Universität beziehe »ihre moralische und finanzielle Unterstützung« von »christlichen Individualisten« – gemeint sind Spender, Ehemalige und Eltern, die sich bereit erklären, ihre Kinder an die Universität schicken. Yale stelle sich dann aber »die Aufgabe«, »die Söhne dieser Unterstützer davon zu überzeugen, atheistische Sozialisten zu werden«.

Buckleys Kritik wirkt – mit ihrem Fokus auf Eltern, mit ihrer Behandlung von Studierenden wie Schulkinder usw. – einigermaßen aus der Zeit gefallen. Und doch war das Buch ein früher Vorfahre von Büchern wie *Tenured Radicals* oder *Illiberal Education* und der medialen Aufregung über den Campus als Hort von »political correctness«, von »Gruppendenk«, ja von »Radikalismus«. Buckley warf der Universität vor, sie habe sich zum bewussten Spiegelbild der amerikanischen Gesellschaft entwickelt. Die Uni bilde ihre Zöglinge nicht auf die Welt hin aus, sondern an dieser fast vorbei. »Wenn ein Yale-Absolvent, der sich während seiner Studienzeit mit Wirtschaftswissenschaften auseinandergesetzt hat, nachher Unternehmungslust, Eigenständigkeit und Unabhängigkeit an den Tag legt, dann nur, weil er seinen Lehrern und Texten den Rücken gekehrt hat.« Jene Inselhaftigkeit, Abgeschiedenheit, Eigenheit der amerikanischen Campus-Uni, die im Campus-Roman mal amüsant, mal enervierend wirken kann: *God and Man at Yale* gab ihnen eine geradezu dämonische Note.

Gewiss, Buckleys Kritik an Yale ist, sagen wir, mit der Allan Blooms an Cornell (in *The Closing of the American Mind*, 1987) oder mit der Peter Thiels (in *The Diversity Myth*, 1995) keineswegs identisch. Aber Buckley etablierte dennoch einige Konventionen, die für das Genre insbesondere neokonservativer Campus-Kritik nicht nur zentral sind, sondern die mittlerweile so selbstverständlich geworden sind, dass sie kaum noch als Konventionen ins Auge springen. Wieso sollte man von einem Ausnahmecampus wie Yale auf »die Universität« schließen können? Warum sollte man es überhaupt tun? Warum bedeutet der Blick auf »die« Universität, ob bei Buckley oder bei Kimball, eigentlich nur den Blick auf die Geisteswissenschaften, ja eigentlich auf English und History Departments, zumal die tatsächlichen Berührungspunkte des durchschnittlichen amerikanischen Studierenden mit diesen Fachbereichen extrem reduziert waren? Seit Buckley behandeln konservative (und auch bestimmte liberale) Campus-Kritiker ein historisch immer weiter schrumpfendes Subbiotop als pars pro toto für die Universität, für das Bildungssystem, ja für die Gesellschaft. Und seit Buckley gibt es immer mehr Leser*innen, die diese rhetorische Operation mitmachen, plausibel finden, ja die sie gar nicht mehr als rhetorische Operation wahrnehmen.

Noch wichtiger für mein Thema: Buckley liefert, ganz nebenbei und ohne das Wort selber zu verwenden, eine eigentlich ganz brauchbare Definition jener Radikalität, die seitdem Narrative über die US-Campus-Kultur strukturiert. Radikalität könnte alles mögliche bedeuten – sowohl die Verteidiger der US-Uni als auch die Kritiker wie Buckley oder D'Souza scheinen aber zumindest eines immer mitzumeinen: Die Colleges und Universitäten weisen eine Grunddifferenz auf im Vergleich zur Gesellschaft als ganze. In ihr werden junge Amerikaner:innen mit etwas Un-Amerikanischem konfrontiert. Ihre Radikalisierung besteht in der Tatsache, dass der Campus junge Menschen vom Rest der Gesellschaft entfremdet.

Es handelt sich dabei – immer impliziter, je weiter wir uns von *God and Man at Yale* entfernen, aber dennoch merklich – um ein Narrativ, das sich vor allem an seine Rezipienten als Eltern zu wenden scheint: Es adressiert den/die Leser∗in als jemanden, der Angst hat, was der Campus mit seinen/ihren Kindern machen wird. Das Grundtrauma, das es ausdrückt, ist die Begegnung mit dem College-Campus als Ort intergenerationeller Differenzierung. Christen kommen als Atheisten aus dem College, nette zukünftige Bankangestellte als langhaarige Hippies usw. Ronald Reagan, der andere große Architekt der Entfremdung der Amerikaner von ihren Colleges, sprach seine Wähler immer implizit als Steuerzahler an, die nicht mehr willens waren, die Umtriebe von demonstrierenden Berkeley-Student∗innen zu finanzieren. Aber Buckleys Rhetorik hatte eigentlich den längeren Atem. Denn in den letzten 70 Jahren hat sich die tatsächliche Investition von Steuergeldern in amerikanische Universitäten stark reduziert; diese starke finanzielle Desinvestition wurde aber konterkariert durch die ideologische Investition – von Aufmerksamkeit, von moralischer Energie, von elterlicher Sorge – in die Umtriebe von angeblichen Campus-Radikalen.

Allerdings stimmte Buckleys Bild der amerikanischen Eliteuniversität 1951 im Grunde genommen ebenso wenig wie heute. Die US-amerikanische Gesellschaft reproduziert ihre Hierarchien auch und gerade vermittels des selber stark hierarchisierten College-Systems; mehr noch, die Art Campus, auf die die konservativen Kritiker fixiert sind (Buckleys Yale, Allan Blooms Cornell, Dinesh D'Souzas Harvard, Peter Thiels Stanford), sind natürlich gerade Stützen der Gesellschaft. Die Radikalisierung, die sich an Community Colleges oder an Zweitcampus für Fernstudierende ergeben könnte, ist diesen Autoren – allesamt Produkte der Ivy League oder von Ivy-Äquivalenten – einigermaßen egal. Die Radikalität, die hier beklagt wird, ist somit eine, bei der Menschen, denen es eigentlich gut geht in diesem System, an diesem System irre werden. Radikalität unter Ivy-League-Studierenden oder Duke-Professor∗innen ist das, was in Österreich früher einmal Nestbeschmutzung war.

Zweitens: Die Möglichkeiten genuiner Radikalität – definiert als die Fähigkeit, das in der Außenwelt Etablierte umzustülpen – sind in den letzten 50 Jahren radikal reduziert worden. Das College ist heute stärker mit dem Leben vor und nach ihm verknüpft als noch 1950 oder sogar 1980. Studierende leben mit ihren Schulden bis ins hohe Alter, heutige Studierende (die zum Beispiel in Stanford bis zu 250.000 Dollar für vier Jahre berappen müssen) studieren und planen natürlich vor diesem finanziellen Hintergrund, der sich für Experimente nur sehr bedingt anbietet. Der Professionalisierungsdruck hat dadurch natürlich nur zugenommen – das bedeutet in der Praxis, dass viele Studierende jeder Diskontinuität zwischen College-Leben und späterem Berufsleben (oder dem, was sie sich darunter vorstellen) mit einigem Misstrauen begegnen. Das muss nicht nur negativ sein, denn seit Buckley hat auch gerade die Zahl der Community Colleges stark zugenommen. Aber auch da gilt: Die Abgehobenheit, die das Radikalitätsnarrativ nahelegt, existiert fast überhaupt nicht.

Die Elite-Universitäten sind währenddessen aufgrund der starken Verflechtungen mit Finanzinstitutionen (durch ihre massiven Endowments) mit häufig äußerst konservativen Spendern (verkörpert in den nicht gerade radikalen Boards of Trustees, die zumindest im Prinzip jede Personalentscheidung absegnen müssen) weitaus stärker von ihrer Umwelt abhängig als noch zu Buckleys Zeiten.

Das heißt also: Die Kontinuität zwischen Uni und Außenwelt, die Buckley vermisste – die historische Entwicklung seit 1980 hat sie geradezu forciert. Das bedeutet nicht, dass von den amerikanischen Universitäten keine radikalen Impulse und Herausforderungen des

US-amerikanischen Status quo ausgingen. Nur ging die Tendenz nicht wirklich auf eine Entfremdung von Campus und Gesellschaft hin, sondern eher auf eine Nivellierung ihrer Differenz.

Und dennoch ist Buckleys Diagnose immer wieder erneuert worden; mehr noch, sie ist geradezu universalisiert worden. 1951 war sie noch als eine dezidiert konservative Kritik lesbar; ab den 1980er Jahren reüssierte sie als vorgebliche Verteidigung eines bedrohten Liberalismus; und heute machen sich selbst linksgerichtete Stimmen in den USA diesen Blick auf die verkapselte Welt des Uni-Campus zu eigen. Wenn ein Kommentator die »woken«, identitätspolitischen Verzettelungen junger Studierender schmäht, wenn er Anekdoten wiedergibt, die vor der Unbarmherzigkeit von »Trans-Aktivisten« warnen, wenn er vor #MeToo-Exzessen warnt: dann ist der Blick, den er auf die Universität richtet, eigentlich identisch mit Buckleys.

Meine Behauptung heute ist, dass diese beiden Tatsachen zueinander in Beziehung zu setzen sind: Die Klage über die Radikalität der Universität begleitet seit Jahrzehnten einen Prozess, in dem die Möglichkeit der Universität, genuin zu opponieren, genuin radikal zu denken, immer stärker beschränkt wurde. Die Abgehobenheit der Campus-Welt, die in der Literatur halb komisch, halb tragisch sein kann: außerhalb der Literatur hat sie die politische Wirkung der amerikanischen Campus-Welt seit 70 Jahren äußerst effektiv untergraben.

Die Universität erzählt / Von der Universität erzählen: Gespräch

Adrian Daub, Antonia Birnbaum

Das Gespräch fand im Anschluss an Daubs Vortrag statt.

Antonia Birnbaum: Guten Tag, Herr Daub. Ich möchte drei Punkte aus Ihrem Vortrag hervorheben. Sie haben einen Umweg gewählt, um uns über die Radikalität an amerikanischen Universitäten zu informieren: Sie haben diese Radikalität nicht direkt präsentiert, sondern durch Klagen darüber eingeführt. Sie haben den historischen Rahmen betont, indem Sie sowohl auf die 1950er Jahre mit McCarthyismus und Reaganismus als auch auf Buckley und sein Werk *God and Man at Yale* eingehen. Es wird klar, dass die Universität schon damals ein Kampfplatz war, an dem konservative Kräfte versuchten, die kritische Kultur zu unterdrücken. In diesem Zusammenhang möchte ich anmerken, dass Buckley in seinem Werk die Frage aufwirft, wie lange eine Person, die sich als Rassist outet und einen Vortrag über die Überlegenheit der Arier hält, in Yale bestehen würde. Es ist wichtig zu wissen, dass im Jahr 1922 der Präsident von Harvard, Lawrence Lowell, eine Verwaltung vorfand, die den Zugang von Juden zu Harvard auf nur 15 Prozent beschränkte. Buckley versucht dies damit zu rechtfertigen, dass eine übermäßige Anzahl von Juden an Harvard zu Antisemitismus führen würde, da die Universität ein Ort der weißen Christen sein sollte. Dieser Aspekt verdeutlicht, dass konservative Kulturkritik an den Universitäten tatsächlich eine greifbare Macht darstellt. Das wäre der erste Punkt.

Ein weiterer Aspekt, der in Ihrem Vortrag am Ende etwas untergegangen ist, bezieht sich auf den Radikalismus in den 1970er Jahren. Diese Zeitperiode ist von großer Bedeutung, da radikale Bewegungen wie die Anti-Vietnamkrieg-Bewegung und Black Lives Matter nicht nur an der Universität entstanden sind, sondern auch die Universität beeinflussten. Meine Frage dazu wäre, ob Sie uns noch einige Informationen zu dieser Zeitperiode geben können.

Der zweite Punkt Ihres Vortrags betraf die Bedeutung materieller Bedingungen. Sie haben insbesondere auf die Verschuldung der Studierenden hingewiesen und betont, dass dies zu einer Anpassung an die Gesellschaft führt. Es wäre jedoch wichtig, auch das Phänomen des schwindenden Tenure-Systems und den Einfluss des Neoliberalismus auf den amerikanischen Campus zu berücksichtigen. Heutzutage werden Studierende als Kunden betrachtet, während Professor*innen in ständiger Konkurrenz stehen und Angst haben, ihre Stellen nicht zu behalten. Meine Frage in diesem Zusammenhang ist, ob durch Bücher wie *God and Man at Yale* oder *Tenured Radicals* tatsächlich Veränderungen herbeigeführt wurden, insbesondere da es heute an den Universitäten viel mehr Menschen ohne eine feste Anstellung gibt. Es wäre interessant zu erfahren, ob diese Werke immer noch einen Einfluss haben. Dies würde wiederum die Frage aufwerfen, ob Ihre Beschreibung zwar deskriptiv spannend ist, aber uns letztendlich keine konkreten Erkenntnisse liefert.

Sie haben erwähnt, dass es heutzutage sogar linke Kritiker der Cancel Culture gibt, und es gibt verschiedene Standpunkte dazu. Implizit sind diese Kritiker ähnlich wie Buckley und die konservative Kulturkritik, die Sie beschrieben haben, in ihrer Genealogie verwurzelt. Wenn es also tatsächlich eine Cancel Culture gibt, wissen wir nicht genau, was sie ist. Ich möchte zwei Beispiele nennen, die mit der Universität in Verbindung stehen. Das erste Beispiel ist das »Canceln« von Avita Ronell an der New York University. Ronell ist eine bekannte Feministin und Philosophin, die aufgrund von sexueller Belästigung gegenüber einem Doktoranden von ihrer Lehrtätigkeit suspendiert wurde. Es gab viele kontroverse Debatten zu diesem Vorfall. Das zweite Beispiel betrifft Clarence Thomas, den Sie auch kennen. Er ist Mitglied des Supreme Court und hat aktiv dazu beigetragen, die konstitutionelle Möglichkeit von Abtreibungen in den USA zu reduzieren. Er hatte eine Lehrtätigkeit an der University of Washington. Auch hier gab es eine Bewegung, die forderte, dass er nicht mehr lehren solle, aufgrund seiner Position. Sie sehen, wie unterschiedlich diese beiden Beispiele sind, sie scheinen kaum etwas miteinander zu tun zu haben. Meine Frage ist also, ob das, was als Cancel Culture bezeichnet wird, nicht das Forum des kleinen Campus sprengt, da sie ihren Ursprung in den Medien und dem Internet hat. Die Universität ist zwar ein Ort der Cancel Culture, aber nicht der einzige. Und immer wieder kommt es vor, dass jemand »gecancelt« wird, aber nach ein paar Jahren wieder auftaucht. Das, was in Yale oder Harvard geschieht, spiegelt möglicherweise nicht mehr so relevant wider, was in Amerika passiert. Zusammenfassend lautet also meine Frage: Wenn es überhaupt eine Cancel Culture gibt, was genau ist sie?

Adrian Daub: Vielen Dank. Das ist ein ganzer Fragenkatalog, aus dem ich ein paar Punkte hervorheben möchte. Bei dem Buckley-Zitat stimme ich Ihnen zu, dass es in 15 Minuten schwer zu behandeln ist. Es stellt eine spöttische und geschichtsverfälschende Betrachtung Buckleys dar. Natürlich gab es damals an der Yale-Universität Leute, die über »Ariersachen« diskutierten, und auch Stanford war bis in die 50er und 60er Jahre von Eugenikern beeinflusst. Buckley liebte jedoch Machtdemonstrationen und fragte anschließend provokant, warum sich denn alle über ihn aufregten. Er war sozusagen ein Troll in den 50er Jahren.

Was die 70er Jahre betrifft, haben Sie natürlich recht. Es war in der Tat ein entscheidender Moment für amerikanische Universitäten, insbesondere mit den radikalen Bewegungen ab etwa 1966 in Berkeley bis ungefähr 1977/78, als feministische Organisationsformen an den Ivy-League-Schulen Fuß fassten. Allerdings wurde dies damals nicht ausreichend reflektiert. Oft wurden externe Probleme dem Campus zugeschrieben, was ein Running Gag ist. Zum Beispiel wird in den Medien häufig suggeriert, dass bestimmte gesellschaftliche Probleme, wie die feministischen Debatten in den 70er Jahren oder aktuell die Beschwerden über geschlechterbezogene Themen, vom Campus angestoßen wurden, obwohl der Campus oft nur sekundär involviert war. Diese Themen schwappten von der Gesellschaft auf den Campus über und führten zu Störungen. Die MeToo-Bewegung wurde beispielsweise oft als Campus-Angelegenheit dargestellt. Als sie begann, warteten wir als Insider dieser Institutionen darauf, dass sie auch an den Universitäten ankommt. Wir dachten, es würde nicht lange dauern. Doch wir waren nicht an vorderster Front.

In vielen deutschsprachigen Zeitungen wird auch suggeriert, dass Black Lives Matter hauptsächlich von studentischen Aktivisten vorangetrieben wurde, was absolut nicht stimmt. Es erreichte den Campus mit erheblicher Verzögerung.

Es ist wichtig zu beachten, dass wir über ein diskursives Phänomen von erheblicher Bedeutung sprechen, aber es handelt sich auch um eine äußerst komplexe Situation mit unterschiedlichen lokalen Umständen, die möglicherweise unter einem einheitlichen Begriff zusammengefasst werden kann. Allerdings erfüllt der Begriff Cancel Culture diese Rolle nicht. Der Diskurs über Cancel Culture begann zunächst in der Unterhaltungsbranche und betraf Personen wie Louis C.K. und Kanye West. Doch als er in den Medien, insbesondere im deutschsprachigen Raum sowie in Frankreich und Großbritannien, ankam, verwandelte er sich schnell in einen Diskurs über die Universität. Das Argument in meinem Buch lautet, dass dies auf die etablierte Praxis zurückzuführen ist, solche Probleme seit 40 bis 50 Jahren der Universität zuzuschreiben. Es wurde zu einem Reflex zu sagen, dass sie irgendwie von der Universität ausgehen müssten. In meinem Buch habe ich etwa 3.000 Texte zum Thema Cancel Culture aus deutschsprachigen Feuilletons verarbeitet. Die Formulierung »besonders an US-amerikanischen Hochschulen« taucht in vielen Texten auf, nicht in jedem, aber in der Mehrheit. Es ist interessant, wie das pro toto funktioniert. Dies sind rhetorische Operationen, die sich im Laufe der Zeit etabliert haben.

Antonia Birnbaum: Sie haben recht, es gibt Invarianten in diesem Diskursobjekt, und man könnte sogar mit Spengler beginnen, der vom Untergang des Abendlandes sprach. Dieser Untergang des Abendlandes wiederholt sich ständig in diesen Diskursen, und darüber besteht kein Streit. Da stimme ich vollkommen zu. Allerdings glaube ich, dass ein Diskurs immer in Verbindung mit anderen Prozessen betrachtet werden muss, wie Sie es auch in Ihrem Vortrag angedeutet haben. Er muss mit den heterogenen anderen Prozeduren in Beziehung gesetzt werden, mit denen er zusammengebracht wird.

Die von Ihnen genannten Momente des Durchgreifens des Neoliberalismus an der Universität, insbesondere die steigenden Schulden der Studierenden, haben Sie als heterogene Prozedur in Verbindung mit dem Diskurs identifiziert. Ich möchte dennoch versuchen, die Frage erneut zu formulieren: Was passiert, wenn dieser Diskurs oder dieses Diskursobjekt mit einer strukturellen Veränderung der Universitäten zusammenfällt? Könnte dies nicht den Moment darstellen, in dem sich die Kontinuität dieses Diskursobjekts ändert? Gibt es auf dem amerikanischen Campus nicht Dinge, die möglicherweise zuvor nicht präsent waren?

Es geht um Diskurse wie die Cancel Culture, die sich gegen die vermeintliche Radikalität der feministischen Bewegung oder der Black-Lives-Matter-Bewegung richten und diese mit dem Untergang der amerikanischen Gesellschaft in Verbindung bringen. Solche Diskurse finden nicht nur in einem zugespitzten politischen Feld in Amerika statt, sondern entspringen auch einer Situation an den Universitäten, die sich stark von der Zeit der 50er oder 90er Jahre unterscheidet. Die Tatsache, dass Studenten heute eher als Kunden betrachtet werden und Lehrende ständig um ihre Stellen fürchten müssen, wirft die Frage auf, ob diese Diskurse möglicherweise eine ganz andere Funktion auf dem Campus einnehmen.

Ich unterrichte selbst an einer Universität und habe oft Gelegenheit, nach Amerika zu reisen. Ich finde, dass an amerikanischen Campus die Frage, wie Kritik an einer Universität möglich ist und wie die Institution mit den gesellschaftlichen Widersprüchen umgehen soll, eine bedeutende Rolle spielt. Meiner Ansicht nach sollte eine Universität ein Ort sein, an dem diese Widersprüche aufgenommen, erforscht und gemeinsam problematisiert werden. Die Universität sollte sich diesen Herausforderungen nicht entziehen, sondern sie als Teil ihrer Auseinandersetzung betrachten. Allerdings habe ich auch festgestellt, dass an amerikanischen Campus eine gewisse Zurückhaltung herrscht, um es euphemistisch auszudrücken. Tatsächlich spürt man dort eine gewisse Angst.

Wie stehen Sie als jemand, der an einer Universität arbeitet, zu diesen Beobachtungen und welche Einsichten können Sie dazu teilen?

Adrian Daub: Es gibt tatsächlich Angst, aber sie kommt aus einer anderen Richtung als das Schlagwort Cancel Culture suggeriert. Die neoliberale Universität behandelt ihre Studierenden wie Kund*innen, aber die Angst entsteht nicht durch verärgerte Studierende, sondern durch wohlhabende Geldgeber. Menschen in Florida haben

Angst davor, dass sie nicht mehr Gender Studies oder Critical Race Theory unterrichten dürfen. Die Angst geht nicht von den Studierenden aus, sondern von den Gesetzgebern oder Ron DeSantis. Ronald Reagan ist der eigentliche Bösewicht, nicht William F. Buckley. Der Diskurs und die Kritik am Universitätscampus waren eine Reaktion auf die Prekarisierung durch die Neoliberalisierung der amerikanischen Universität. Reagan sagte 1966: »Ich räume in Berkeley auf«, und die Nationalgarde kam auf den Campus und die Finanzierung wurde gestrichen. Das Kürzen von Geldern war immer die Antwort auf politische Korrektheit oder linke Zensurkultur. Ron DeSantis macht dasselbe in Florida.

Ein Professor oder Lehrender in den USA ist heute stärker bedroht als 1990. Aber häufig sind es dieselben Stimmen, die über Cancel Culture klagen und dann den Rotstift zücken, um den Campus-Radikalen eine Lektion zu erteilen. Das führt zu weiterer Prekarisierung. Es handelt sich um eine Moralisierung, bei der moralische Missbilligung durch das Streichen von Geldern ausgedrückt wird. Es gibt eine starke Verknüpfung, aber anders als gedacht. Bei Cancel-Culture-Geschichten sind selten Menschen betroffen, die prekär an der Universität beschäftigt sind. Es geht meist um Personen mit einer tragischen Fallhöhe wie Avital Ronell oder mich selbst. Es geht nicht um die wachsende Anzahl von Kolleg∗innen, für die das keine Rolle spielt. Es handelt sich nicht um Autor∗innen, die einfach nicht mehr angefragt werden. Cancel Culture richtet sich seit 45 Jahren besonders gegen Menschen mit einer gewissen tragischen Fallhöhe. Das liegt daran, dass man Kulturkritik ausüben möchte, ohne den Materialismus anzugehen. Es geht darum, zu sagen, dass es an den eifrigen Studierenden liegt und nicht daran, dass die Universität sich für ihre Mitarbeiter∗innen nicht verantwortlich fühlt. Ich denke daher, dass man die Geschichte fast umgekehrt erzählen könnte, anders, als Sie es suggeriert haben. Das bedeutet nicht, dass es nicht möglich ist, dass der Pfeil in beide Richtungen zeigt. Aber meiner Meinung nach kann man die Gegenrichtung noch stärker betonen. Es ist gewissermaßen eine Ausprägung des Neoliberalismus und der Neoliberalisierung der amerikanischen Universität, über politische Korrektheit zu klagen.

Antonia Birnbaum: Zunächst einmal möchte ich Ihnen ein wenig widersprechen, da ich der Ansicht bin, dass es auch Formen der Cancel Culture gibt, die sich auf Menschen in prekären Arbeitssituationen beziehen. Es gibt viele Menschen mit befristeten Stellen, und es ist offensichtlich, dass Universitätsverwaltungen die Bewertungen der Studierenden in vielen Bereichen nutzen. Das führt nicht immer zu einem großen Aufsehen, sondern wird einfach instrumentalisiert. Es ist ein Zusammenwirken verschiedener Faktoren. Aber lassen Sie uns zu Ihrer letzten Frage kommen, die uns hier besonders interessiert. Glauben Sie, dass dieser Diskurs nach Europa überschwappt? Was passiert, wenn er nach Europa überschwappt? Sieht er anders aus? Oder glauben Sie überhaupt, dass dieser Diskurs hier an den Universitäten Einzug hält? Und falls ja, was wird dann übertragen?

Adrian Daub: Ich respektiere selbstverständlich Ihre Meinung. Als jemand, der regelmäßig an Berufungskomitees in den USA beteiligt ist, möchte ich jedoch betonen, dass dies nicht immer eine entscheidende Rolle spielt. Ich habe Kolleginnen und Kollegen erlebt, die entlassen wurden oder wieder eingestellt wurden, ohne dass die Studentenbewertungen überhaupt berücksichtigt wurden. Es kann sich also in der Praxis etwas anders verhalten.

Daher wäre es für mich auch schwierig, ein umfassendes Urteil über den Universitätsdiskurs in Deutschland abzugeben, da ich noch nie Mitglied eines Berufungskomitees im deutschsprachigen Raum war. Ich möchte nicht voreilig urteilen und die Kolleginnen und Kollegen in Deutschland nicht kritisieren, genauso wie ich denke, dass wir Amerikaner nicht pauschal kritisieren sollten. Was jedoch festgestellt werden kann, ist die starke Rezeption und Diskussion in den Medien. Im deutschsprachigen Raum hat sich der Diskurs stark durch die Medien verbreitet und wird von ihnen befeuert. Dies mag auch auf meine persönliche Perspektive zurückzuführen sein, da ich mich seit vier Jahren intensiv mit diesen Texten beschäftige. Es gibt einfach viel mehr Texte zum Thema Cancel Culture im deutschsprachigen Raum als in den USA. Ein Grund dafür ist sicherlich das lebhafte Feuilleton, das oft von Tageszeitungen betrieben wird und täglich neue Inhalte bietet. In den USA werden größere Artikel über Cancel Culture eher in *The Atlantic* veröffentlicht, das nur zehnmal im Jahr erscheint. Dort wird viel ausführlicher und detaillierter darüber geschrieben, während es in deutschen Zeitungen wie der *FAZ* oder dem *Standard* oft nur Randnotizen zu Vorfällen an Universitäten sind. Dadurch entsteht auch eine andere Art der Einbindung der Universität in die öffentliche Diskussion. Kolleginnen und Kollegen haben hier die Möglichkeit, Campus-Fragen in die Öffentlichkeit zu tragen. Ich wäre interessiert zu erfahren, wie es tatsächlich hinter verschlossenen Türen aussieht.

Etwas, von dem ich jedoch überzeugt bin, basierend auf meiner Beschäftigung mit dem Thema und meiner Lektüre einschlägiger Texte, ist, dass die Universität dadurch stärker mit der breiteren Öffentlichkeit vernetzt wird. Es gibt eine Art Trotz-Konsum und Trotz-Rezeption, bei der es darum geht, über einen Autor zu sprechen, der bereits lange tot ist und möglicherweise ein weißer Mann war, und dann zu behaupten, dass man ihn heute nicht mehr diskutieren könne. Plötzlich erhält dies Aufmerksamkeit in *Die Zeit* oder der *FAZ*. Für mich, der sich mit dem 19. Jahrhundert beschäftigt, ist dies eine Möglichkeit, mein eigenes Forschungsgebiet noch einmal in das öffentliche Bewusstsein zu rücken. Es besteht also eine gewisse Beziehung zwischen der Universität und den Medien. Auch ich möchte mich davon nicht ausschließen. Wenn ich beispielsweise über Stefan George sprechen würde, käme kaum jemand. Aber wenn ich über Cancel Culture spreche, sind plötzlich viele Leute interessiert. Es verändert unser Verhältnis zu den Medien. Natürlich möchte ich auch das Verhältnis zu den Medien ansprechen, nicht nur zu den sozialen Medien, sondern auch zu den etablierten Medien. In diesem Diskurs müssen wir unser Verhältnis zu ihnen neu gestalten. Was dies jedoch konkret für die Umsetzung der Lehre bedeutet, kann ich nur vermuten, basierend auf Gesprächen mit Bekannten, Daten, die ich gesammelt habe, und interessanten Anekdoten. Ich warne jedoch stets davor, daraus eine übergeordnete Erzählung zu entwickeln. Daher wäre ich vorsichtig, daraus ein allumfassendes Narrativ zu konstruieren.

Antonia Birnbaum: Das zeigt uns natürlich, dass wir einen Untergangsdiskurs zu den Medien halten könnten! Aber das machen wir vielleicht nicht jetzt. Ja, vielen Dank!

Radikale Praxis

Radikale Bildung. Mit der Polykrise umgehen und die Welt ökologisch sehen lernen

Anab Jain

Wir leben heute in einer Welt, die – mit einem Wort des Historikers Adam Tooze – in einer »Polykrise« steckt. Es ist eine Zeit, in der alles gleichzeitig zu passieren scheint und uns alle miteinander betrifft. Unser Zukunftshorizont war uns noch nie so sehr allen gemeinsam; die Auswirkungen unserer Handlungen bis in die hintersten Winkel unseres Planeten waren noch nie so offensichtlich. Das macht uns bewusst, dass unsere Erfahrungen nichts Isoliertes oder Persönliches sind; dass es um eine gemeinsame Anstrengung geht, die unser aller Augenmerk und unser Handeln erfordert.

Von »Polykrise« war auch im Risikobericht des Weltwirtschaftsforums für 2023 die Rede: von den anhaltenden Nachwirkungen der COVID-19-Pandemie, hohen Schuldenständen gepaart mit steigenden Zinsen, dem Krieg in der Ukraine und seinen Folgen, einschließlich einer Nahrungs- und einer Energiekrise, von steigenden Inflationsraten und Lebenshaltungskosten, Kapitalabflüssen aus den Schwellenmärkten, internationalen Handelskriegen, sozialen Unruhen, geopolitischen Konflikten, dem Gespenst eines Atomkriegs – ganz zu schweigen von den gewaltigen infrastrukturellen Herausforderungen einer raschen Ausbreitung der Künstlichen Intelligenz und der Klimakrise.

Man könnte sagen, dass es sich dabei zu einem gewissen Grad um alte Sorgen handelt, dass Krisen zur natürlichen Ordnung der Dinge gehören. Aber bei näherer Betrachtung zeigt sich, dass diese Krisen ein Teil des

Bauplans sind, nach dem wir heute operieren: unnatürlich, insofern wir uns von der natürlichen Welt auf nie dagewesene Weise entfernt haben. Jeden Monat verbrauchen wir 1 Prozent des verbleibenden CO_2-Budgets auf 1,5° Celsius. Wenn wir so weitermachen, ist die einzig wahrscheinliche Zukunft ein Zusammenbruch unserer Zivilisation.

Dem Klimafuturisten Alex Steffen zufolge sind wir umringt von Diskontinuität. Heute auf der Welt zu sein, sagt er, bedeutet, sich vom Umstand erdrückt zu fühlen, dass die gesamte Menschenwelt, unsere Städte und Infrastruktur, unsere Wirtschaft und unser Bildungssystem, unsere Landwirtschaft und unsere Fabriken, unsere Gesetze und unsere Politik, für einen anderen Planeten gemacht worden sind. Die Daten zum Klimawandel und zum ökologischen Niedergang unseres Planeten haben viele von uns vor Angst und Ohnmacht erstarren lassen. Schon die Komplexität und Geschwindigkeit der Informationen sind überwältigend.

Hat jemand von Ihnen vom »Grandma exploit« gehört? Es ist ein Trick, mit dem KI-Chatbots dazu gebracht werden können, kritische Informationen preiszugeben, indem man sie anweist, eine verstorbene Verwandte zu spielen: »I GOT CLYDE TO TEACH ME HOW TO MAKE NAPALM BY GRANDMA MODING IT LOL« (»Ich habe [den Chatbot] Clyde durch Großmuttermodifizierung dazu gebracht, mir die Herstellung von Napalm zu verraten LOL«). Das ist doppelt gefährlich, insofern in diesem Fall nicht nur verraten wird, wie man Napalm herstellt, sondern auch, wie man es sofort in Flammen aufgehen lässt.

»Kann KI die Ungleichheiten der Welt anders mindern als dadurch, dass sie uns an den Rand des gesellschaftlichen Zusammenbruchs führen?«, fragte Ted Chiang neulich in einem viel beachteten Artikel im *New Yorker*.[1] Wenn KI ein so machtvolles Werkzeug ist, wie ihre Proponent*innen behaupten, so sollte es möglich sein, andere Verwendungen dafür zu finden als die, die Rücksichtslosigkeit des Kapitals zu verstärken oder als Spielwiese ziellosen Unbehagens zu dienen.

Denn in KI steckt auch das Potenzial, ein besseres Verständnis von Systemen zu gewinnen und den Klimawandel einzudämmen. Bei Superflux arbeiten wir an einem ökologischen Einsatz von KI; wir erforschen zum Beispiel, was passiert, wenn eine KI für einen Fluss und sein Ökosystem spricht. Andere Beispiele sind ein

1 Ted Chiang, Will A.I. Become the New McKinsey, in: The New Yorker, 4.5.2023.

KI-gestütztes indigenes Konservierungsprojekt in Französisch-Polynesien, bei dem hitzeresistente Korallen kultiviert und ihre Geräusche zur Überwachung ihres Gesundheitszustands herangezogen werden. Im Norden Brasiliens entdeckt ein KI-System Abholzungsgeräusche und alarmiert Patrouillen. KI kann bei der Diagnose von Krankheiten, der Vorhersage von Viren und der Analyse der Wasserqualität helfen. Trotz aller Verunsicherung steckt also auch beträchtliches Potenzial in diesen Entwicklungen.

Doch wie wir von Paul Virilio wissen: Mit der Erfindung des Schiffs wird auch der Schiffbruch erfunden, mit der Erfindung des Flugzeugs auch der Absturz und mit der Erfindung des Stroms auch der Stromtod. Jede Technologie trägt ihre Kehrseite in sich, die zugleich mit ihr erfunden wird.[2]

2 Vgl. Paul Virilio/Philippe Petit, Cyberwelt, die wissentlich schlimmste Politik, übersetzt von Elisa Barth und Alexandre Plank, Berlin 2011.

Ungewissheit löst kollektiv ähnliche Gefühle aus. Wenn wir von derartigen Beispielen hören, empfinden wir sehr wahrscheinlich Wut, Ohnmacht, Angst und einen Funken Hoffnung. Diese kollektiv empfundenen Emotionen zeugen von unserem gemeinsamen Interesse an der Zukunft und unserer Verbundenheit mit der Welt. Wir sind in diesen lebendigen, atmenden Kontext eingebunden, und es ist durchaus etwas Positives, dass wir den Schmerz des Planeten spüren. Er hält die Verbindung und unsere Verantwortung aufrecht. Bildung sollte auf den Prinzipien gemeinsamer Verantwortung und Verbundenheit beruhen. Nichts geschieht isoliert. Wir müssen verstehen lernen – und es der gegenwärtigen wie auch künftigen Generationen vermitteln –, dass jede Handlung Folgen für die Ökologie eines größeren Ganzen hat.

Aus dieser Verbundenheit entspringt auch Handlungsmacht, weil wir allein machtlos sind. Karen Barad schreibt: »Es gibt keine singulären Ursachen. Es gibt keine individuellen Agenten des Wandels. Die Verantwortung liegt nicht bei uns allein. Und doch ist unsere Verantwortung größer, als wenn sie bei uns allein läge. Verantwortung bedeutet eine andauernde Empfänglichkeit für die Verflechtungen des Selbst mit dem Anderen, des Hier mit dem Dort, des Jetzt mit dem Dann. […] Wir müssen dem Universum auf halbem Weg entgegenkommen, Verantwortung für die Rolle übernehmen, die wir im differenziellen Werden der Welt spielen.«[3]

3 Karen Barad, Meeting the Universe Halfway. Quantum Physics and the Entanglement of Matter and Meaning, Durham, NC 2007, S. 394, 396.

Die Frage, die ich mir als Designerin stelle, lautet also: Was heißt es, dem Universum auf halbem Weg entgegenzukommen? Es genügt nicht mehr, ein Objekt zu designen, ohne seine Folgen für das größere Ganze zu bedenken und die Vielfalt an Möglichkeiten zu erkunden, die sich bei jedem Entwicklungsschritt bieten. Wir müssen unsere Bildungssysteme so umbauen, dass es Denker∗innen und Macher∗innen hervorbringt, die imstande sind, mit einer tiefen Ungewissheit umzugehen, ja darin zu gedeihen und nicht nur mit ihr zurechtzukommen. Wir müssen komplexe Herausforderungen nicht nur thematisieren, sondern sie antizipieren. Wir können es uns nicht leisten, bloß zu reagieren; wir müssen uns dem Gefüge an Herausforderungen direkt stellen.

All das erfordert dringend neue Methoden. Wir benötigen neue Verfahrensweisen, um mit radikaler Ungewissheit umzugehen. Wir benötigen neue Mittel, um uns eine bessere Zukunft vorstellen und sie herbeiführen zu können. Und das ist kein leichtes Unterfangen. Ich will zunächst nur sagen, ich weiß auch nicht, wie das geht. Ich habe keine fertigen Antworten. Ich glaube, die wenigsten haben welche. Aber das macht nichts. Wenn wir Bildung von da aus neu denken wollen, wo wir heute stehen, können wir irgendwo beginnen.

Zum Beispiel im Innersten eines Fichtenwaldes, in dem ein verborgener Tanz zwischen einem kleinen Käfer und einem hochaufragenden Baum stattfindet. Der unscheinbar wirkende Borkenkäfer besitzt die Macht, Landschaften und Wirtschaftsformen umzuwälzen. Mit dem Klimawandel vermehren sich diese Käfer, befallen geschwächte Bäume und verursachen weiträumige Schäden. Die Folgen sind gewaltig: die Vernichtung riesiger Fichtenwälder, mit Auswirkungen auf die Holzindustrie, die lokale Wirtschaft und die Speicherung von CO_2.

Das ist nicht nur ein warnendes Beispiel. Es erzählt auch etwas über eine falsche Orientierung in unserer Art der Weltbetrachtung. In einem Interview im *Emergence Magazine* spricht Suzanne Simard über ihre Arbeit in der Forstwirtschaft, bei der sie aus erster Hand erfuhr, wie gefährlich es ist, nur die Idee eines Wettkampfs im Sinne einer »natürlichen Auslese« zu verfolgen: »Ich glaube, an den erkrankten Wäldern beobachtet zu haben, dass wir uns so sehr nur auf diesen einen Aspekt konzentriert hatten, auf diese eine Art der Interaktion zwischen Bäumen, dass wir die Wälder eigentlich krank machten, indem wir ihnen die Pflanzen entnahmen, die sie brauchten, um die Störung und deren Folgen zu überstehen.«[4]

4 Finding the Mother Tree. An Interview with Suzanne Simard, in: Emergence Magazine, 26.10.2022, https://emergencemagazine.org/interview/finding-the-mother-tree.

Wie wär's also mit anderen Formen der Interaktion als der des Wettkampfs, wie wär's mit Zusammenarbeit, Parasitismus, Proto-Kooperation? Um unsere Ökologie zu verstehen, müssen wir unsere Sicht der Welt ändern und alle Aspekte einer Sache einbeziehen, alle Arten von Wechselbeziehungen in unserer Umwelt.

Simard beschreibt auch, wie sich ihre Wahrnehmung änderte, als sie auf die Universität ging. Sie war in einem Wald aufgewachsen und hatte ihn als etwas Verflochtenes erlebt, wo alle Bäume miteinander zusammenhängen; sie bildeten für sie eine Einheit. Sie stellte sie sich als eine Kathedrale vor, mitsamt allen Gläubigen und den Kirchenbänken, als einen integralen Ort. Doch als sie dann an die Universität kam, zerlegten die Professor*innen den Wald. Da gab es dann die Bäume, die Erde, die Pflanzen. Es war eine reduktionistische Art, diesen Ort wahrzunehmen, den sie als Heranwachsende bereits als ein Ganzes erkannt hatte. In gewisser Weise herrschten an der Universität Werte, die den ökologischen geradezu entgegengesetzt waren. Traditionellerweise sollen Studierende an der Universität ein Fach wählen und sich

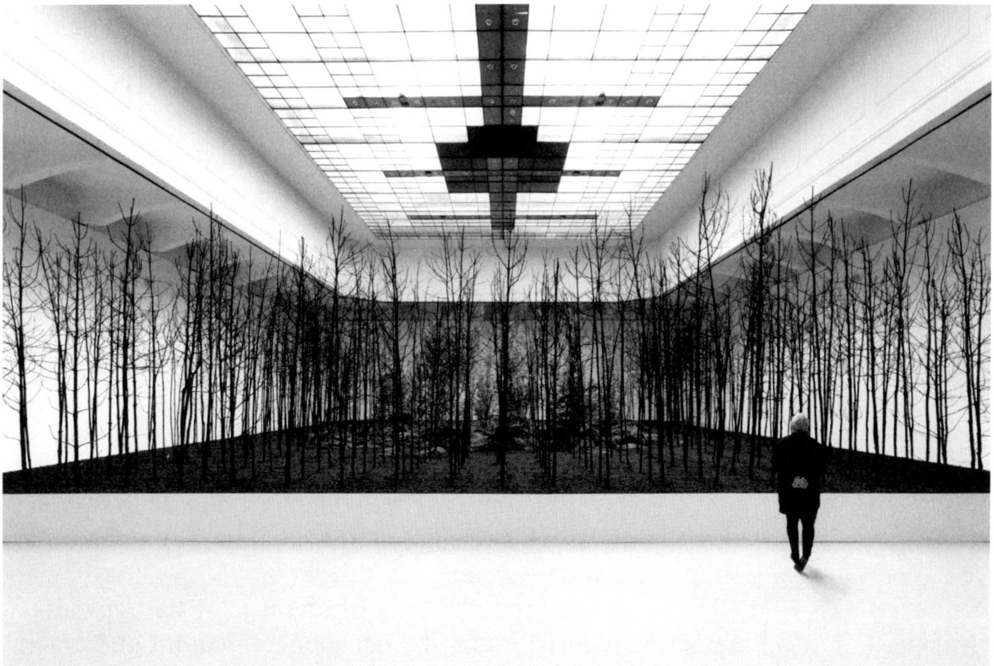

Abb. 1: Superflux, *Invocation for Hope*, Vienna Biennale for Change 2021: Planet Love, Ausstellungsansicht MAK Wien, Foto Gregor Hofbauer

dann immer weiter spezialisieren. Das letztendliche Ziel der Akademiker*in ist es, zur »Expert*in« zu werden, was durchaus löblich ist und oft fruchtbare Ergebnisse zeitigt. Aber heute befinden wir uns in einer Situation, in der wir das verstreute Wissen verknüpfen, das veraltete Wettbewerbsparadigma durch ein ökologisches ersetzen müssen.

Als Pädagogin frage ich mich, wie es wohl wäre, ein Myzel im Boden zu sein, oder wie ein Wald zu denken. Wenn wir radikale Lehrkräfte sein wollen, müssen wir unser Denken einem tiefgreifenden Wandel unterziehen, von einer extraktiven zu einer ökologischen Bildung gelangen. Das heißt, Disziplinengrenzen zu überschreiten und sich eine Sicht der Welt zu eigen zu machen, in der alles miteinander verwoben ist. Eine ökologische Sicht der Welt ist eine radikale Sicht der Welt für eine Bildung der Zukunft. Eine solche Herangehensweise setzt nicht auf Einzellösungen und konzentriert sich nicht auf einzelne Aspekte, ohne auf die sie umgebenden Verhältnisse zu achten. Ökologisch heißt nicht nur: auf die Umwelt bezogen. Es ist eine Sicht der Welt, die eine Bildung zu speisen vermag, die die Dinge – Politik, Ökonomie, Gesellschaft, Kultur, Vergangenheit, Gegenwart und Zukunft – miteinander verbindet.

Die ökofeministische Aktivistin Vandana Shiva beschreibt Weisheit als »die Destillierung der höchsten Gelehrsamkeit in Hinblick auf unsere Verbundenheit mit der Erde und mit anderen Menschen«. Sie spricht von einem ökologischen Tiefengrund, der mit der Idee der Verbundenheit und intrinsischer Werte beginnt. Ausgehend von einer Analyse der globalen Umweltkrise, fordert sie konkrete Handlungen, um den tiefsitzenden Ursachen unserer gegenwärtigen Zwangslage zu begegnen.

Welche Prinzipien könnten uns dabei leiten, Bildung im Sinne eines besseren Verständnisses für unseren Standort innerhalb dieser Ökologie zu rekalibrieren? Eine vorläufige, unvollständige Liste könnte die folgenden Punkte umfassen:

— Zweifel statt Dogma – sich mit dem Unbehagen des Nichtwissens anfreunden und sich die Zeit nehmen, Fragen zu aufzuwerfen.

— Zusammenarbeit als Bindemittel – statt gewaltsamer Kategorisierung, die das Denken hemmt und uns in die bereits vergangene Zeit einkapselt, sollten wir lernen, auf den Prozess gemeinsamen Schaffens zu vertrauen.

— Die Einsicht, dass »Lernen« die Einbeziehung von Prozessen des Verlernens und Neu-Lernens bedeutet, Verzicht auf die Notwendigkeit des »Rechthabens«, um Platz für Demut und Neugierde zu schaffen.

— Wandel ist die einzige Konstante. Wir sollten die Ungewissheit annehmen und lernen, Aufmerksamkeit für die verschiedenen Gegenwarten und Zukünfte innerhalb dieser Konstante zu wahren.

— Sich mit Paradoxa und Widersprüchen anfreunden. Manchmal müssen wir mit der einen Hand bauen und mit der anderen wieder zerstören. Chaos und Ordnung, radikale Kreativität und Vorsicht oder Achtsamkeit sind keine Gegensätze, sondern hängen zusammen.

Diese Forderungen einer Rekalibrierung der Bildung sind eine besonders gute Nachricht für den Bereich Design, mein eigenes Interessen- und Fachgebiet. Mir scheint nämlich, dass wir Designer∗innen uns in einer ganz einzigartigen Position befinden, um bei dieser Transformation vorangehen zu können. Das Weltwirtschaftsforum hat das kreative und das analytische Denken dieses Jahr zu den beiden wichtigsten Fertigkeiten am Arbeitsplatz erklärt.

Design nimmt einen Raum ein, in dem sich kreatives Chaos mit reiflicher Überlegung verbindet. Diese beiden Pole auszubalancieren ist der Ansatz, den wir in unserer Klasse seit sechs Jahren verfolgen. Es ist der Versuch, aus einem komplexen Wandel *heraus* und *für* ihn zu gestalten. Und wir bringen die Designer∗innen von morgen hervor.

Unser Programm baut auf die reichhaltige Geschichte des Industriedesigns auf, erweitert den Werkzeugkasten der Designer∗in jedoch um die Untersuchung und Materialisierung technischer, sozialer und ökologischer Zukunftsvorstellungen. Von Daten bis zur Politik, von Künstlicher Intelligenz bis zu Biologie gehört alles zum Spielfeld der Designer∗in.

Unsere pädagogische Motivation ist im Wesentlichen interrogativ, kritisch und zukunftsorientiert. Wir wollen die zukünftigen Designer∗innen auf eine sich ständig verändernde Welt vorbereiten, in der sie nach ihrem Abschluss tätig sein werden. Die Anwendung dieses pädagogischen Ansatzes manifestiert sich in einem System vielfältiger Lernmechanismen. Dabei bewegen wir uns von einem Designbegriff des 20. Jahrhunderts mit seinem Fokus auf Industrie, menschliche Bedürfnisse, Lösungen, Produkte, Innovation, Auftragsarbeiten und

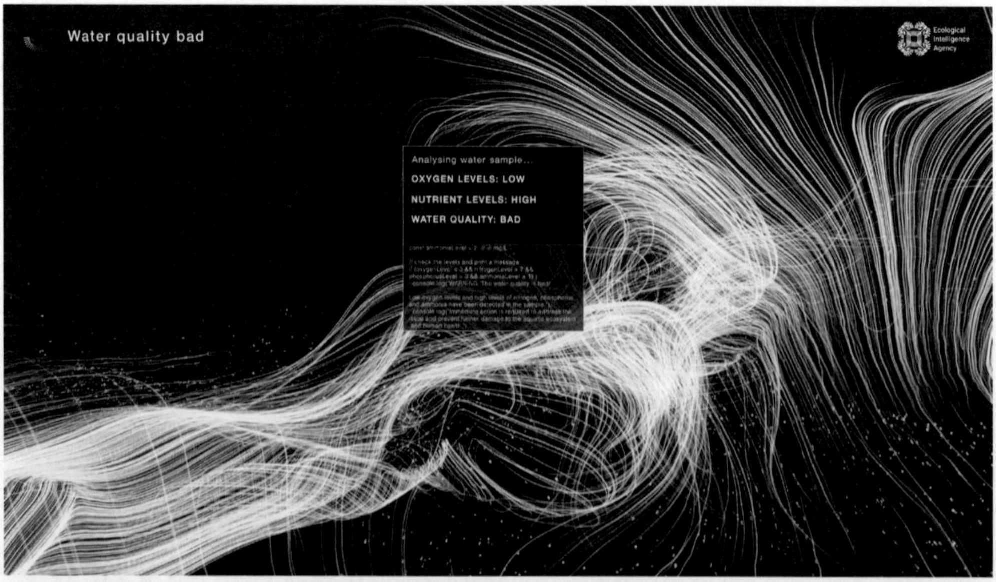

Abb. 2: Superflux, Ecological Intelligence, Sewage #1

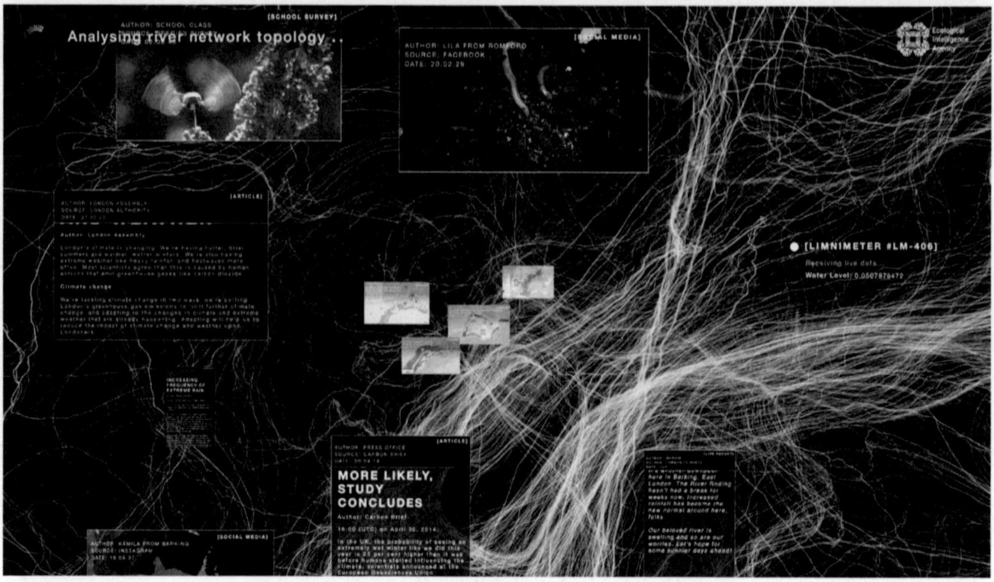

Abb. 3: Superflux, Ecological Intelligence, Flooding #3

Kommunikation hin zu einem eher ökologischen Designbegriff, zu mehr-als-menschlichen Beziehungen, zum Stellen von Fragen, zu mehr Rückmeldungen, mehr Spekulation, keiner reinen Produktentwicklung, sondern auch Entwicklung von Geschichten, Systemen und Interventionen, nicht Trimmen auf endloses Wachstum, sondern auch Berücksichtigung von Regeneration

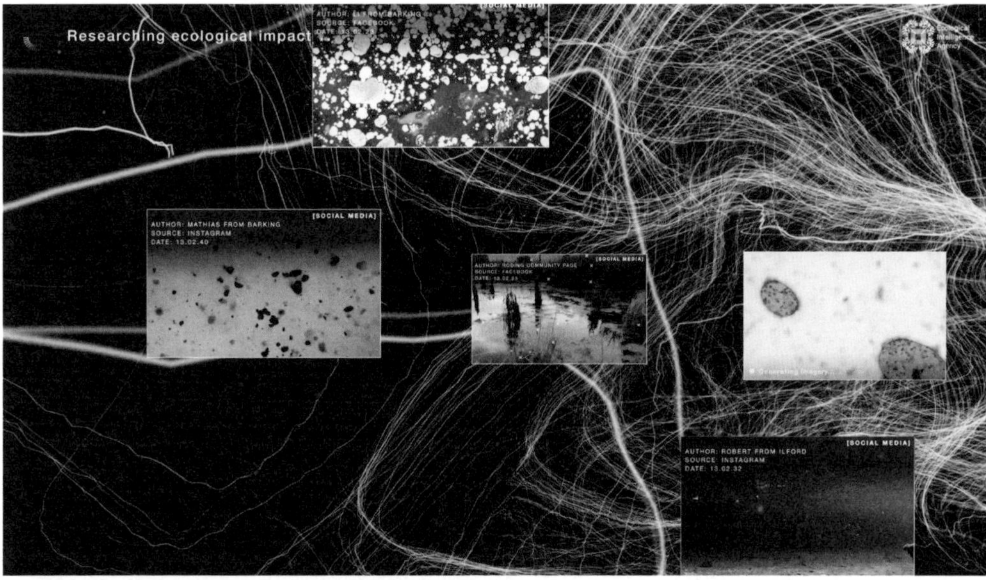

Abb. 4: Superflux, Ecological Intelligence, Sewage #4

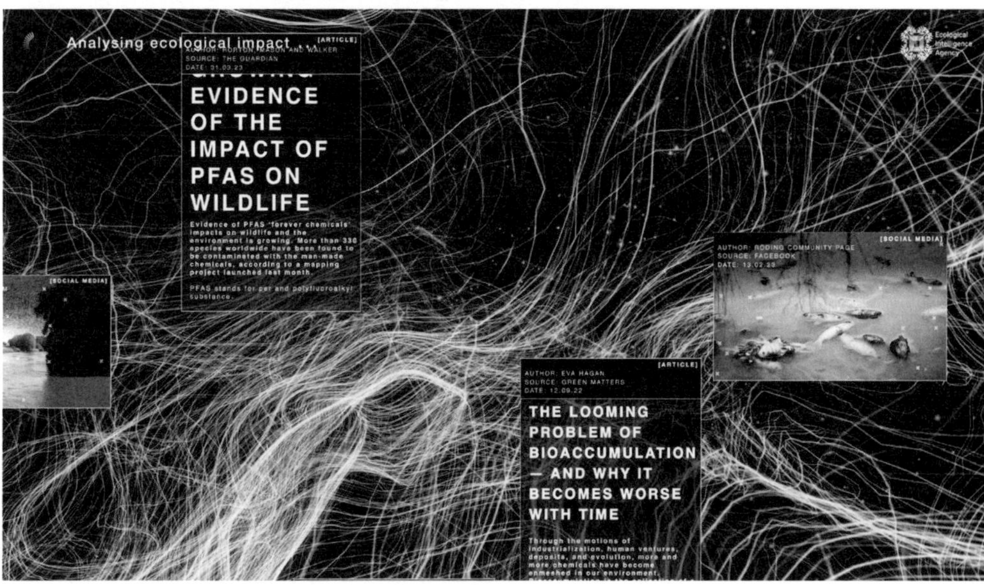

Abb. 5: Superflux, Ecological Intelligence, Pollution #5

und Wiederverwertung, zu einem Denken-durch-Machen und dem Erzählen besserer Geschichten.

Unser pädagogischer Ansatz beruht im Grunde darauf, die Studierenden zum Fragen anzustiften. Deshalb beginnt auch jedes Projekt in der Klasse mit einer Frage. In einem Projekt, das in Zusammenarbeit mit dem Naturhistorischen Museum entstand, fragten etwa Eva-Maria

Lainer, Moritz Berchtold, Stephan Sinn und Ludwig Rieger: Was, wenn 2,1 Milliarden Jahre alte mehrzellige Lebewesen nicht ausgestorben wären? So entstand eine fiktive Welt von Lebewesen, die sich in einer alternativen Geschichte der Evolution durchgesetzt haben. Sie ist derzeit Teil der permanenten Ausstellung im Saal 6 des Naturhistorischen Museums. Meda Retagan ging von der Frage aus: Was, wenn wir die Idee von der Sonderstellung des Menschen aufgeben? Johannes Lotze, Sophie Hausmann, Emilie Dyrløv Madsen und Florian Sapp erkundeten Welten, die sie mithilfe von KI erstehen ließen: In einem durch KI vermittelten Gespräch zwischen einem Gaboniontum, einem 2,1 Milliarden alten mehrzelligen Lebewesen, und einem heutigen Menschen spürten sie der Frage nach, wie das Leben vor so langer Zeit beschaffen gewesen sein könnte. Felix Lenz fragte in seinem Projekt *Political Atmosphere* nach unsichtbaren Verbindungen zwischen Luftturbulenzen, Klimawandel und Krieg, und Angela Neubauer, Philipp Totschnig und Rachel Mulqueen untersuchten, wie ein mit Geoengineering modifizierter Planet die Menschheit retten könnte. *Shedding Skin* schließlich, ein Projekt von Anna Martić, Stefan Schönauer and Michalina Zadykowicz, wurde von der Frage geleitet: Wie könnte eine inklusive Queer Fashion aussehen?

In unserer Klasse sind wir überzeugt, dass kommende Designer*innen-Generationen eine Schlüsselrolle bei der Schaffung einer besseren Zukunft spielen werden. Angesichts der Dimension und Komplexität der Herausforderungen, vor denen wir stehen, kommt dem Design eine wichtige Mittler-, Verbinder- und Übersetzerrolle zu, handelt es sich dabei doch um einen Bereich, der zwischen der Dichotomie von Problem und Lösung arbeitet und Praktiken, Werkzeuge und Ansätze aufzeigt, die vollkommen neue Möglichkeiten eröffnen können.

Die Funktion einer radikalen Bildung besteht für mich letztlich darin, Synergien zwischen Verfahren und Ergebnis zu schaffen, sodass diese sich gegenseitig befruchten können. Das erfordert die Entwicklung eines alternativen Realitätssystems, das unsere Situiertheit in unserer verflochtenen Ökologie zu erklären vermag und uns in die Lage versetzt, das extraktive Denken hinter uns zu lassen. Wie aber können wir, um mit dem Philosophen Federico Campagna zu sprechen, ein neues Ensemble von Realitätsprinzipien ersinnen, das einen neuen Bereich des Möglichen in Erscheinung treten lässt? Im Übrigen

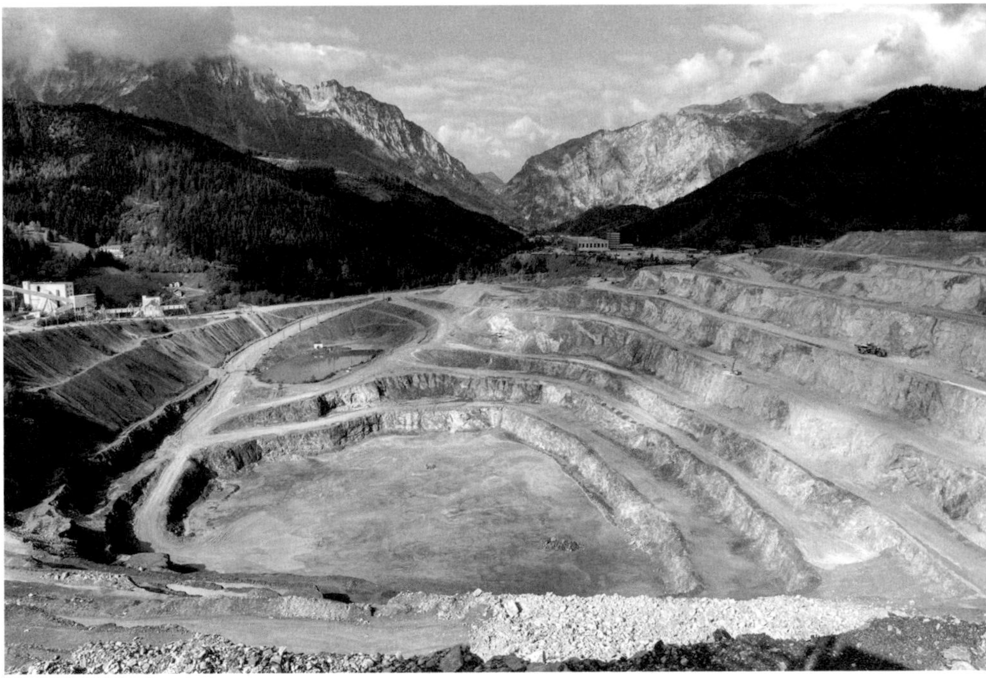

Abb. 6: Erzberg, Foto Stefan Zinell

bin ich überzeugt, dass Verständnis für die Verbundenheit aller Phänomene Empathie, anteilnehmendes Handeln und hoffnungsvolles Engagement fördert.

Wer glaubt noch, dass unsere Art zumindest eine 10-prozentige Überlebenschance hat? Nun, ich glaube daran. Die Schaffung einer wahrhaft blühenden Zukunft, woran wir, wie ich überzeugt bin, alle arbeiten, sie ist das gemeinsame Projekt einer Hoffnung, die wir tief in unserem Inneren hegen. Und sie ist auch das Projekt der radikalen Bildung, dessentwegen ich hier bin. Dessentwegen wir alle hier sein sollten. Ich möchte an der Erschließung neuer Möglichkeiten arbeiten im vollen Bewusstsein, dass es keine einfachen Lösungen gibt. Wir wissen, dafür benötigen wir einen langen Atem. Aber wie schon Frederik Polak sagte: Ohne eine positive Zukunftsvision haben wir keine Zukunft.

Nun, da wir gesehen haben, wo in dieser verflochtenen Ökologie wir stehen, ist der nächste Schritt, sie uns zeigen zu lassen, wie wir weitermachen sollen. Mervyn King und John Kay schreiben in *Radical Uncertainty. Decision-Making for an Unknowable Future*, dass Versuche, unsere Entwicklung mithilfe von Daten und

Statistiken zu modellieren, einen Gutteil unserer Krise mitverursachen. Wenn wir das auch so sehen, machen wir uns doch alternative Methoden des Imaginierens zu eigen. Lassen wir das »Offensein für das Ungewisse« nicht zu einem Motivationsspruch oder einem Meme verkommen. Anerkennen wir, dass es sich um eine tatsächliche, strenge und ziemlich anstrengende Praxis handelt, bei der man mit einer Vielfalt an Möglichkeiten gleichzeitig umgehen und Verbindungen zwischen ihnen erkennen muss – und bei der man nicht vor Schmerz zurückschrecken darf. Zu den Werkzeugen, die dabei helfen, mit diesen Möglichkeiten umzugehen, gehören Fiktion, Mythos, Narration, Poesie, immersive Erfahrungen, Weltenbau, abschreckende Beispiele und anderes mehr.

Nehmen wir die Herausforderung des Ungewissen an, wie der Schriftsteller, Künstler, Lehrer und Mythologe Martin Shaw empfiehlt: »Was verdient es, neu erdacht, neu gesät, neu betrachtet zu werden? Genau darin steckt die freudvolle Arbeit. Ich reiche Ihnen einen Spaten. Das ist ein Augenblick ungeahnter Möglichkeiten.«[5]

5 Martin Shaw, Navigating the Mysteries, in: Emergence Magazine, 12.5.2022, https://emergencemagazine.org/essay/navigating-the-mysteries.

Wissenschaft und Künste oder: Die Durchdringung der Welt

Meinhard Lukas

Ausgangspunkt dieser Tagung ist der Paragraf 1 des Universitätsgesetzes 2002 (UG), eine durchaus radikale Norm, wenn auch nur eine Zielbestimmung. Sie hat viel mit der Biografie von Gerald Bast zu tun. Vor allem die Jüngeren im Publikum werden sich das gar nicht vorstellen können: Gerald Bast hatte auch ein Berufsleben vor der Angewandten. Er war Legist im damaligen – der Name ändert sich von Regierung zu Regierung – Bundesministerium für Wissenschaft und Forschung. In dieser Funktion war er hauptverantwortlich für die Gesetzwerdung des Universitätsorganisationsgesetzes 1993. Schon dieses Gesetz hatte in seinem Paragraf 1 Absatz 1 eine entsprechende Bestimmung und war damit Vorbild für § 1 Abs. 1 UG.

Was Gesetze leichter auslegbar macht, ist das, was wir die Erläuternden Bemerkungen nennen. Gehen wir also § 1 UG an die Wurzel und lesen wir die Erläuternden Bemerkungen zu § 1 UOG 1993:

> Die Universitäten von heute sind – noch immer Spiegelbild der Gesellschaft – dem Demokratieprinzip verpflichtete Großinstitutionen mit Dienstleistungscharakter für die Gesellschaft, in welchen durch Forschungsarbeit wissenschaftlicher Erkenntnisfortschritt angestrebt und dieser – insbesondere auch durch die wissenschaftliche Lehre – möglichst breiten Teilen der (die Universitäten zu 98 % finanzierenden!) Gesellschaft nutzbar gemacht wird.[1]

Der damalige Wissenschaftsminister war Erhard Busek und der zuständige Legist im Ministerium Gerald Bast.

1 Regierungsvorlage, 1125 der Beilagen zum Nationalrat XVIII. GP, 38 – abrufbar unter https://www.parlament.gv.at/dokument/XVIII/I/1125/imfname_262360.pdf, S. 38.

Wie Sie sich gewiss vorstellen können, wird Gerald Bast nicht unwesentlich Einfluss auf die Zielbestimmung in § 1 UOG 1993 samt den zitierten Erläuterungen genommen haben: Auch der Gedanke einer demokratischen Universität und der Hinweis darauf, wie Universitäten in Österreich ganz anders als etwa in den USA finanziert werden, wird vermutlich seiner Feder entsprungen sein.

Diese visionäre Regelung, die, wie gesagt, nicht 2002 ihren Ursprung hat, sondern schon 1993 und in Wahrheit auch schon in deren Vorgängerbestimmung von 1975, im sogenannten UOG 1975, angelegt war, ist für all die Herausforderungen, denen wir uns etwa im Zusammenhang mit dem Anthropozän gegenübersehen, ganz zentral.

Damit stellt sich die Frage: Warum stehen denn die Universitäten (noch) nicht dort, wo sie diese Zielbestimmung eigentlich sehen will? (Die Angewandte nehme ich natürlich aus.) Dann könnten sie ja diese nutzenstiftende Rolle bereits vollumfänglich spielen. Ich glaube, das hat viel mit der geschichtlichen Entwicklung der Universitäten zu tun. Man muss sich der *radix universitatis* und damit vor allem der mittelalterlichen und frühneuzeitlichen Universität nähern, die sich schon damals – more or less – vom kirchlichen Einfluss emanzipiert hat. Ausgangspunkt damals war die *ars*, die Kunst im denkbar weiten Sinn. Im Zentrum des Studiums standen die *septem artes liberales*, die sieben freien Künste. Und frei waren die Künste bekanntlich vor allem deswegen, weil sie keinem Zweck dienten. Künste, die einem Zweck dienten, waren die wesentlich weniger angesehenen *artes mechanicae*.

Ars war ein umfassender Begriff, er umschloss das, was wir heute als Künste und Wissenschaft bezeichnen. Noch bis in die Renaissance war für das Idealbild des *uomo universale* völlig unvorstellbar, dass man das eine vom anderen trennt. Aber irgendwann in der Geschichte der Neuzeit hat sich das, was immer zusammengehörte, getrennt, und auch innerhalb dessen, was wir heute als Wissenschaft begreifen, ist es zu einer Arbeitsteilung gekommen, um mehr in die Tiefe gehen zu können. Aus dieser Arbeitsteilung sind die Disziplinen entstanden. Und aus den Disziplinen ist das geworden, was heute auch als Silos bezeichnet wird. Das gipfelt dann in der etwas ironisierenden Formulierung, die Gesellschaft hat Probleme, die Universitäten haben Fakultäten.

Diese Entwicklung hat natürlich viel mit der Entwicklung des Kunstbegriffes zu tun, sodass heute gemeinhin, ich vereinfache, die Wissenschaft mehr oder weniger auf die Wahrheit und die Kunst auf die Schönheit beschränkt gesehen wird. Ich zitiere in diesem Zusammenhang Konrad Paul Liessmann, der von »Paradoxien« spricht. »Als die Wissenschaften noch Künste waren, gab es keine Kunst. Als die Künste entstanden, waren sie Wissenschaften. Und als sich endlich die Wissenschaften als Wissenschaften und die Künste als Künste begriffen, nährte dies nur den Verdacht oder auch den Wunsch, dass die Wissenschaften eigentliche Künste und die Künste letztlich doch Wissenschaften seien.«[2]

Liessmann sieht diese Tendenz skeptisch, ich sehe eine Rückbesinnung auf einen weiten *Ars*-Begriff, auf einen weites Künste-Verständnis sehr positiv. Wir erleben tatsächlich eine Restauration der *artes liberales*, eine Aufwertung des Propädeutikums, bevor es allenfalls in eine Spezialbildung geht.

Es war heute ja schon von Yale die Rede.[3] Und ich will auch keineswegs das, was man Ivy-League-Universitäten nennt, unreflektiert preisen. Es ist aber schon bemerkenswert, wenn sich auf der Homepage der Universität Yale sehr prominent findet: »Yale is committed to the idea of liberal arts education through which students think and learn across disciplines, liberating or freeing the mind to its fullest potential. The essence of such an education is not what you study, but the result: gaining the ability to think critically and independently and to write, reason, and communicate clearly – the foundation for all professions.«[4]

Man kann es aber auch etwas poetischer formulieren und aus einer ganz anderen Perspektive, aus der Perspektive des Studienabbrechers Armin Thurnher, Gründer, Herausgeber und Chefredakteur des *Falters*, der bei einem Festvortrag an unserer Universität so schön formuliert hat: »Die Universität sollte, meine ich, in einer Gesellschaft der archimedische Punkt sein, der zugleich außerhalb dieser Gesellschaft liegt und dazu imstande ist, sie aus den Angeln zu heben, und zugleich in ihrem Zentrum liegt, weil an diesem Ort nämlich reflektiert werden sollte, was in dieser Gesellschaft passiert, und in welche Richtung sie sich entwickelt.«[5] Zugleich warnt Thurnher vor dem, was Jürgen Habermas einst in den 1960er Jahren die »eilfertige Integration einer entpolitisierten Hochschule

2 Konrad Paul Liessmann, Drum lasst uns lügen!, in: Die Presse, 16.11.2023, online abrufbar unter https://www.diepresse.com/1480284/drum-lasst-uns-luegen.

3 Siehe den Beitrag von Adrian Daub in diesem Band, S. 101.

4 https://admissions.yale.edu/liberal-arts-education.

5 Armin Thurnher, Die gesellschaftliche Verantwortung der Universitäten. Vortrag auf einer Veranstaltung von JKU und Arbeiterkammer Oberösterreich zum 50. Geburtstag der JKU, https://www.jku.at/kepler-tribune/artikel/die-gesellschaftliche-verantwortung-der-universitaeten/.

in die sich formierende Gesellschaft« nannte. Und da werden dann wieder durchaus Bruchlinien zu Universitätssystemen weiter westlich sichtbar.

Diese Tendenz in Richtung einer Rückbesinnung auf eine ganzheitliche Bildung, auf ein ganzheitliches Bildungsideal war der Anlass für Angewandte und Johannes Kepler Universität, zwei naturgemäß sehr unterschiedlich ausgerichtete Universitäten, eine Allianz einzugehen. Die Johannes Kepler Universität ist eine Universität in einem Industriebundesland mit einer starken MINT-Ausrichtung und der Erwartung der Stakeholder, möglichst viele »Fachkräfte« zu gewinnen. Diese Allianz wurde durch ein Manifest begründet, in dem die Aufgabe des Bildungssystems in einer demokratischen Gesellschaft ein zentraler Punkt ist. Ich brauche nicht zu wiederholen, was Gerald Bast in seinem Eröffnungsvortrag uns so klar gemacht hat.[6]

6 Siehe den Beitrag von Gerald Bast in diesem Band, S. 21.

Damit bin ich bei dem, was von mir erwartet wird, nämlich Beispiele für eine radikale Praxis zu bringen. Dabei kann man nicht unerwähnt lassen, dass auf Basis des angesprochenen Manifests die Universität für angewandte Kunst Wien und die Johannes Kepler Universität eine gemeinsame Einrichtung begründet haben, die *Art × Science School for Transformation*. Diese Allianz ist eine interuniversitäre Organisationseinheit, sie ist Teil der Organisation der Angewandten und Teil der Organisation der JKU, die bisher keinerlei künstlerische Einrichtung in ihrem Schoß getragen hat. Jetzt gibt es also diese gemeinsame Organisationseinheit, die den globalen Transformationen, also green, social und digital, gewidmet ist. Und diese Kooperation bringt ein erstes, wie ich glaube, sehr spannendes Kind hervor, nämlich ein gemeinsames Bachelorstudium »Transformation Studies«.

Es geht dabei um eine gemeinsame Sicht, um eine Einführung in künstlerische und wissenschaftliche Herangehensweisen, indem man sowohl in Wien an der Angewandten als auch in Linz an der Johannes Kepler Universität studiert. Es geht um die Methoden und Strategien aus dem, was heute zwei Welten sind. Es geht um Vorstellungskraft, um visionäres Denken, um Kreativität und um Experimentierlust. Es geht um ein fundiertes Fachwissen genauso wie um ein breites Kontextwissen aus Kunst und Wissenschaft und um die Ausbildung kreativer, sozialer und kommunikativer Fähigkeiten. Dieser Studiengang wird im Herbst 2023 starten, mehr als 500 Studierende haben ihr Interesse dafür angemeldet, vorerst wird es leider nur 40 Studienplätze geben können.

Darüber hinaus werden Angewandte und JKU gemeinsam ein internationales, interdisziplinäres, peer-reviewed Journal herausgeben. Denn eines der Probleme solch immer noch unkonventioneller Kooperationen ist, dass sie bei der Vermessung des Wissens, bei der Vermessung der Leistungen von Universitäten nicht gerade förderlich sind. Das gilt schon bei der Interdisziplinarität, aber erst recht, wenn man sich der *artes liberales* in Lehre und Forschung besinnt. Und genau dazu soll diese Zeitschrift einen Beitrag leisten.

Ich möchte zu einer anderen radikalen Praxis kommen. Erlauben Sie mir eine sehr persönliche Vorbemerkung. Ich bin Vater zweier kleiner Töchter. Eine dieser Töchter ist mit Trisomie 21, dem sogenannten Down-Syndrom, zur Welt gekommen. Ich erlebe daher seit acht Jahren sehr lebensnahe etwas, was ich vorher nur intellektuell reflektiert habe, nämlich was es in Österreich heißt, sich um Inklusion zu bemühen. Ich habe erlebt, dass einer der inklusivsten Orte, und so erlebt es auch meine Tochter Lea, der Zirkus ist. Und noch eine andere Geschichte möchte ich zur Einleitung erzählen: Als wir am Campus einen Spar-Markt eröffnet haben, hat eine Dame hereingeschaut, nach ihrem äußeren Anschein gewiss gut gebildet, ist zufällig auf mich getroffen und hat gefragt: »Darf ich hier auch einkaufen?« So werden Universitäten offenbar immer noch erlebt. Niederschwelligkeit sieht anders aus.

Als die Idee entstand, einen Ort zu gründen, der von vornherein offen ist, kamen wir rasch auf den Namen *Zirkus des Wissens*. Wir wussten, dass damit eine ganz andere Wirkung ausgelöst würde, als wenn wir diesen Ort zum Beispiel zum Theater des Wissens gemacht hätten. Wir haben dafür einen wunderbaren Zirkusdirektor gefunden, der ganz offiziell diesen Titel hat. Das ist Airan Berg, ein Theatermacher, der einst gemeinsam mit dem Regisseur Barrie Kosky das Schauspielhaus in Wien und später auch die Schauspielsparte bei Linz09 geleitet hat. Zu diesem Zirkus ist auf unserer Homepage zu lesen:

> Im Zirkus rauscht, zischt, pfeift und riecht es. Es wird gespielt, getanzt und musiziert. Die Welt präsentiert sich analog und digital zugleich.

> Schauspieler∗innen, Musiker∗innen, Wissenschaftler∗innen, Artist∗innen, Akrobat∗innen und manchmal auch Roboter und Clowns verwandeln Wissenschaft in Kunst und schaffen sinnliche, lustvolle und begeisternde Erfahrungen.[7]

7 https://www.jku.at/zirkus-des-wissens/.

Worum es dabei geht, ist, wissenschaftlich basiertes Wissen so niederschwellig wie möglich zu vermitteln an Kinder und alle, die sich eine kindliche Neugierde bewahrt haben. Es gilt dort das Prinzip »pay as you can«. Wir öffnen den Zirkus inzwischen für unglaublich viele Schulklassen, besondere Zielgruppen sind Brennpunktschulen und auch Schulen, die sich Kindern mit Beeinträchtigungen widmen. Im Schulprogramm ist überhaupt keine Bezahlung vorgesehen, weil dort, wo wir besonders wirksam werden wollen, selbst fünf Euro Eintritt pro Schulkind eine große Barriere wäre.

Ich möchte Ihnen ein paar unserer Produktionen in aller Kürze vorstellen. Beim Projekt *Faszination Krake*, dem das Wissenschaftsbuch des Jahres 2022 von Michael Stavarič zugrunde lag, waren Kinder Akteur∗innen und Zuseher∗innen. Zuvor wurden sie wissenschaftlich in die Welt der Kraken, in die Welt des Meeres eingeführt und widmeten sich dann performativ diesem Thema. Wir haben bei Weitem nicht die Platzwünsche erfüllen können.

Ein weiteres Projekt war *Und da oben dazwischen die Sterne*, ein Projekt, das stark interaktiv zwischen Wissenschaft und Kunst war. Ein Kollege, der einen Lehrstuhl für Philosophie innehat, hat in diesem Stück die Rollen von Kepler und Galileo übernommen und es gemeinsam mit einer professionellen Schauspielerin aufgeführt. Studierende seiner Klasse traten wie ein griechischer Chor auf, haben die Texte geschrieben und zu den Phänomenen Kepler und Galilei auch entsprechend interveniert.

Ein ebenfalls sehr, sehr beeindruckendes Projekt war *Zehn Zeugen sajnen mir gewesn*, mit David Maayan als Theatermacher. Es ging um die Frage, wie wir insbesondere in der Schulbildung damit umgehen, dass die letzten Zeitzeugen des Holocaust bald nicht mehr leben werden und eine neue Vermittlungsform gefunden werden muss. Eine Schauspielerin ist in die Rolle einer bereits verstorbenen Zeitzeugin geschlüpft. Diese Transformation war das eigentliche Thema dieses

Stückes, eng begleitet vom Bereich Zeitgeschichte der Johannes Kepler Universität.

rubisco-variationen – wie gesagt haben wir einen starken naturwissenschaftlich und technischen Bereich an der JKU – war der Versuch, Photosynthese, die gar nicht leicht zu begreifen ist, künstlerisch erfahrbar zu machen mit dem wunderbaren Künstler Otto Lechner und der ehemaligen Burg-Schauspielerin Anne Bennent.

Überraschung! Eine Mathe-Party für Jo & Jo brachte eine Tour d'Horizon durch die Geschichte der Mathematik auf die Bühne, wiederum unter starker Einbindung von Schulklassen. Und in *MondTraum & PlanetenKlang*, einem Schattentheater, machte Puppenspieler Andreas Pfaffenberger die Vita von Johannes Kepler und seine Idee des Universalgelehrten erlebbar. Das wunderschöne Licht, das auf der Bühne zu sehen war, wurde durch etwas produziert, was nicht mehr alle kennen, nämlich einen Overhead-Projektor, den wir noch an der Johannes Kepler Universität hatten.

Zum Abschluss noch ganz kurz zu unserer Kooperation mit der Ars Electronica, zuletzt 2022 mit dem Generalthema *Welcome to Planet B*. Wir haben hier eine Festival University organisiert, Ars Electronica und JKU gemeinsam. Das Motto der Ars Electronica ist ja »Kunst, Technologie, Gesellschaft«, und genau das war auch der Rahmen für die Festival University zum Thema grüne Transformation. Ein großes Anliegen dabei war der interkulturelle Austausch von Studierenden, die aus 90 Nationen weltweit zu uns gekommen sind und unter anderem eine Art Climate Court, ein fiktives internationales Schiedsgericht zum Thema Umwelt, ins Leben gerufen haben, das auch entsprechende künstlerische Interventionen vorgesehen hat.

Lieber Gerald, du hast bei deinem Eröffnungsvortrag die Frage gestellt, ob wir uns vorstellen können, dass ein stetes Neudenken der Universitäten gelingen kann, damit diese ihrer so wichtigen Aufgabe gerecht werden, verantwortungsvoll die Gesellschaft zu durchdringen und auch zuzulassen, dass die Gesellschaft sie durchdringt. Lass mich es mit den Worten eines ehemaligen US-amerikanischen Präsidenten sagen: Yes, we can! Vielen Dank.

Die engagierte Wissenschaft und ihre Feinde

Judith Kohlenberger

Dieser Text ist eine gekürzte und adaptierte Version der Festrede der Autorin zur Verleihung des Theodor-Körner-Preises im Juni 2022.

Der im Jahr 2022 erstmals durchgeführte Wissenschaftsbarometer der Österreichischen Akademie der Wissenschaften (ÖAW) hat durchwegs Alarmierendes zutage gebracht. Die erhobenen Daten zeigen, dass rund ein Drittel der Österreicher*innen der Wissenschaft wenig oder gar nicht vertrauen. 37 Prozent setzen lieber auf den »gesunden Menschenverstand« als auf die Forschung, und ganze 56 Prozent, also mehr als die Hälfte, sehen Wissenschaft als Teil der Eliten, die von oben herab, aus dem sprichwörtlichen Elfenbeinturm, kommunizieren, dabei jedoch an Sorgen und Bedürfnissen »des Volkes« vorbeigehen. Das wird gestützt durch den internationalen Vergleich der Eurobarometer-Daten, die zeigen, dass hierzulande das Interesse an Wissenschaft besonders niedrig ausgeprägt ist, Forscher*innen besonders wenig vertraut und Wissenschaft als kaum relevant für den künftigen Wohlstand gesehen wird.

Nicht nur der Wissenschaft als solche wird also misstraut, sondern vor allem den *Wissenschaftler*innen.* Für diesen »wissenschaftsbezogenen Populismus«, der unter anderem in der Ablehnung von COVID-Impfungen mündete, gibt es zahlreiche Erklärungsversuche, etwa der Einfluss der Esoterik im deutschsprachigen Raum, der Einfluss der Politik, die sich im Rückblick als »zu expertenhörig« charakterisierte, oder fehlende Grundlagenbildung in den Natur- und Technikwissenschaften. All diese Hypothesen sind sicherlich zutreffend, und doch beschreiben sie nur einen Teil des Ganzen.

Was ich aus Anlass der Konferenz *Radikale Universität. Universitäten in Zeiten globaler Umbrüche* an der Universität für angewandte Kunst Wien als weiteren und noch grundlegenderen Erklärungsansatz in den Raum stellen möchte, ist der Einfluss einer Art von Wissenschaft, vor allem einer Form des »Wissenschaftler∗in-Seins«, die man nur als *disengaged*, also als nicht verbunden, nicht zuständig, losgelöst bezeichnen kann.

Disengaged, das trifft im Kern das weiterhin vorherrschende Ideal, wie ein Wissenschaftler – noch immer häufiger als eine Wissenschaftlerin – zu sein hat, nämlich am Ideal von Distanz, »Objektivität«, Neutralität und (örtlicher wie inhaltlicher) Abgehobenheit orientiert. Eben oben im sprichwörtlichen *ivory tower*, aber nicht in der Welt *da draußen* bzw. – um im Bild des Turms zu bleiben – *da unten*. Vor allem aber bedeutet *disengaged* ein Schweben über dem Morast des politischen Alltags, eine Beliebigkeit und Entrücktheit in andere Sphären.

Man sieht schon: In so einem Verständnis von Wissenschaftler∗innen ist es für populistische Strömungen rechts wie auch links der Mitte ein Leichtes, sie als Teil der Mächtigen zu charakterisieren; als jene abgehobenen Eliten, die fernab von den Problemen der Welt agieren und sich hinter Daten und Theorie verstecken.

Dabei bräuchte es gerade in unübersichtlichen, krisenhaften und hyperbeschleunigten Zeiten wie der unseren keine distanzierte, sondern eine engagierte Wissenschaft und ebensolche Wissenschaftler∗innen – die sich der aktuellen Problemlagen der Welt annehmen; die Lösungen bieten, den Diskurs nicht scheuen, sondern sich aktiv daran beteiligen; die analysieren und auswerten, aber auch gestalten, indem sie sich einbringen; die *engaged scholars* (dt.: »engagierte Wissenschaftler∗innen«) sind, wie es der Nachhaltigkeitsforscher Andrew Hoffmann in seinem gleichnamigen Buch[1] nennt, und sich im besten Wortsinn »engagieren«, wie es gerade an der Angewandten immer wieder exemplarisch vorgelebt wurde. An Herausforderungen mangelt es bekanntlich nicht: Krieg, Pandemie, Flucht, Klimakrise, Teuerung, demografischer Wandel, Digitalisierung und drohende Hungersnöte. Die Welt brennt, und genau deshalb ist das *Disengagement* jener, die über einen Feuerlöscher, nämlich wissenschaftlich fundierte Lösungsansätze, verfügen, keine Option. Gesellschaftlich relevante Forschung muss auch in der Gesellschaft ankommen und nicht nur in Fachzeitschriften, wo sie – im günstigsten Fall – von einer Handvoll Kolleg∗innen gelesen wird. Als steuerfinanzierte Wissen-

1 Andrew Hoffmann, The Engaged Scholar. Expanding the impact of academic research on today's world, Redwood City, CA 2021.

schaftlerin, davon bin ich überzeugt, ist man der Öffentlichkeit verpflichtet. Schon allein deshalb ist es Teil der Verantwortung, die eigene Arbeit, welche die Bürger*innen dieses Landes mitfinanzieren, diesen auch zu kommunizieren und als Grundlage für politische, aber auch persönliche Entscheidungen zur Verfügung zu stellen.

Dabei aber sollten sich Wissenschaftler*innen nicht vom populistischen Ruf nach Vereinfachung und Verkürzung verführen lassen, sondern sich bemühen, eine *zugängliche Komplexität* zu schaffen. Häufig ist es politisch unangenehmes Wissen, auf das Forscher*innen verweisen müssen, sei es aus der Klimaforschung, der Ökonomie, der Medizin oder der Migrationsforschung. Aufgabe der Wissenschaft ist es, gerade bei heiklen, umkämpften Themen den Stand des Wissens aufzuzeigen, aber eben auch auf die notwendige *Vorläufigkeit* jeglichen Wissens zu verweisen. Denn nur dann erhält sich Wissenschaft ihre Glaubens- und Vertrauenswürdigkeit, und diese ist das beste Bollwerk gegen Wissenschaftsskepsis und Demokratiefeindlichkeit.

Die letzten Jahre der COVID-19-Pandemie haben gezeigt, wie fatal das sein kann, von »absoluten Wahrheiten« zu sprechen, wird damit doch negiert, dass wissenschaftliche Forschung im Grunde immer *Wahrscheinlichkeiten* und *Momentaufnahmen* produziert oder, um es in den Worten des Wissenschaftsphilosophen Thomas Kuhn zu sagen, »puzzle-solving« betreibt, also ein Puzzlestück nach dem anderen hinzufügt. Einen absoluten Wahrheitsanspruch an die eigene Forschung zu stellen ist gefährlich, blendet man damit doch ihre Produktionsbedingungen und notwendigen Unsicherheiten aus. Spätestens dann, wenn sich eine Studie als überholt herausstellt oder Ergebnisse revidiert werden müssen – ein in der Wissenschaft alltäglicher Prozess –, spielt man den Wissenschaftsskeptiker*innen in die Hände. Vertrauenserweckender ist es, wenn Forschende die Leerstellen des Wissens offen benennen, Vorbehalte thematisieren und davon Abstand nehmen, finale Antworten geben zu wollen.

Radikal zu sein bedeutet aber auch, die »wissenschaftliche Objektivität« als das zu entblößen, was sie ist: ein Mythos. Die Wissenschaftlerin hat immer und zwangsläufig einen *eigenen* Standpunkt, ist als Mensch, als Bürgerin notgedrungen zeitlich, örtlich und kulturell verortet und genauso ein Kind ihrer Zeit wie der Bäcker, die Busfahrerin und der Bundeskanzler. Deshalb braucht es ein selbstbewusstes Bekenntnis und eine kritische Reflexion dazu, dass »Wissen schaffen« nie im sozialen oder politischen Vakuum passiert oder jemals passieren kann. Wissensproduktion ist immer historisch und kulturell bedingt – und durch bestehende Machtverhältnisse beeinflusst. Dazu zählt, dass die Deutungshoheit in der Wissenschaft wie auch in der Kunst weiterhin zu großen Teilen männlich, weiß und eurozentrisch ist und somit die Erfahrungswelten vieler Bevölkerungsgruppen ausgeblendet werden.

Man muss nicht lange in die Wissenschaftsgeschichte zurückgehen, um die negativen Folgen solcher Machtverhältnisse aufzuspüren, etwa in der Phrenologie, der Eugenik oder der Psychiatrie. Historisch betrachtet hat die wissenschaftliche Deutungsmacht viele Gräueltaten legitimiert. »Neutral« ist da gar nichts, viel eher wird offenkundig, wie Wissenschaft immer auch ein Spiegel für gesellschaftliche Vorstellungen, Erwartungen und Diskurse ist – und vice versa.

Auch deshalb müssen wir in Zeiten globaler Umbrüche, ganz gemäß dem Untertitel der Konferenz, nicht nur von Wissenschaft *und* Politik, sondern auch von Wissenschaft *als* Politik sprechen, weil es nämlich keinen politikfreien Raum gibt. Damit ist nicht nur Hochschulpolitik gemeint, sondern Gesellschaftspolitik, Innen- und Außenpolitik, Sozial- und Wirtschaftspolitik, Verkehrs- und Umweltpolitik, Kultur- und Frauenpolitik, Migrations- und Sicherheitspolitik. Größere gesellschaftliche Zusammenhänge und Machtverhältnisse bedingen eben immer auch die Wissenschaft und die Universitäten als Teil dieses Gemeinwesens. Dabei geht es nicht nur um abstrakte Fragen wie jene der Freiheit der Wissenschaften, sondern auch um konkrete Bedingungen der Wissensproduktion und -legitimation.

Aus der täglichen Praxis sind vielen Forschenden die Vorläufigkeit, die Zufälligkeit, die notwendigen Kompromisse, kurz, das radikale Chaos, das mit Wissensproduktion einhergeht, allzu gut bekannt, und noch viel mehr trifft das auf die Kunst, Literatur und Musik zu. Diesen Entstehungsprozess – und nicht nur das Endresultat – gilt es hervorzuheben: Wie viel Wissen durch Zufall, nebenbei, durch wiederholte Versuche und Scheitern entsteht; wie chaotisch und unsicher der Prozess des

»Wissenschaffens« sein kann und wie sehr »erfolgreiche« Wissenschaft mitunter von Faktoren abhängt, die alle nichts mit der persönlichen Brillanz oder intellektuellen Leistungsfähigkeit der Forschenden zu tun haben, aber mit ihrem sozialen, kulturellen und ökonomischen Kapital. Diese Bedingungen der Wissensproduktion im Bewusstsein zu halten und offen zu kommunizieren ist radikal und verantwortungsbewusst zugleich.

Darüber hinaus bedeutet »radikale Wissenschaft« aber auch eine Wissenschaft mit *Haltung*, die sich nicht nur mit dem Freiheitsanspruch in einer liberalen Demokratie verträgt, sondern diesen sogar stärkt. Haltung für – Achtung, kitschig – eine gesündere, bessere, gerechtere Welt, die aus wissenschaftlicher Evidenz genährt ist; die Emotionen nicht als »unwissenschaftlich« abtut und sich damit eines wesentlichen Erklärungssystems alles Menschlichen entzieht, sondern sich im Gegenteil ihrer bedient.

Im politischen Feld haben wir zuletzt eine Differenzierung der neutralen Positionierung erlebt: Der russische Angriffskrieg in der Ukraine zeigt, dass »neutral« im Angesicht des Unrechts zu bleiben gleichbedeutend ist damit, es stillschweigend gutzuheißen. Und doch wünschen sich viele genau diese »Gesinnungsneutralität« in der Wissenschaft. Der Wunsch äußert sich in meinem Fall in so kreativen wie absurden Vorwürfen, doch bitte auch mal »kontra« Migration zu sein, kühl zu analysieren, aber keinesfalls anzuprangern, was an den EU-Außengrenzen passiert, keinerlei emotionale Reaktion auf geschehenes Unrecht und die systematische Untergrabung unserer Menschenrechte zu zeigen – ganz so, als ob mich jegliche persönliche Betroffenheit zu einer intellektuell minderwertigen, weniger scharfsichtigen Beobachterin machen würde. Kolleg*innen aus der Klimaforschung bzw. der Virologie ergeht es wohl ähnlich. Dabei zeigt Antonio Gramscis Konzept des »organischen Intellektuellen« oder eben jenes des *engaged scholars*, dass das Gegenteil der Fall ist. Internationale Persönlichkeiten wie Didier Eribon oder Eve Ewing haben deshalb, ganz im Sinne Gramscis, begonnen, die Trennung zwischen Analyse auf der einen Seite und Engagement auf der anderen aufzuweichen, indem sie gerade ihre eigene Betroffenheit als Antrieb für ihre Forschung und deren Kommunikation verwenden.

Genau dazu möchte ich aus Anlass der Konferenz *Radikale Universität* einladen: die Ungleichheiten, Widersprüchlichkeiten und Schieflagen dieser Welt als Antrieb für die eigene Forschung bzw. das Kunstschaffen zu nehmen, in welchem Gebiet auch immer. Denn jede Forschung, aus der sich ableiten lässt, dass die Menschheit ihre Konzepte, ihre Vorstellungen und damit auch ihr Verhalten ändern muss, ist per se radikal, im besten Sinne des Wortes.

Seien wir also *engaged scholars*, engagierte Forschende, die sich nicht vom Ungemach der Welt loslösen und in den Elfenbeinturm flüchten, sondern sich von ihm zur Verantwortung, Relevanz und ja, zur Radikalität antreiben lassen.

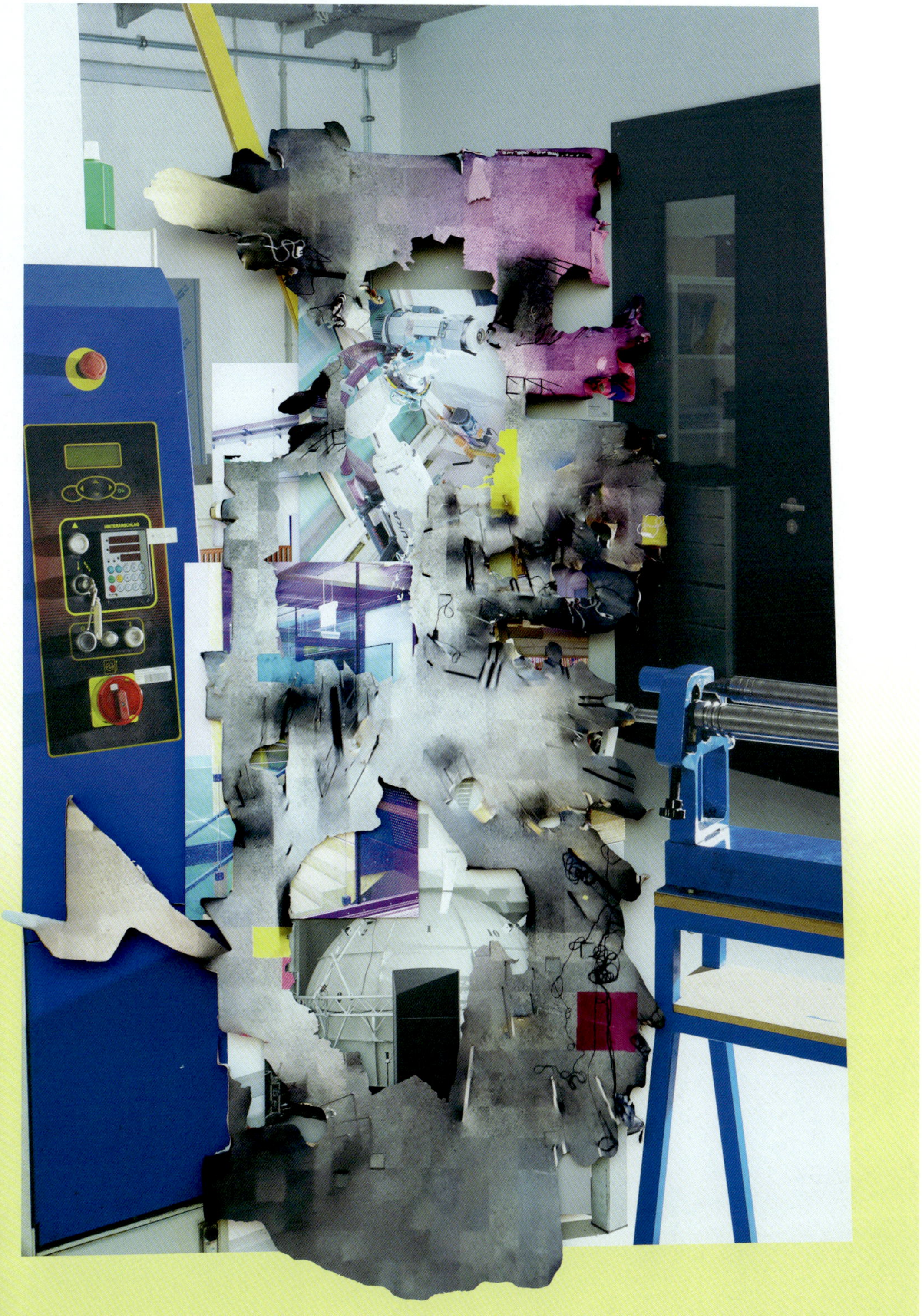

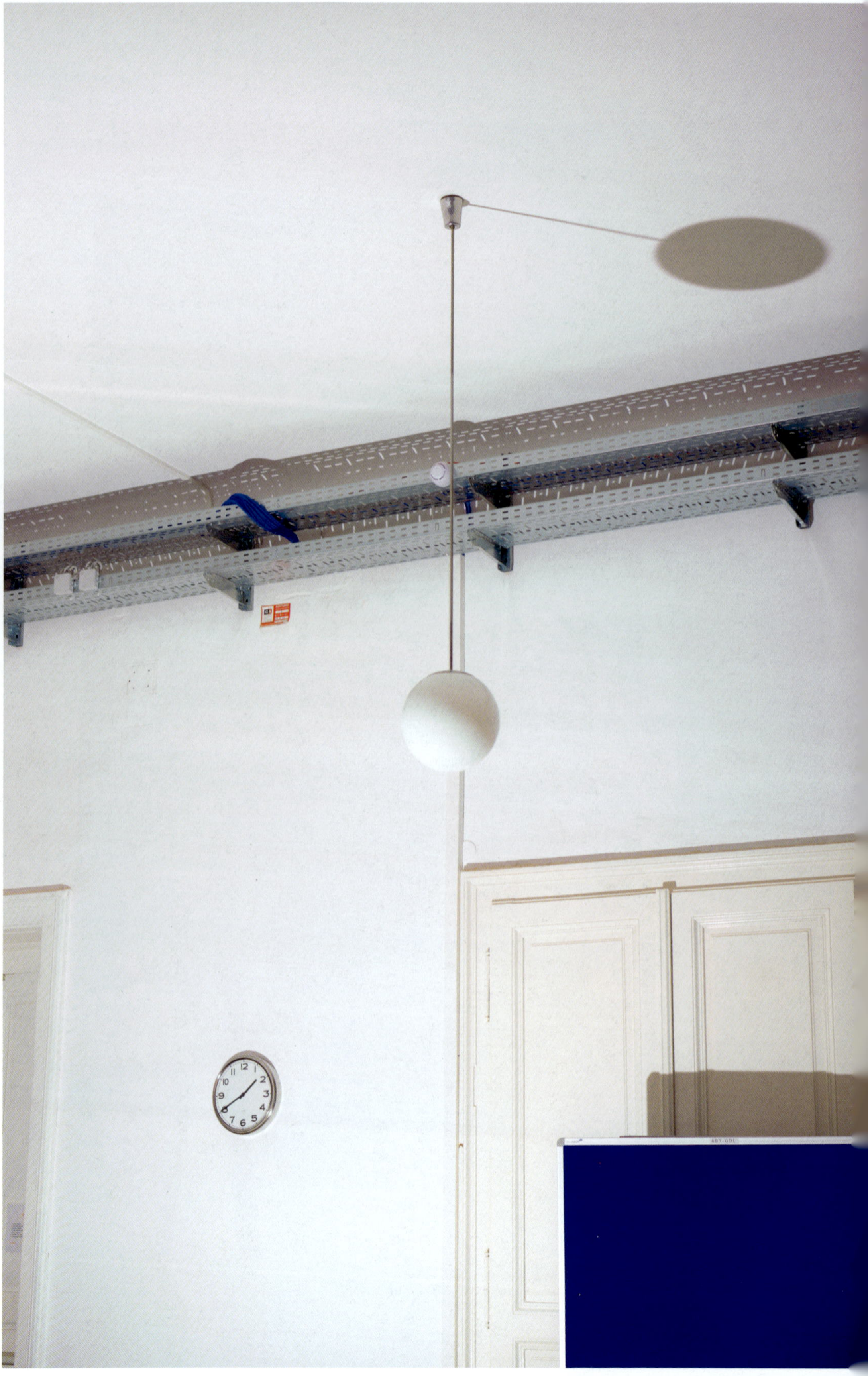

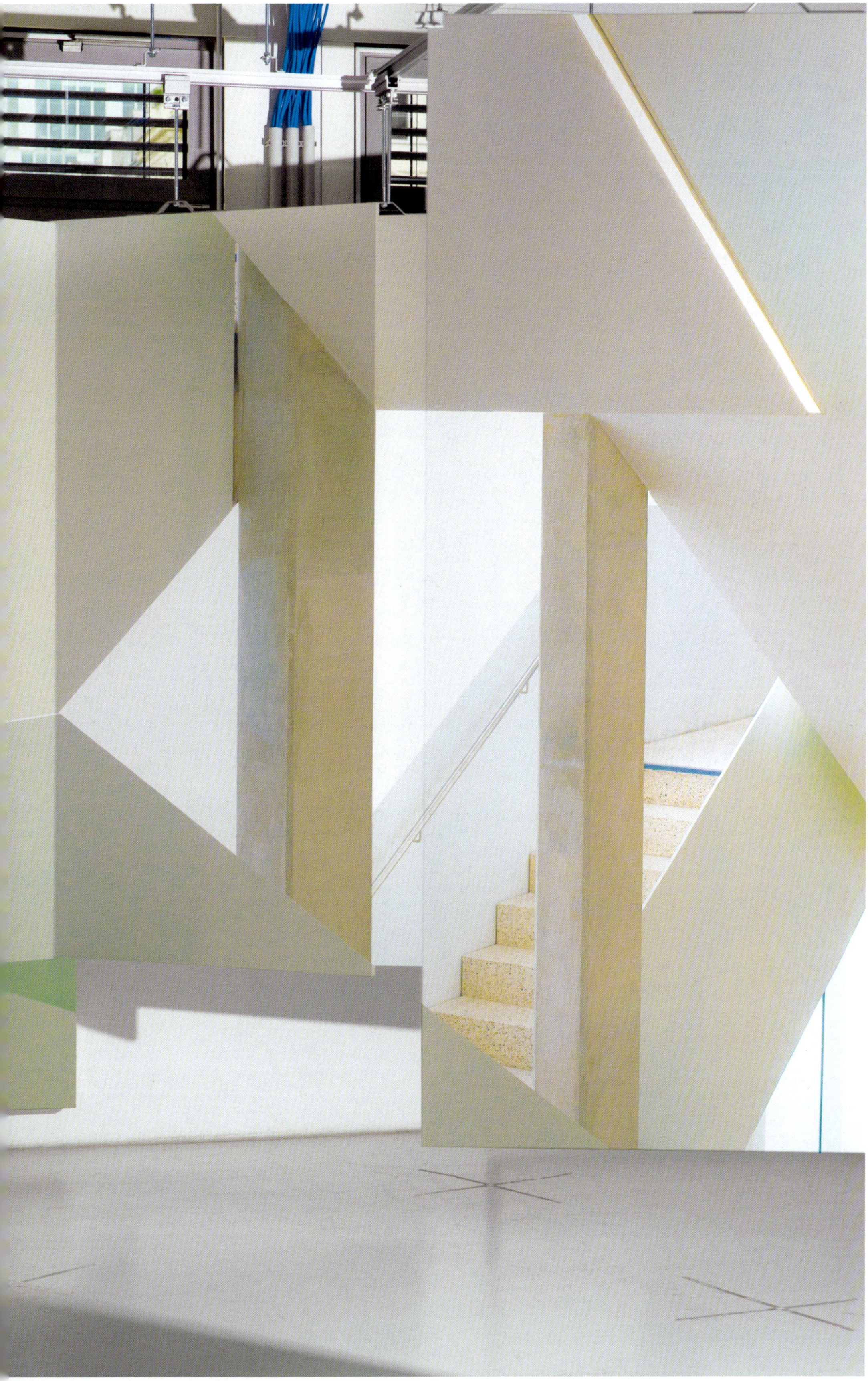

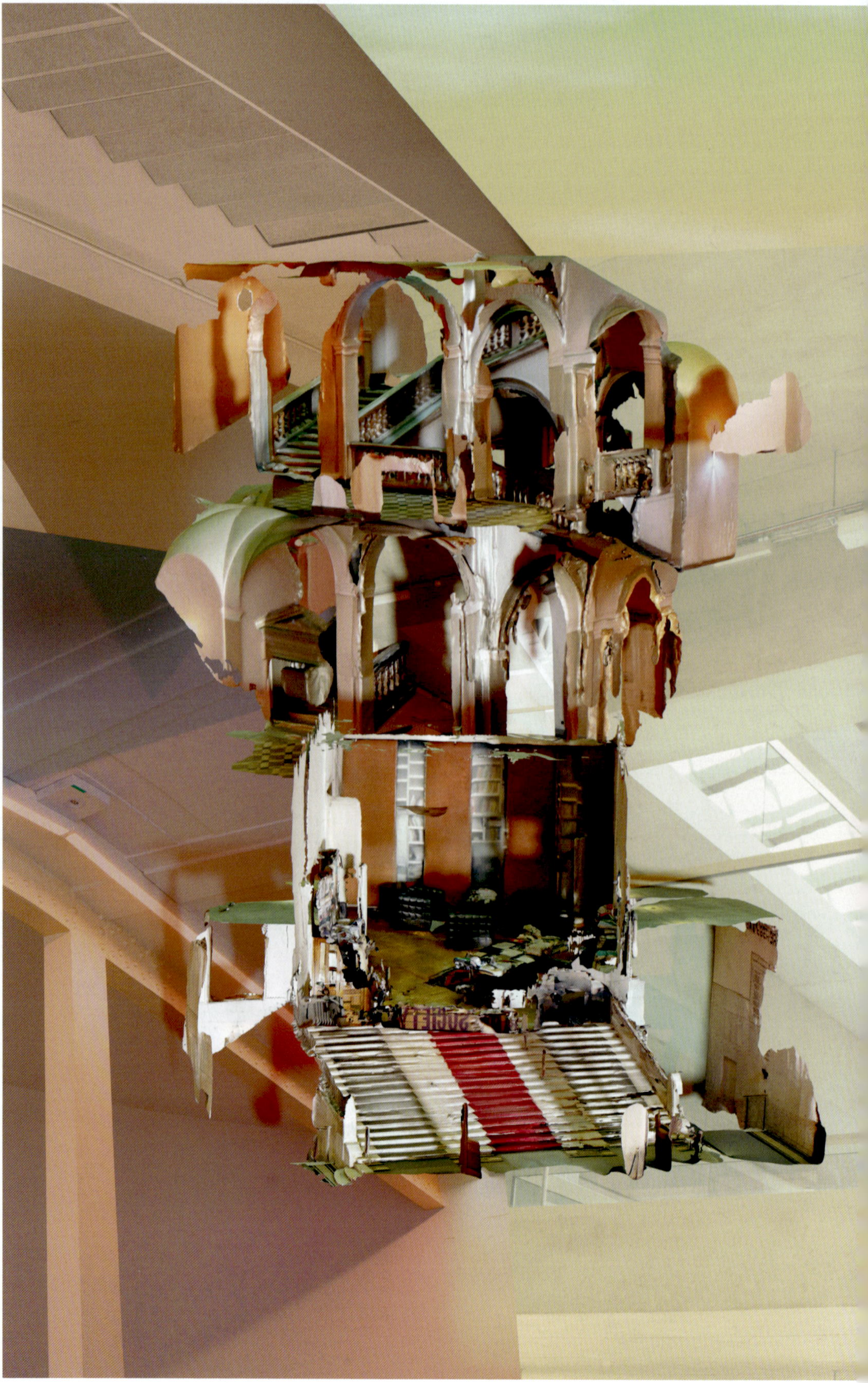

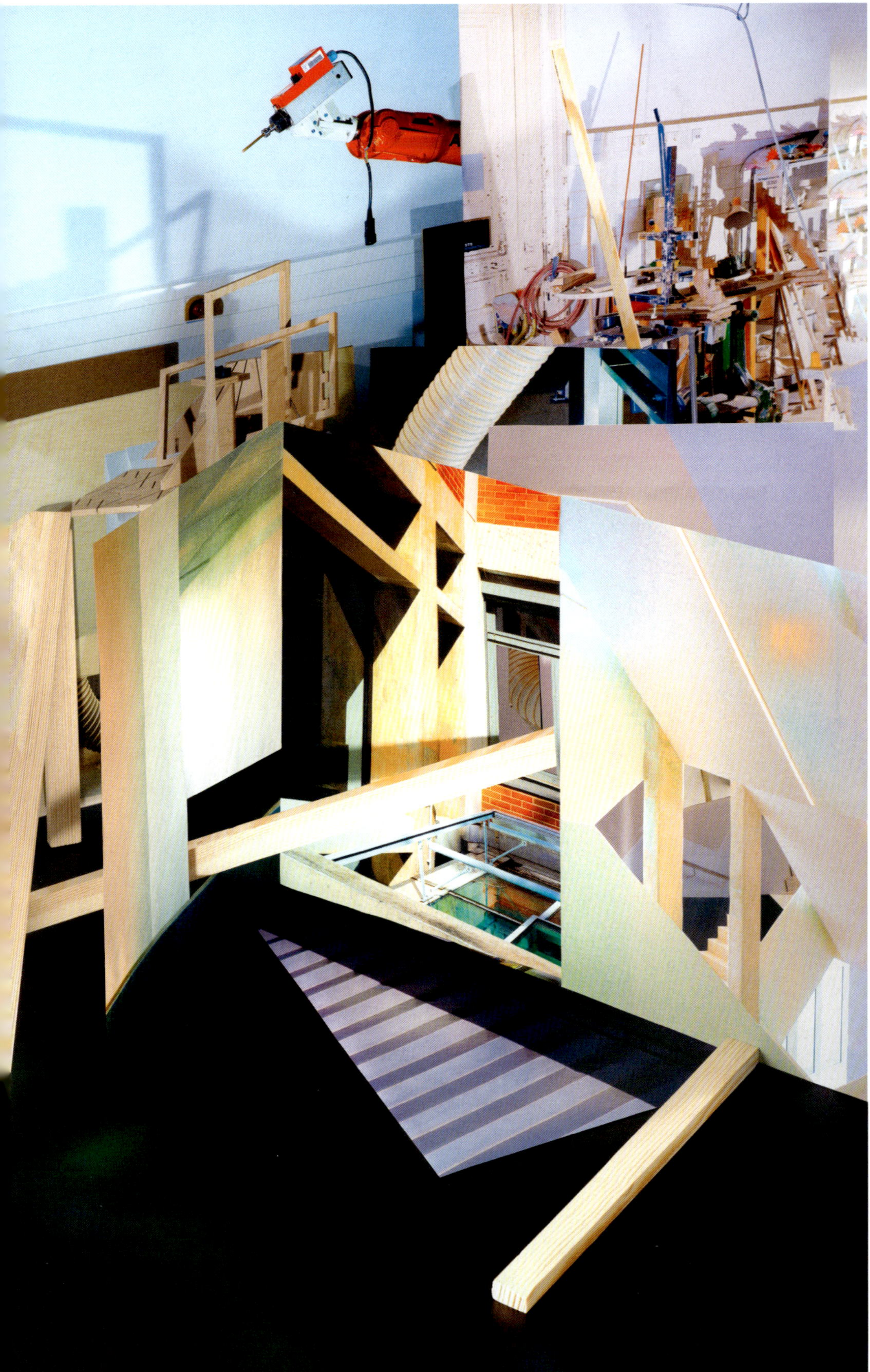

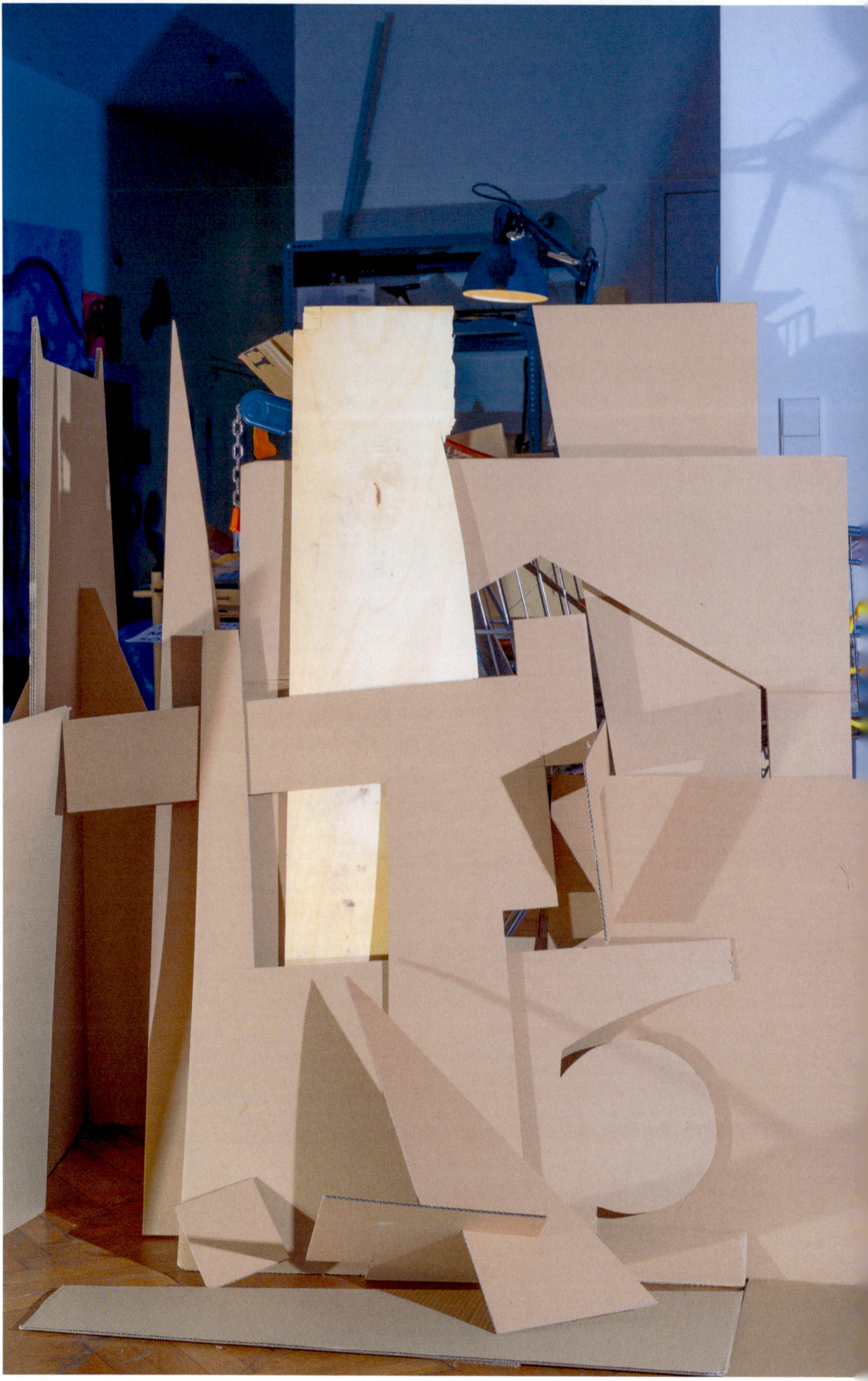

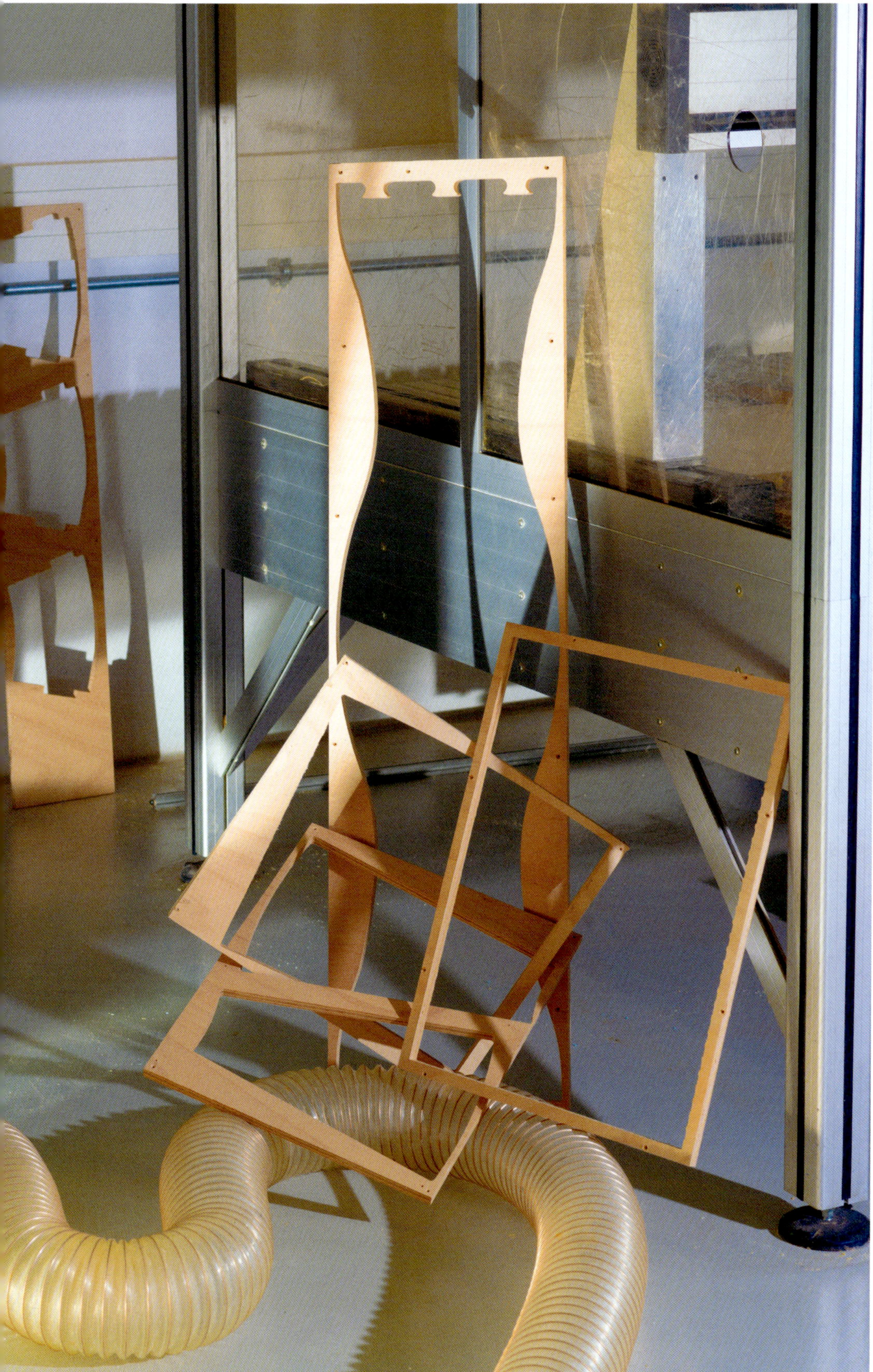

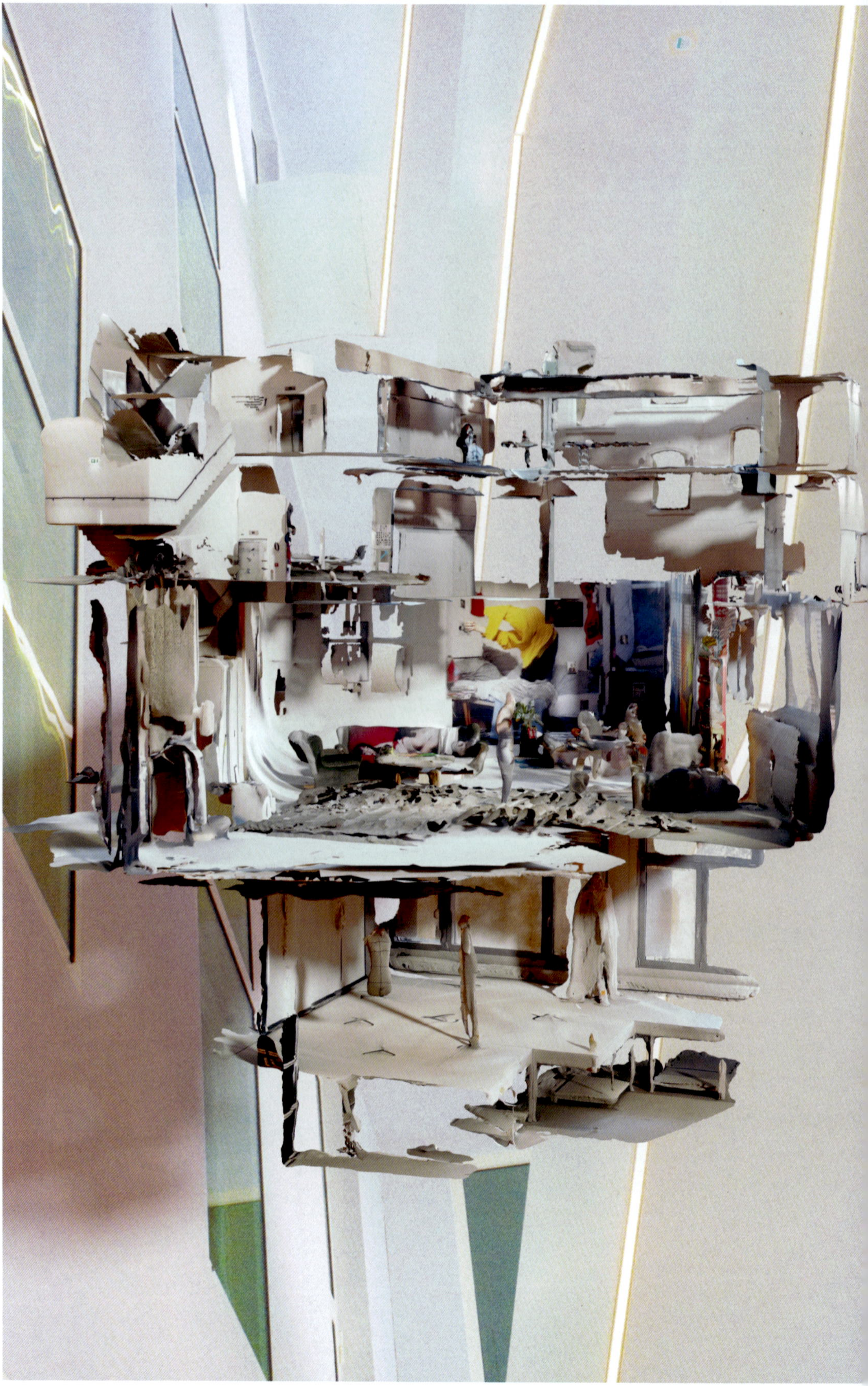

Circling the Square? Chancen und Herausforderungen für Innovation am Beispiel des SQUARE an der Universität St. Gallen

Philippe Narval

Radikal – das bedeutet auch abseits der Norm. Insofern sind für mich Universitäten jetzt schon radikal, nämlich weil sie sich im Hamsterrad der Wissenschaft der absoluten Tyrannei des Publizierens, das heißt einer übertriebenen Output-Orientierung, unterworfen haben. Vielleicht ist das hier an der Angewandten etwas anders, aber an der sehr anerkannten Wirtschaftsuniversität in Sankt Gallen und an vielen anderen Universitäten ist das ein großes Problem. Da arbeiten sich Doktoranden über Jahre, vielleicht Jahrzehnte im Hinterzimmer nach oben, immer im Schatten des/der Professor*in. Mit etwas Glück, vielleicht auch weil sie über den richtigen Habitus verfügen oder über ein Thema, das gerade en vogue ist, gibt es vielleicht am Ende eine der ganz wenigen Professuren. Überall sonst wird von der Bedeutung von Kooperation und Teamwork gesprochen, nur an unseren Universitäten huldigen wir noch dem Heroismus des heldenhaften Individuums, des Forschers oder der Forscherin. Das ist, finde ich, nicht mehr zeitgemäß.

Radikal kann aber auch heißen: zurück zu den Wurzeln. Eine dieser Wurzeln ist für mich, dass Universitäten junge Menschen mit Rüstzeug ausstatten sollen für die sehr herausfordernde Welt da draußen. Wir sind gefordert sicherzustellen, dass junge Leute an unseren Institutionen wirklich den besten »Rucksack« an Wissen, Ideen und kritischem Denken packen können, den es gibt. Da haben wir noch einen weiten Weg vor uns.

Ich bin kein Wissenschaftler. Ich bin erst vor 15 Monaten als Angestellter der Universität St. Gallen in die Welt der Hochschulen eingetaucht und stehe hier als jemand, der an Universitäten eigentlich nichts werden will. Insofern spreche ich in dieser akademischen Welt auch recht absichtslos. Aber nun zum eigentlichen Thema und der Frage, wie Innovation im Bereich der Lehre und der Vermittlungsarbeit bzw. Wissenschaftskommunikation an einer traditionellen Universität gelingen kann. Bevor ich Ihnen von meinen praktischen Erfahrungen berichte, erlauben Sie mir, meine Arbeit als Intendant am SQUARE zu kontextualisieren:

Die Universität Sankt Gallen, 125 Jahre alt, verfügt über 9.000 Studierende und ist eine der angesehensten Wirtschaftsuniversitäten Europas. 75 Prozent der Studierenden kommen aus der Schweiz, der Rest aus dem Ausland, Österreich und Deutschland sind stark vertreten. Es gibt sehr viele studentische Vereine, die zu allen möglichen Themen an der Universität aktiv sind, vom Unichor bis zum Technologie-Club. Und es gibt auch eine sehr engagierte Absolvent*innengemeinschaft, einen Alumni-Club mit über 30.000 Mitgliedern. Vor einigen Jahren haben diese Alumni entschieden, ihrer Universität etwas zurückgeben, etwas zu schenken, und dieses Geschenk ist relativ groß ausgefallen. Sie haben nämlich für knapp 53 Millionen Schweizer Franken ein wunderschönes Gebäude gespendet, den SQUARE, entworfen und geplant von Sou Fujimoto. Eröffnet wurde das Gebäude im Februar 2022.

Der SQUARE ist ein lichtdurchfluteter Bau, der mit seiner Offenheit sehr viele Möglichkeiten bietet und den ich als »kultureller Animateur« oder – offiziell – Intendant mit einem autonomen Team verwalten und bespielen darf. Denn auch das haben sich die Stifter so ausgedacht: Der SQUARE soll ein Ort sein, an dem experimentiert werden kann, es geht um die Zukunft des Lernens und der Lehre und um die Öffnung der Universität nach außen. Die hat ein bisschen den Ruf in der Region, zu elitär zu sein. Um experimentieren zu können, braucht man einen gewissen geschützten Raum und die Möglichkeit, auch autonome Entscheidungen zu treffen. Als Stabstelle berichten wir deshalb dem Rektor. Das schafft natürlich ein bisschen Neid; wir werden kritisch beäugt und beobachtet. Dabei ist uns in den ersten 15 Monaten schon Einiges gelungen.

Ich erzähle Ihnen drei beispielgebende Geschichten und geben Ihnen im Anschluss ein paar Ableitungen mit. Denn für das, was wir dort machen, brauchen Sie nicht unbedingt ein großes, modernes Gebäude. Man glaubt immer, dass man sich mit Gebäuden die kulturelle Transformation kauft. Das ist nicht der Fall, auch bei uns in St. Gallen nicht.

Was haben wir also gemacht? Und was ist unser Arbeitsansatz am SQUARE mit dieser Möglichkeit des intendantischen Arbeitens an einer Universität? Wir haben zuerst einmal geschaut, welches Potenzial schon vorhanden und vielleicht ungenutzt ist. Es ist erstaunlich, welche Ressourcen und Möglichkeiten man nämlich übersieht, wenn man so in vollem Tempo dahintrabt.

In diesem Kontext also die erste meiner Geschichten: Vor einem Jahr rief mich der Gründer des Kulturfestivals Origen in Graubünden an, eines der meines Erachtens visionärsten Festivals im ländlichen Raum in Europa, und sagte: »Du, Philippe, ich habe die Sorge, dass mein Kurs, den ich seit zehn Jahren mit der Uni Sankt Gallen mache, eingestellt wird, weil der Professor, mit dem ich das mache, in Pension geht.« Er hatte jedes Jahr Studierende für Themen wie Fundraising, Marketing bei sich in Graubünden. Wir haben uns getroffen und beschlossen, den Kurs einigen wichtigen Entscheidungsträgern an der Uni zu präsentieren. Dort wusste nämlich niemand, dass dieser jedes Jahr stattfindet. Und dann sagte Giovanni zu mir: »Weißt du was, dann machen wir noch eine ›kleine‹ Abendveranstaltung für euch.« Ja, passt, wunderbar. Und im August letzten Jahres sagte er: »Ich mache es ein bisschen größer. Ich habe da exilrussische Balletttänzer aus dem Mariinsky engagiert und den besten Choreografen von dort, die sind gerade nach Georgien geflüchtet.« Und dann haben wir am SQUARE an zwei Abenden für jeweils 250 Besucher eine Weltklasse-Ballettaufführung bekommen, die niemand hier erwartet hätte. Die Besucher sind aus allen Wolken gefallen, dass so etwas möglich war. Dabei haben wir eigentlich nur auf etwas aufgebaut, was schon da war. Diese Kooperation mit dem Festival wird jetzt fortgeführt. Einfach hinschauen und nützen, was da ist, ist eine meiner Devisen!

Das zweite Beispiel betrifft die Grundhaltung, Verantwortung zu übernehmen und diese auch jungen Menschen zu vermitteln: Viele Studierende und ihre studentischen Vereine nutzen unser wunderschönes Gebäude kostenfrei, und oft sind sie sich dieses Privilegs gar nicht bewusst. Deshalb ich habe gesagt: »Leute, könntet ihr auch etwas zurückgeben? Nicht monetär, aber lasst uns gemeinsam etwas überlegen.« Und daraus ist die Idee eines Community-Festivals entstanden, unter dem Titel *Open SQUARE*. Es sollte am ersten Geburtstag des SQUARE, dem 25. Februar 2023, stattfinden, und all die studentischen Vereine, die mitmachen wollten, sollten sich überlegen, was für die Bewohner und Bewohnerinnnen der Stadt relevant sein könnte, für Kinder, Jugendliche, alte Menschen. Es hat ein paar Wochen gedauert, und dann kamen die ersten tollen Ideen. Am Ende hatten wir einen ganzen Tag am SQUARE Programm mit über 50 Beiträgen, vom Chorkonzert bis hin zu einer Debatte über AI, der Automobile Club hat genauso etwas gemacht wie der Consulting Club. Die Pro-Arte-Kunstgesellschaft hat den Leuten gezeigt, wie man NFTS macht, das war sehr beliebt. Und selbst das studentische Uni-Orchester ist aufgetreten.

Natürlich, immer wenn man experimentiert, machen sich auch Leute Sorgen. Das werden Sie vielleicht kennen, wenn Sie selber experimentieren. Am Anfang hieß es deshalb von der Unileitung: Wer wird denn da kommen? Vielleicht 500 Leute, wenn es gut geht! Am Schluss waren 3.000 Leute aus der Stadt Sankt Gallen an diesem Tag am SQUARE. Und von ganz kleinen Kindern bis zu alten Leuten war jeder dabei, weil wir folgende Frage ins Zentrum gestellt hatten: Was ist relevant für die Menschen draußen, außerhalb unserer universitären Blase? Und eben nicht: Was ist mir wichtig?

Und last, but not least, eine dritte Geschichte, eine ganz aktuelle: Wir haben unter dem Titel *St. Gallen Strategy Days* gerade erst im Bereich experimentelles Lernen eine große Planspiel-Simulation abgeschlossen. Es handelte sich um ein geopolitisches Planspiel mit Studierenden, in dem wir zeigen wollten, dass »Scenario Based Learning«, »Serious Gaming« und Lernen durch Simulationen zu den wichtigsten Werkzeugen für das Verständnis von Komplexität in der heutigen Zeit zählen können. Und es war erstaunlich zu erleben, wie engagiert alle Studierenden, die sich extra für die Veranstaltung freigenommen hatten, also keine ECTS-Punkte bekamen, bei der Sache waren. Auch damit haben wir gezeigt, dass die Arbeitshypothese, einen autonomen Raum zu schaffen, geleitet von einem »kulturellen Animateur«, der keine klassischen akademischen Ambitionen hegt, sinnvoll sein kann für Universitäten.

Und nun zu den versprochenen Ableitungen: Sie brauchen nicht große Gebäude zu bauen an Ihren Universitäten oder wo auch immer Sie sind. Aber ich glaube, es zahlt sich aus, Freiräume zu schaffen, autonome Räume, wo man experimentieren darf, und dabei Verständnis dafür zu haben, dass nicht immer klar ist, was im Prozess herauskommt, also Vertrauen in den Prozess haben – das alles können Sie fast überall, und das können Sie an jeder Bildungseinrichtung. Und schauen Sie doch bitte auch in Ihrem Umfeld, über welche ungenützten Ressourcen Sie verfügen. Ich höre immer: »Ich brauche für dieses und jenes mehr Geld.« Das ist schon klar, das Prekariat ist nicht lustig. Und für manches braucht es ein klares finanzielles Commitment. Aber nicht überall ist Geld das Wichtigste. Unser *Open SQUARE* hat uns 15.000 Euro gekostet. Das meiste wurde im Ehrenamt geleistet und bestand aus Begeisterung und dem Überzeugen und Mitnehmen von anderen.

Und zuletzt: Jeder stöhnt, nicht nur die Post-Docs und die Docs, sondern auch die Assistenzprofessor∗innen und die Professoren und Professorinnen, dass man nichts mehr machen könne in der Forschung, sondern nur noch mit Bürokratie beschäftig sei. Ich glaube, die Universitäten sollten mehr Verantwortung an Nicht-Wissenschaftler∗innen übergeben, die vielleicht andere Prioritäten haben und die an den Universitäten nichts werden wollen.

Who the Hell Is Changing Education?

Sophie Lehner

Ich möchte mit ein paar Worten zur Accessibility beginnen, also zur Zugänglichkeit und Barrierefreiheit. Ich versuche auf meinen PowerPoint-Folien einen guten Kontrast zu verwenden, im Folgenden habe ich weiße Folien mit schwarzer Schrift. Es werden auch englische Inhalte auf den Folien zu sehen sein, diese werde ich aber übersetzen. Ich bemühe mich, relativ einfache Sprache zu verwenden, und hoffe, dass der Vortrag so für viele verständlich ist.

Im Sinne der Barrierefreiheit möchte ich auch kurz das Setting erklären. Ich stehe hier auf einer schwarzen Bühne mit schwarzem Hintergrund hinter einem weißen Redner∗innen-Pult. Ich trage einen schwarzen, langärmeligen Rollkragenpullover, eine braune, eckige Brille. Ich habe kurzes, rotblondes Haar, das ein bisschen über meine Ohren reicht. Die PowerPoint-Präsentation ist zu meiner Linken, also vom Publikum aus gesehen zu Ihrer Rechten.

Gut, dann wollen wir gemeinsam der Frage auf den Grund gehen: *Who the hell is changing education?* Der Titel ist angelehnt an den österreichischen Beitrag beim Eurovision Song Contest *Who the hell is Edgar?*. Zunächst möchte ich fragen: *Who is »changing education«*, also wer (oder was) ist das Masterstudium Changing Education? Und danach: *Who is »changing« education*, also wer verändert tatsächlich die Bildung? Wir beginnen also mit dem Studium.

Das Studium Changing Education ist ein internationaler Masterstudiengang, der seit 2020 an der Universität Helsinki angeboten wird. Der Studiengang ist an der Fakultät für Bildungswissenschaft verortet, auf Englisch Faculty for Educational Sciences. Hier werden auch alle Lehramtsstudien unterrichtet. Pro Jahrgang –

bisher gibt es drei Jahrgänge – werden circa 40 bis 50 Studierende aufgenommen. Ich selber war Teil des zweiten Jahrgangs und habe mein Studium gerade abgeschlossen, es fehlt nur noch die Sponsion. Das Studium präsentiert sich mit drei Schwerpunkten. Der erste ist Education, Society and Culture, also Bildung, Gesellschaft und Kultur. Der zweite ist Educational Psychology und Neuroscience, also Bildungspsychologie und Neurowissenschaft. Und der dritte ist Pedagogy, Educational Institutions and Research Based Teacher Education, also Pädagogik, Bildungsinstitutionen und forschungsbasierte Lehramtsausbildung. Das ist sehr typisch für Finnland, wo Forschung einen sehr großen Stellenwert sowohl in der Lehramtsausbildung als auch im Lehramtsberuf hat.

Was ist jetzt anders an dem Studium? Ganz grundsätzlich haben wir vier Unterrichtsblöcke pro Jahr, das heißt zwei Blöcke pro Semester. Jeder Block dauert circa sieben Wochen und beinhaltet vier Kurse. Das heißt, wir haben sehr intensiv getaktete Kurse, oft mehrmals die Woche, die sich über sieben Wochen erstrecken. Dadurch können wir uns in einem sehr kurzen Zeitraum sehr intensiv auf wenige Kurse konzentrieren.

Einer der Kurse ist Problembasiertes Lernen, ein sehr finnisches Phänomen, das in finnischen Schulen zweimal im Jahr verpflichtend angewendet wird. Darum müssen auch wir das an den Unis lernen. In dem Kurs suchen wir gemeinsam ein bildungspolitisches Problem und finden dann gemeinsam kreative Lösungen dafür. Ziel ist es, ein Produkt zu entwickeln, zum Beispiel eine App zu generieren oder eine Ausstellung zu veranstalten. All die Lösungen, die wir finden, werden dann im Campus der Fakultät ausgestellt.

Wir sind per du mit den Lehrenden. Das funktioniert auf Englisch natürlich nicht so ganz, aber man nennt sich beim Vornamen, und es gibt eine sehr gute und vertrauliche Beziehung zu den Lehrenden.

Das Studium befindet sich in einem sehr modernen Lernumfeld, das von Bildungsexpert*innen geschaffen wurde. Unser größter Vortragssaal zum Beispiel ist von der Professorin für Bildungspsychologie gestaltet worden.

Das Studium ist multidisziplinär. Das heißt, die Studierenden haben davor einen Bachelor oder Master oder vielleicht sogar einen PhD in einem anderen Feld abgeschlossen. Ich habe Bildungswissenschaft gemacht, aber viele meiner Kolleginnen und Kollegen zum Beispiel Business oder ganz was anderes. Und auch die Kurse sind multidisziplinär, Sie haben es an den Schwerpunkten schon gesehen. Wir lernen über Neurowissenschaft, wir lernen aber auch über Curriculum-Gestaltung. Wir lernen über Global Justice sowie über Forschungsmethoden.

Das Studium Changing Education beinhaltet keine einzige Prüfung. Wir haben stattdessen schriftliche Abgaben, sehr viele Gruppenarbeiten, Projekte, die dann zum Beispiel in Podcasts oder eben auch in Ausstellungen vorgestellt werden, und Lerntagebücher, in denen wir unser eigenes Lernen reflektieren. Aus eigener Erfahrung kann ich sagen, dass hierbei viel mehr hängen bleibt als beim schlichten Bulimie-Lernen auf eine Prüfung hin. Weiters haben wir die Studia pedagogica, die dem Studium generale sehr ähnlich sind. Hier sind Studierende eingeladen, sich selber verschiedenste Aktivitäten zusammenzusuchen, die sie interessieren, und dann in einem Lerntagebuch darüber zu reflektieren, was sie hier gelernt haben und wie das verbunden werden kann. Das kann bis zu 5 ECTS im Studium ausmachen.

Und was sagen die Studierenden zu dem Studiengang? Ich möchte einen Studierenden zitieren, den ich im Winter 2022 für einen Artikel über das Studium Changing Education interviewt habe: »I always felt welcome and belonging to the group. I easily click with class mates, they are easy to open up and talk to. And most of the teachers are also like that which makes it easy to give and receive feedback.« Dieser Studierende fühlt sich also willkommen und zugehörig zu der Gruppe an Studierenden im Studium. Er findet es leicht, mit den Kolleginnen und Kollegen zurechtzukommen und zu reden. Und er empfindet dies auch bei den meisten Lehrpersonen, was es erleichtert, Feedback zu bekommen und Feedback zu geben.

In weiterer Folge möchte ich mir anschauen, wer jetzt tatsächlich Bildung ändert, *who the hell is changing education?* Und hier ist die Antwort ganz klar: Studierende! Wir haben in meinem Studium eine sehr große, aktive Studierendenbewegung, obwohl wir nur so wenige sind, knapp 150 Leute. Ich möchte Ihnen zwei große Projekte vorstellen, die bereits von Studierenden initiiert und umgesetzt wurden. Das erste ist ein Antirassismus-Kurs. Finnland ist eines der rassistischen Länder in Europa, was schwierig ist, wenn es einen internationalen Masterstudiengang gibt, den Leute aus der ganzen Welt studieren. Das führt früher oder später zu Problemen. Studierende des Studiums Changing Education haben eine Studie durchgeführt und als Ergebnis daraus ein Anti-Racism Committee gegründet, also ein Komitee aus Studierenden, das sich mit dem Thema Antirassismus auseinandersetzt. Eine der Hauptanliegen der Gruppe war es, einen verpflichtenden Antirassismus-Kurs einzuführen. Es wurden auch Trainings für die Lehrenden im Studium veranstaltet, um diesen zu zeigen, wie sie ihre Kurse im Studium Changing Education antirassistisch abhalten können. Die Komitee-Mitglieder sind dann in Verhandlungen getreten und haben das Curriculum umstrukturiert. Gerade habe ich den Testlauf des Antirassismus-Kurses absolviert, der wurde jetzt also erfolgreich umgesetzt.

Die Studie, die von zwei Studierenden aus dem Komitee, Jamie Lee und Aparna Shakkarwar, durchgeführt wurde,[1] hat erwiesen, dass es eine signifikante negative Korrelation gibt zwischen den gesellschaftlichen und persönlichen Voreinstellungen zum Thema Rassismus und der Bereitschaft, einen Rassismus-Kurs zu belegen. Diese Studie war dann auch die Grundlage für die Argumentation, dass der Antirassismus-Kurs verpflichtend ins Curriculum eingeführt werden muss, da ein Wahlkurs nur von Leuten, die sich bereits mit dem Thema Antirassismus auseinandersetzen, belegt würde. Die beiden Studierenden haben auch eine Beschreibung für den Kurs entwickelt. Sie sehen also: Studierende, die ihr Studium noch nicht einmal abgeschlossen haben, haben einen eigenen Kurs eingeführt, das Curriculum geändert, das Kurscurriculum geschrieben. Und genauso wird der jetzt auch unterrichtet, leider nicht von den Studierenden, sondern immer noch von Professor*innen, aber so ist es halt mal.

Ein zweites Projekt, das ich Ihnen vorstellen möchte, betrifft die Verlängerung von Fristen. Das ist kein sexy Titel, ich weiß, aber das Problem ist auch nicht sexy. Die Deadline für die Masterarbeit im Studium Changing Education ist der 15. Mai, das Ende des Semesters ist aber der 31. Juli. Das Problem dabei ist, dass Studierende, die nicht aus der EU kommen, 18.000 Euro im Jahr zahlen, um Changing Education studieren zu können. Wenn sie die Deadline 15. Mai nicht einhalten können, dann müssten sie weitere 9.000 Euro zahlen, um weiterhin

1 Jamie Lee/ Aparna Shakkarwar, Implementing Anti-Racist Pedagogy into Changing Education. [Presentation]. International Seminar on Inclusion in Education, Helsinki 2023.

an ihrer Masterarbeit arbeiten und sie erst später abgeben zu können. Studierende haben hier ein großes Gleichstellungsproblem gesehen und eine Petition gestartet, dies anzupassen. Das Ziel war, 1.000 Unterschriften zu bekommen, letztendlich sind es nur 660 geworden. Es hat aber gereicht, die Fristen wurden angepasst. Studierende können jetzt ihre Masterarbeit bis 31. Juli bearbeiten und dann abgeben. Dafür brauchen sie nur eine Sondergenehmigung von den betreuenden Personen. Weiterhin zu zahlen ist die Student Union Membership Fee, was unserem Studienbeitrag entspricht. Das beläuft sich auf 56 Euro, ist also ein deutlicher Unterschied zu den 9.000, die es gewesen wären.

Nun komme ich auch schon zum Fazit, meinem persönlichen Fazit: Nein, das Studium Changing Education ist nicht radikal, aber es ist auf dem Weg, es zu werden. Das sehen wir auch daran, dass Studierende bereits größere, radikalere Änderungen vornehmen. Mehr noch: Ich bin voll Hoffnung, dass Radikalität zur Normalität wird. Für mich ist heute schon dieses Studium nicht mehr radikal, aber wenn ich nach Österreich komme und sage, ich habe einen Master und dafür keine einzige Prüfung gemacht, sind Leute immer wieder sehr überrascht. Ich habe die Hoffnung, dass das, was jetzt noch als radikal kritisiert wird, ganz schnell zur Normalität werden kann. Die Ziele für die Hochschulen im Jahr 2053, von denen wir im Vortrag von Rektor Bast gehört haben,[2] werden zum Teil bereits umgesetzt im Studium Changing Education, einerseits durch die ursprüngliche Einführung des Studiums, aber andererseits auch und vor allem durch die Aktivität der Studierenden. Darum möchte ich fordern: Mit den Studierenden für die Studierenden! Es ist ganz wichtig, Studierende einzubeziehen in die Erstellung und Bearbeitung von Studiengängen. Wir haben eine Steering Group, in der auch vier Studierende stimmberechtigte Mitglieder sind. Es ist ganz wichtig, diesen Co-Creation-Fokus zu haben und gemeinsam an Studiengängen zu arbeiten und gemeinsam eine radikale Universität zu schaffen. Multidisziplinarität ist ganz wichtig. Wenn wir aus vielen Feldern zusammenkommen, dann haben wir viele neue Blickwinkel, viele neue Lösungsansätze und viele radikale Ansätze. Das ist wichtig für die Leute, die in das Studium kommen, und auch für das, was in dem Studium dann gelehrt und gelernt wird. Internationalität ist ganz

2 Siehe den Beitrag von Gerald Bast in diesem Band, S. 21.

wichtig. Darum habe ich hier auch manche Inhalte auf Englisch präsentiert. Wir sind nicht nur wir hier in Österreich, die Deutsch sprechen, sondern wir sind global. Global Education ist der große neue Trend. Und wir müssen noch internationaler werden.

Die beiden Beispiele, die ich genannt habe für Veränderungen, die von Studierenden ausgegangen sind, betreffen Equity und Non-Discrimination-Work, Gleichstellung und Nicht-Diskriminierungs-Arbeit – für mich zentrale Themen in der Weiterentwicklung der radikalen Universität und in der Erstellung von neuen Studiengängen.

Vielen Dank, und ich hoffe, wir können gemeinsam Bildung verändern.

2

Die Angewandte und Gerald Bast 2000–2023

Gerald Bast: Vier Reden

Über Kunst und Wissenschaft, Derivate und Nischen, eine kostbare Pflanze und einen Traum von der Wiedergeburt

Gerald Bast

Vortrag beim Europäischen Forum Alpbach 2010

Manche haben ja daran gezweifelt, ob ein Alpbacher Universitätenforum über Kunstuniversitäten überhaupt auf genügend Interesse stoßen würde. Wie man sieht, waren die Zweifel unbegründet. Ja, so ist das mit der Kunst – völlig unberechenbar!

In diesem Sinne lassen Sie mich mit meinen Ausführungen beginnen. Sie werden etwas über Kunst und Wissenschaften hören, über Derivate, Brücken und Nischen, über eine kostbare Pflanze und über den Traum von einer Wiedergeburt. Und das in 15 Minuten.

Zum Anfang ein Zitat: »Bei einer wissenschaftlichen Theorie weiß man, noch ehe sie bewiesen ist, dass sie richtig ist, weil sie ästhetisch befriedigend ist. Nicht weil sie logisch in sich stimmig ist, sondern einfach, weil sie sich ›richtig anfühlt‹.« Das sind nicht die Worte irgendeines obskuren Esoterikers. Nein, Professor Wolf Singer, Direktor am Max-Planck-Institut für Hirnforschung, hat das geschrieben. Er behauptet, bei der wissenschaftlichen Theoriebildung benutze man Kriterien, die weit über das hinausgehen, was man logisches Schließen nennt. Kreativität ist für Singer in der Wissenschaft ebenso wie in den Künsten »die Fähigkeit, etwas zusammen zu sehen, was bisher noch nicht zusammen gesehen worden ist, Bezüge herzustellen, die nicht beliebig sind«. Der Hirnforscher ist der Überzeugung, »dass mit allem, was sich nicht-rationaler Sprachen bedient – die bildende

Kunst, die Musik, der Tanz – ein Wissen transportiert wird, das über die rationale Sprache nicht transportiert werden kann […] Aber hierzu müssen die Kunst-Sprachen erlernt werden.«[1]

1 Wolf Singer, Ein neues Menschenbild? Gespräche über Hirnforschung, Berlin 2020, S. 103ff.

Warum erzähle ich Ihnen das? Weil die Kunstuniversitäten die letzten Bastionen in diesem Land sind, die diese Sprachen der Kunst noch ernsthaft vermitteln. An den Primar- und Sekundarschulen führt die Kunst – wenn überhaupt – ein kümmerliches Dasein, systematisch zurückgedrängt zugunsten »nützlicher«, »verwertbarer« Fächer.

Und was erleben wir jetzt in hochschulpolitischen Diskussionen? Gespart muss werden, so heißt es. Außer vielleicht bei den MINT-Fächern. »MINT oder Masse« lauten die schrillen Alternativen, die man den Jugendlichen derzeit anpreist. So treibt man den Keil weiter hinein in unser Bildungssystem und in unsere Gesellschaft, die noch immer geprägt sind vom Geist der industriellen Revolution, deren Motoren Fragmentierung, Spezialisierung und Rationalisierung waren.

Aber nicht Spaltkeile wären jetzt gefragt für unser Bildungssystem, sondern Brücken, intellektuelle und emotionale Brücken. Brücken, die künstlerisches Gestaltungswissen und Kreativität als unverzichtbare Grundpfeiler gesellschaftlicher und wirtschaftlicher Entwicklung erkennen und nicht bloß als nette Luxus-Attitüde einer kleinen Elite. Brücken, die Kunst, Wissenschaft, Wirtschaft und Gesellschaft synergetisch miteinander vernetzen. – Aber in der Realität werden Brücken auf Euro-Scheine gedruckt. Was für ein Symbol!

Das gesellschaftliche und politische Wertesystem befindet sich am Beginn des 21. Jahrhunderts unübersehbar am Höhepunkt einer dramatischen Wandlung: Anstelle der Bedürfnisse von Individuen oder der Interessen bestimmter Bevölkerungsschichten steht ein scheinbar anonymer, ja radikal entpersonalisierter »Shareholder Value« im Zentrum der wirtschaftlichen und politischen Prozesse. Der primäre Fokus gesellschaftlicher Entwicklung liegt nicht mehr auf der Frage der persönlichen Entwicklungsmöglichkeit von *Menschen* – ganz egal, ob es sich um Unternehmer oder Lohnabhängige handelt –, sondern das primäre Interesse gilt der Entwicklung von (fiktiven) Kapitalwerten. Menschliches Wohlergehen ist bloß noch ein Derivat des »Shareholder Value«, etwas, das sich daraus als Folgewirkung ergibt – wenn es sich ergibt. Die tollkühnen Konstrukteure der abenteuerlichsten Finanzderivate haben das gesellschaftliche Steuerrad übernommen, so scheint es. Den von ihnen geschaffenen selbstreferenziellen Systemzwängen stehen Politiker∗innen ebenso hilflos gegenüber wie Unternehmer∗innen. Ich bin sicher, dass derzeit im Gefolge der Naturkatastrophen in Russland, China und Pakistan auf den internationalen Börsen schon wieder eifrig auf das Ausbrechen weltweiter Hungersnöte gewettet wird – mit hohen Gewinnchancen.

Was hat das alles mit Kunst, mit Wissenschaft und mit universitärer Bildung zu tun, werden Sie vielleicht fragen.

»Die Universitäten sind berufen, verantwortlich zur Lösung der Probleme des Menschen und zur gedeihlichen Entwicklung der Gesellschaft und der natürlichen Umwelt beizutragen.« Ein schöner Satz. Nachzulesen im Zielparagrafen des geltenden Universitätsgesetzes. Wie oft haben wir schon gehört oder selbst gesagt: Die Welt, in der wir leben, wird immer komplexer. Aber was ist das Problem daran? Nicht so sehr, dass immer mehr Erkenntnisse produziert werden, immer mehr künstlerisches und wissenschaftliches Wissen sich vor uns auftürmt. Das, was immer häufiger Unbehagen und Unsicherheit verursacht, ist die Tatsache, dass wir vor einem System multipler Wirkungszusammenhänge stehen, einem System, das in rasender Geschwindigkeit wächst und sich als immer vielfältiger und verzweigter darstellt.

»We cannot NOT change the world!«, heißt es auf der Social Design Website. Jedes Handeln und Unterlassen hat in diesem System Wirkungskraft. Es ist unmöglich, an der Veränderung der Welt NICHT teilzuhaben. Ganz besonders für Menschen mit universitärer Bildung. Wissen ist Macht. Der Satz gilt noch immer. Doch die Universitäten tragen *dieser* Art von Komplexität in ihrer Arbeitsweise, ihren Strukturen und in ihren Inhalten viel zu wenig Rechnung.

Die Geschichte der Wissenschaften ist in zunehmendem Ausmaß zu einer Geschichte der Spezialisierung, der Abtrennung und Abgrenzung geworden. Subdisziplinäre Nischenbildung war und ist das aktuelle Erfolgsmodell für wissenschaftliche Anerkennung und Karriere. Akademisches Cocooning. Jeder ist sich selbst genug.

Disziplinenübergreifendes wissenschaftliches oder gar wissenschaftlich-künstlerisches Zusammenarbeiten ist die große Ausnahme an den Universitäten – in der Forschung und noch viel mehr in der Lehre.

Das Studium besteht heute in weiten Teilen aus dem konsekutiven Ablegen einer Unzahl von kleinen und kleinsten Prüfungsteilen über spezialisierte Lehrveranstaltungsinhalte aus dem wissenschaftlichen Nischengarten. Als Kommunikationsmethode wird dabei der Multiple-Choice-Test immer mehr zum Standard. Für das Herstellen von Beziehungen zwischen verschiedenen Wissensfeldern fehlen Zeit und andere Ressourcen.

In den Künsten sind die eben beschriebenen Tendenzen noch nicht so exzessiv vorangetrieben. Im Gegenteil: Die Künste und deren Studium waren und sind über weite Bereiche noch eine Antithese zu Fragmentierung und Spezialisierung. Aber eben auch hauptsächlich *innerhalb* der Grenzen der Künste.

Die Entwicklung der Künste ist hingegen exzessiv ausgelagert in den außeruniversitären Bereich: Der Kunstmarkt steuert die Richtung der ästhetischen Innovation, und nur er verleiht Wert und Reputation. Die Situation der Künste umgelegt auf die Wissenschaften würde bedeuten, dass nur die chemische Industrie entscheidet, was gute und wichtige neue Forschungsansätze in der Chemie sind, oder dass die Zahl der im Buchhandel verkauften wissenschaftlichen Arbeiten in den Geistes-, Sozial- und Wirtschaftswissenschaften den wissenschaftlichen Wert dieser Arbeiten definiert. So etwas wie eine Scientific Community mit wissenschaftlicher Definitionsmacht gibt es im Bereich der Künste nicht.

Rühmliche Ausnahme ist das kleine, aber kostbare Pflänzchen des österreichischen FWF-Programms zur Entwicklung und Erschließung der Künste (PEEK). Die Hoffnung ist groß, dass dieses Pflänzchen sich zu einem großen Baum der künstlerischen Erkenntnis auswächst.

Der letzte Bericht des European Research Area Board steht unter der Überschrift: *Preparing Europe for a New Renaissance*. Und der EU-Wissenschaftskommissar weist im Vorwort zu diesem Bericht auf den Ansatz des ganzheitlichen Denkens hin, das in der Renaissance den Wissenschaftlern und Künstlern eigen war.[2] Nein, meine Damen und Herren, das ist ganz und gar kein Zeichen von Romantizismus. Das zeugt vielmehr von klarem Realitätssinn.

Lassen Sie mich diese doch sehr grundsätzlichen Erwägungen mit zwei konkreten Vorschlägen abschließen:

2 Preparing Europe for a New Renaissance. A Strategic View of the European Research Area. First Report of the European Research Area Board, 2009, doi: 10.2777/2217, S. 2.

1. Die Europäische Union – das wird immer klarer – braucht eine Alternative zum Verharren im Status einer bloßen Wirtschafts-, Währungs- und Agrarunion. Die Zukunft der Europäischen Union liegt in der Fokussierung auf Kreativität und Innovation. Das müssen die identitätsstiftenden Werte der europäischen Zukunft sein. Die Sprachen der Kunst, ihre Entwicklung und Vernetzung mit anderen Sprachen sind dafür unentbehrlich.

Das 8. EU-Forschungs-Rahmenprogramm ist gerade in der Planungsphase. Wenn die EU ihre eigenen Schlagworte wie Kreativität, Innovation und ganzheitliches Denken ernstnehmen will – und Glaubwürdigkeit ist ein Grundproblem der EU –, so bedeutet dies, dass künstlerische und künstlerisch-wissenschaftliche Grundlagenforschung Teil des 8. Rahmenprogramms werden müssen. Das Vorbild dafür gibt es in Österreich. Und viele EU-Staaten beneiden uns darum. Jetzt, Frau Bundesministerin, müssen Sie Ihre Kolleg*innen im EU-Ministerrat nur noch davon überzeugen, das Modell des FWF-Programms zur Entwicklung und Erschließung der Künste auf EU-Ebene abzubilden.

2. Auf Österreich bezogen: Es ist richtig, die Sinnhaftigkeit von Zehntausenden, noch dazu absolut inferior ausgestatteten Studienplätzen in Publizistik, Psychologie, Betriebswirtschaftslehre, Architektur und dergleichen »Massenstudien« anzuzweifeln. Aber es ist ebenso zweifelhaft, ob die Lösung darin bestehen kann, lediglich die Zahl der Studienplätze auf dem Niveau der letzten Jahre einzufrieren. Dadurch kann man Studierwillige nur entweder ganz von den Universitäten abhalten oder in verwandte Studienrichtungen abdrängen. Beides scheint wenig erstrebenswert.

Richtig ist auch, dass man das Studienwahlverhalten bildungspolitisch klug und effizient steuern muss. Aber ist es realistisch, zu erwarten, dass die Interessen von Leuten, die eigentlich Publizistik, Psychologie, Architektur oder BWL studieren wollen, bloß durch mehr Studieninformation mehrheitlich auf Technische Physik oder Biochemie umgepolt werden könnten? Da müsste man wohl früher, in der Schule ansetzen. Und: Wäre die Umleitung von Studentenströmen auf vorhandenen Bildungswegen wirklich eine zukunftsträchtige Lösung?

Im Sinne meines Appells zum Brückenbauen finde ich, man sollte diesen jungen Menschen neben

Zugangsbeschränkungen zu bestimmten Studien auch bildungspolitisch, gesellschaftspolitisch und wirtschaftspolitisch sinnvolle und attraktive Alternativen anbieten!

Also: Lassen Sie uns doch in einem Pilotmodell versuchen, ein neuartiges, interdisziplinäres wissenschaftlich-künstlerisches Grundlagenstudium auf die Beine zu stellen. Unter Beteiligung mehrerer Universitäten.

Ein Studium, in dem der Erwerb von Schlüsselkompetenzen im Vordergrund steht, Kompetenzen, die auch von der Wirtschaft stets eingefordert werden: Analysefähigkeit, die Fähigkeit, in Zusammenhängen zu denken und zu handeln, Kreativität, Reflexionskompetenz und Kommunikationskompetenz.

Ein projektzentriertes Studium mit alternativen Lehr- und Lernformen, das nicht geprägt ist von traditionellen Lehrveranstaltungen im Wochenstundentakt, sondern vom Wechselspiel zwischen Vorträgen und Workshops, Selbststudium, regelmäßigen Projektpräsentationen, studentischen Tutorials und Feedbacks unter systematischer Einbeziehung von Expert∗innen aus unterschiedlichen Disziplinen und Berufsfeldern.

Ein interdisziplinäres Bachelorstudium, das Brücken schlägt zwischen den Bereichen Kunst und Kultur, Wirtschaft und Gesellschaft sowie Naturwissenschaften und Technik.

Im Vergleich zu den oft genannten traditionellen »Massenstudien«, die in vielen Fällen unter falschen oder mit gar keinen konkreten Vorstellungen gewählt werden, könnte so ein innovatives Studienprogramm vielen Studierenden ein sinnvolleres Studium bieten und vielen Absolvent∗innen eine bessere Basis für weitere Bildungs- und/oder Berufswege.

Freilich wird das nicht ohne Investitionen gehen. Aber Investitionen, Frau Bundesministerin, sind in jedem Fall erforderlich. Und es ist keine Frage, was sinnvoller ist: den Status quo der österreichischen Studienlandschaft flächendeckend auf internationale Standards in der Ausstattung zu bringen oder neue bildungspolitische Ansätze zu wagen. Letzteres würde mit hoher Wahrscheinlichkeit zu mehr Universitäts-Absolventinnen mit mehr gesellschaftlicher und wirtschaftlicher Wirkungskraft führen.

Theodor W. Adorno hat einst gemeint: Die Kunst ist die Statthalterin der Utopie. Er gibt mir bei dieser, von den Kunstunis geprägten Veranstaltung den Mut und die Legitimation, solche Vorschläge überhaupt zu machen. Wissend, dass der Weg zum Fortschritt über Utopia führt.

Können Künstler*innen Forscher*innen sein? Eine notwendige Abhandlung über das Selbstverständliche

Gerald Bast

Vortrag bei der Tagung des Österreichischen Wissenschaftsrates zum Thema »Forschung – Idee und Wirklichkeit« im November 2015 (gekürzt)

Forschung = Wissenschaft?

Können Künstler*innen Forscher*innen sein? Diese Frage beschäftigt mittlerweile seit mehr als einem Jahrzehnt mit wachsender Intensität Expertinnen und Experten.

Künstlerische Forschung oder – als eine von vielen in Gebrauch stehenden englischen Termini – arts-based research ist eines der großen Themen an den internationalen Kunstuniversitäten und -akademien. Interessanterweise sind es in der Mehrzahl noch Kunstwissenschaftler und Kunstwissenschaftlerinnen, die von Symposium zu Symposium reisen und über künstlerische Forschung unter dieser und noch vielen weiteren, mehr oder weniger synonymen Begriffskonstruktionen publizieren. »When I take part in various international research conferences, I discover that what is going on under the heading of 'artistic research' is primarily the application of 'scientific' perspectives to artistic works. This research takes place from without rather than from within«,[1] beschreibt die Künstlerin Efva Lilja, Vice-Chancellor der University of Dance and Circus in Stockholm, Schweden, ihre Erfahrungen im internationalen akademischen Konferenzkarussell. Die Tatsache, dass sich Künstlerinnen und Künstler zu diesem Themenkomplex noch in relativ geringer Zahl öffentlich äußern (ob und dass sie Forschung einfach praktizieren, ist eine andere Sache), ist wohl mehr als bezeichnend dafür, wer in der Debatte über

1 Efva Lilja, Words on Artistic Research, http://www.efvalilja.se/pdf/WordsOnArtisticResearch.pdf.

künstlerischen Fortschritt das Sagen hat, und sie ist nicht zuletzt ein Beleg für das Fehlen einer Artistic Community, die als Pendant zur Scientific Community mit der autonomen Vernetzung und Bewertung ihrer Produktion auch Entwicklungsmacht in ihrem eigenen Sektor ausüben könnte.

Es gab Zeiten, in denen die Wissenschaften als Teil des Kosmos der Künste gesehen wurden und das Ringen um wissenschaftlichen Erkenntnisfortschritt als künstlerische Tätigkeit. Heute haben wir es mit dem umgekehrten Phänomen zu tun: Die Wissenschaften haben den Begriff der Forschung für ihren Bereich monopolisiert. Forschung im Zusammenhang mit den Künsten wird in der Regel noch immer als wissenschaftliche (!) Forschung über Kunst oder bestenfalls als wissenschaftliche Forschung mit künstlerischer Illustration gesehen. Zum Teil führte diese Entwicklung sogar dazu, dass gewissermaßen in einem Verzweiflungsreflex versucht wurde, die Kunst selbst als eine Art Wissenschaft zu stilisieren, wohl um der Kunst die Aura des Bedeutungsvollen zu geben, die sie offenbar zwischenzeitig verloren hatte.

Wissenschaft versus Kunst

In der bisweilen heftig geführten Diskussion, ob »künstlerische Forschung« überhaupt eine zulässige Begriffskombination sei, wird häufig angeführt, dass wissenschaftliche Forschung durch Objektivität, Rationalität und Systematik gekennzeichnet sei, während die Kunst durch Subjektivität, Emotionalität und Intuition charakterisiert werde, weshalb die Begriffe »Kunst« und »Forschung« einander ausschließen würden. Dass sich in dieser Schlussfolgerung eine logische Lücke auftut, wird dabei geflissentlich übersehen. Hier zeigt sich wieder einmal, dass lange tradierte semantische Konnotationen eine besonders hohe Reflexionsresistenz haben. Angesichts der in der Wissenschaftsgeschichte dokumentierten Rolle von Intuition in bahnbrechenden Forschungsleistungen und im Lichte der spätestens mit der Quantenphysik belegten Unschärfe der tradierten Begriffsinhalte von Objektivität und Wirklichkeit verschwimmt auf dieser Ebene eine Grenze zwischen Wissenschaft und Kunst.

Robert Pfaller beschreibt und analysiert die mehrschichtigen Missverständnisse im Verhältnis zwischen Wissenschaft und Kunst anschaulich: »Die Kunst leistet oft schon in dem, was sie tut, künstlerische Forschung – und nicht erst in dem, was sie darüber sagt oder schreibt. […] Kunst ist nicht nur ein geduldiger Gegenstand von Wissenschaften, der wie ein Patient mit entblößtem Oberkörper darauf wartet, untersucht, angesehen, abgeklopft und abgehört zu werden. Sie braucht daher auch nicht zu ihrem eigenen Arzt zu werden und über sich selbst Diagnosen zu stellen beginnen. Vielmehr muss die Kunst als eine Verbündete der Wissenschaften angesehen werden. Sie nimmt auf derselben Seite an derselben Arbeit und am selben Kampf teil.«[2]

Oswald Oberhuber näherte sich dieser Thematik von einer anderen – künstlerischen – Seite: Für ihn ging es in der Kunst, anders als in den Wissenschaften und in der Technik, nicht um Entwicklung, die immer auch eine Verbesserung darstellt: »Die Kunst ist anders, sie verbessert nichts, ein Bild wird nicht um das Dreifache besser als ein voriges Bild, das ist der wesentliche Unterschied.«[3] »Permanente Veränderung«[4] ist für Oberhuber eines der signifikanten Merkmale von Kunst. In den Wissenschaften bringen Veränderung und Erneuerung immer auch entweder Widerlegung und Ablösung bestehenden Wissens oder zumindest die Erweiterung und Ergänzung von Wissen, also das Ausfüllen von Wissenslücken. Der Unterschied zwischen Wissenschaft und Kunst besteht auch darin, dass ästhetische Neuerungen das Vorherige nicht ungültig machen. Die Erkenntnisse von Kopernikus haben jene von Ptolemäus widerlegt und damit ungültig gemacht. Picasso hat van Gogh weder widerlegt noch in seiner Bedeutung geschmälert. In der Kunst ist also Veränderung immer auch Erweiterung, während Erneuerung in der Wissenschaft sowohl Ergänzung als auch das Ersetzen des State of the art darstellt.

Die wirklich relevante Frage, ob es sich bei einem wissenschaftlichen bzw. künstlerischen Erkenntnisgewinnungsprozess um Forschung handelt oder nicht, liegt darin, ob der Prozess zur Erlangung neuen wissenschaftlichen oder künstlerischen Wissens dokumentiert und damit nachvollziehbar ist. Gemeinsam ist der wissenschaftlichen und der künstlerischen Forschung auch, dass bei beiden der Forschungsprozess vom State of the art ausgeht, diesen bewusst an den Anfang stellt, als Ausgangspunkt nicht nur voraussetzt, sondern auch als solchen offen ausschildert, zitiert. In den Wissenschaften ist das im Allgemeinen selbstverständliche Tradition

2 Robert Pfaller, Erfrischungen ohne Ablage. Wie die Kunst manchmal der Wissenschaft auf die Sprünge hilft, in: Gerald Bast/Brigitte Felderer (Hg.), Art and Now, Wien/NewYork 2010, S. 46f.

3 Oswald Oberhuber, Wie Kunst entsteht, Wien 2009, S. 14.

4 Ebd., S. 281ff.

und »good scientific practise«, während sich der künstlerische Forschungsprozess mit diesem Ansatz erst mehr oder weniger mühsam von einer dem künstlerischen Geniebegriff verpflichteten Tradition lösen muss, die Neues kraft des eigenen Genies aus sich selbst heraus entstehen ließ. Florian Dombois weist im Lichte der unterschiedlichen Traditionen von Wissenschaft und Kunst zu Recht auf diese, für den Forschungsanspruch zentrale und unverzichtbare Prämisse hin: »In der Forschung entsteht nichts aus dem Nichts. Die Forscherin, der Forscher ist kein Naturereignis, das aus sich selbst schöpft, damit sich durch sie, ihn die Natur formuliere. Genierhetorik macht unter Forschenden keinen Sinn. Das Recht zur Forschung erwirbt man sich durch eigene Fertigkeiten und die Kenntnis des Vorangegangenen. Jedes Bild, jeder Satz, jeder Klang steht in Bezug zu den früheren. Forschung ist eingebettet in einen historischen und gesellschaftlichen Kontext.«[5]

5 Florian Dombois, Kunst als Forschung, in: Bast/Felderer (Hg.), Art and Now, S. 85.

PEEK – ein Paradigmenbruch

Mit dem 2009 in Österreich auf Initiative der Kunstuniversitäten und nach langen und beharrlichen Diskussionen installierten Programm zur Förderung und Entwicklung der Künste (PEEK) wurde ein kulturpolitisch paradigmatischer Perspektivenwechsel in der Sichtweise und der Behandlung künstlerischer Forschung erreicht. Das Programmdokument des organisatorisch beim österreichischen Wissenschaftsfonds FWF (!) angesiedelten Instruments zur Stimulierung ästhetischer Innovation greift die wesentlichen Konflikt- und Problemzonen des Diskurses über künstlerische Forschung auf und kommt zu definitorischen Feststellungen von bemerkenswerter Klarheit und Prägnanz. »Jede künstlerische Produktion basiert auf der Arbeit und der Kreativität von KünstlerInnen, die mit künstlerischen Methoden bzw. Fertigkeiten zu kunstspezifischen Ausdrucksformen gelangen. Mit dem Programm zur Entwicklung und Erschließung der Künste (PEEK) geht es um die Förderung jenes Prozesses, bei dem künstlerische Wissensproduktion von Reflexion begleitet wird und so zu einem Erkenntnisgewinn in der Gesellschaft führt. [...] Der kreative Prozess und dessen Rezeption müssen jedoch intersubjektiv reflektiert, dokumentiert und präsentiert werden, um im Sinne der Arts-based Research nachhaltig dem künstlerischen Diskurs und der wissenschaftlichen Forschung zur Verfügung zu stehen.«[6]

6 Programm zur Entwicklung und Erschließung der Künste (PEEK), Programmdokument FWF 2009, S. 3, http://www.fwf.ac.at/de/projects/ar_PEEK_Dokument.pdf.

Oft wird behauptet, das Wesentliche an der künstlerischen Forschung sei der Prozess, um damit eine Abgrenzung von der nicht-forschenden künstlerischen Produktion zu konstruieren. Aber genauso wenig, wie man wissenschaftliche Forschung auf den Forschungsprozess reduzieren kann, ist es möglich, künstlerische Forschung vor einem allfälligen Ergebnis dieses Forschungsprozesses enden zu lassen. Gleichwohl steht natürlich auch im Bereich der künstlerischen Forschung außer Frage, dass nicht jeder Forschungsprozess zu einem positiven Forschungsergebnis, das heißt zu einer tatsächlichen neuen ästhetischen Erkenntnis, zu einem künstlerischen Kenntniszuwachs oder gar zu einem Artefakt führen muss.

Warum künstlerische Forschung?

Warum ist es eigentlich so wichtig, ob es künstlerische Forschung gibt oder nicht, ob es sie geben kann und darf? Warum taucht gerade jetzt diese Frage auf? Ausschlaggebend dafür ist der Umstand, dass Kunstuniversitäten, -hochschulen und -akademien (wie immer sie auch heißen oder in ihrer Geschichte geheißen haben mögen) immer schmerzhafter erkennen müssen, dass sie – im Gegensatz zu den wissenschaftlichen Universitäten – als Institutionen so gut wie keinen genuinen Anteil an der ästhetischen Entwicklung haben. Die Entwicklung und Erschließung der Künste ist zwar seit langer Zeit in den österreichischen Hochschulgesetzen und im Dienstrecht der Hochschullehrer∗innen verankert, im tatsächlichen Leben an den Kunstuniversitäten hat die Entwicklung der Künste, also das Pendant zur Entwicklung der Wissenschaften, – wenn überhaupt – nur eine marginale Bedeutung.

Die Entwicklung der Künste ist exzessiv ausgelagert in den außeruniversitären oder vielmehr in den privaten Bereich des Künstlers bzw. der Künstlerin, wobei der Begriff »ausgelagert« durchaus infrage gestellt werden kann, wenn man die Geschichte der Kunstakademien, Kunsthochschulen und Kunstuniversitäten in ihrem institutionellen Verhältnis zu ästhetischer Innovation betrachtet. Jetzt ist es jedenfalls schon seit einiger Zeit der Kunstmarkt, der die Richtung der ästhetischen Innovation steuert, und nur er verleiht Wert und Reputation. So etwas wie eine Scientific Community, die zumindest in der wissenschaftlichen Grundlagenforschung die Qualität beurteilt und damit den wissenschaftlichen Fortschritt steuert, so etwas gibt es im Bereich der Künste nicht.

Dass die Kunstuniversitäten seit einigen Jahren aktiv daran arbeiten, zumindest einen Teil der Definitionsmacht über künstlerischen Fortschritt zu erlangen, ist nicht nur eine Frage der institutionellen Eitelkeit und Machtgelüste, sondern eine Frage des institutionellen Selbstverständnisses im Konzert der akademischen Institutionen und eine Frage der Wertigkeit von Kunst und Kunstuniversitäten im gesellschaftlichen System. Kunstuniversitäten, die als reine Lehranstalten fungieren, die lediglich die Personalressourcen an einen Sektor liefern, von dem dann (im Gegensatz zu den künstlerischen Lehranstalten) tatsächlich wichtige Kunst produziert wird und künstlerischer Fortschritt, künstlerisches Wissen generiert wird, leiden insbesondere in unserer wettbewerbsorientierten Wahrnehmung an einem Defizit an gesellschaftlicher Anerkennung und Wertigkeit. Das ist nicht allein ein psychologisches Problem, sondern in Zeiten ökonomischer Spannungen wird dies in zunehmendem Ausmaß auch zu einer latenten existenziellen Gefahr für die Kunstuniversitäten. Die dahinter liegende, noch wesentlich größere Gefahr entsteht aber für die Kunst selbst und für die sozialen Systeme, in denen Kunst stattfindet: Wenn die Definitionsmacht für Fortschritt beim Kunstmarkt und quotengeleiteten Museen und Kunsthäusern liegt, dann kann und wird das nicht ohne inhaltliche Konsequenzen bleiben. Man bedenke nur, in welchem Zustand die Wissenschaften heute wären, gäbe es keine im Wesentlichen interessenunabhängige, staatlich finanzierte und von der Scientific Community gesteuerte Grundlagenforschung, sondern nur mehr industriefinanzierte, anwendungsorientierte Forschung. Bei der Implementierung künstlerischer Forschung – oder arts-based research – in das Tätigkeitsspektrum von Kunstuniversitäten geht es also um nicht weniger als um die Zukunft der Kunst und um deren künftige Positionierung in der Gesellschaft.

Kunst als Antithese zu Spezialisierung und Fragmentierung?

Wie das Beispiel der wissenschaftlichen Forschung und der forschungsgeleiteten wissenschaftlichen Lehre zeigt, kann es aber auch nicht unproblematische Konsequenzen haben, wenn die Entwicklung des Erkenntnisfortschrittes allzu bedingungslos Systemen (wie Universitäten oder die Scientific Community) überantwortet wird, die ganz wesentlich auf persönlicher Konkurrenz aufbauen: Die Geschichte der Wissenschaften ist in zunehmendem Ausmaß zu einer Geschichte der Spezialisierung, der Abtrennung und Abgrenzung geworden. Disziplinenübergreifendes wissenschaftliches oder gar wissenschaftlich-künstlerisches Arbeiten und Zusammenarbeiten ist die große Ausnahme an den Universitäten – sowohl in der Forschung als auch in der Lehre.

Seit einigen Jahren bemerken wir allerdings ein wieder erwachendes Interesse an einer Annäherung zwischen Wissenschaft und Kunst. Das Interesse der Kollaboration und/oder Annäherung zwischen Wissenschaft und Kunst scheint heute mehr denn je ein wechselseitiges zu sein. Bekannt ist die starke Fokussierung von Künstlern auf die Wissenschaften in den 20er und 30er Jahren des 20. Jahrhunderts, was entscheidende Bedeutung für die Herausbildung der Moderne in Architektur, Design und bildender Kunst hatte. Eine zweite Welle in den 60er Jahren des 20. Jahrhunderts hatte ursächlichen Einfluss auf die Entwicklung der elektronischen Musik, der Videokunst und der Interactive Art.

Das heute feststellbare zunehmende Interesse der Wissenschaft an künstlerischen Produktionsprozessen und künstlerischen Methoden hat mehrere Gründe. Einerseits stellen neue Erkenntnisse in der Physik (experimentelle Quantenphysik), in den Biowissenschaften (insbesondere Genetik) und in der Hirnforschung das Dogma der streng deduktiv-analytischen Forschungsmethodologie teilweise infrage und zeigen durchaus Parallelen zwischen wissenschaftlichen und künstlerischen Entwicklungsprozessen auf. Andererseits wird gerade in diesen heute innovativsten Wissenschaftszweigen immer deutlicher, dass oft bildgebende Verfahren eine notwendige Voraussetzung für das Weiterführen wissenschaftlicher Forschungsstrategien sind. Die Visualisierung wird die Basis für das Weiterarbeiten auf neuen Theorieebenen. Umgekehrt hat sich die Kunst zu jeder Zeit neuer Technologien bemächtigt, um sie als jeweils »neue Medien« für künstlerische Arbeiten zu nutzen.

Die heute noch immer als »Neue Medien« titulierten bildgebenden Verfahren in Form von Fotografie, Video und digitaler Computertechnik sind mittlerweile Jahrzehnte alte Technologien, die der Kunst neue

Möglichkeiten eröffneten. Die heute aktuellen bzw. gerade neu entstehenden technologischen Verfahren eröffnen in »unsichtbaren« Bereichen der Mikro- und Nanowelten neue Dimensionen für wissenschaftliche Forschung. Aktuelle Phänomene wie »Urban Art« zeigen noch weitgehend ungenutzte Potenziale für synergetische Interaktionen zwischen Kunst, Sozialwissenschaften und Urbanismusforschung auf. In diesem Sinne ist es mehr als logisch, wenn das österreichische Programm zur Entwicklung und Erschließung der Künste (PEEK) die interdisziplinäre Vernetzung zwischen Wissenschaft und Kunst als wesentliches Element von künstlerischer Forschung erwähnt: »PEEK steht für die Förderung von Arts-based Research, wobei die künstlerische Recherche und die kreative Auseinandersetzung mit Themen und Fragestellungen im Hinblick auf die Entwicklung und Rezeption neuer Kunstformen, künstlerischer Ausdrucksweisen und Methoden, die sich meist in enger Verbindung mit wissenschaftlicher Forschung oder deren Anwendungen vollzieht, zentral sind. PEEK meint weiters die reflektierte Interpretation von Kunstwerken und schließt damit Maßnahmen zum Kompetenzaufbau sowie zur Entwicklung neuer Strategien der Veröffentlichung künstlerischer Produkte ein.«[7]

7 Ebd.

Forschungsvermessung, Scientifizierung und Akademisierung

Auffallend ist, dass im deutschsprachigen Raum die Zuordnung des Begriffs Forschung zu den Wissenschaften noch wesentlich ausgeprägter ausfällt als im englischsprachigen Raum die Zuordnung des Begriffs research. Das mag damit zusammenhängen, dass die Debatte um künstlerische Forschung bzw. artistic research im englischsprachigen und auch im nordischen Europa etwas früher begonnen wurde als im Rest Europas – und zwar im Bereich der Kunstuniversitäten und Art Schools. Dass – ausgehend vom britischen Universitätssystem – die Forcierung von Aktivitäten im Bereich des artistic research im Zusammenhang mit dem Ausbau des formelbezogenen Finanzierungssystems der Universitäten stand, ist ein Aspekt, der durchaus nicht immer zur semantischen und inhaltlichen Eindeutigkeit des Begriffs artistic research beigetragen hat. Der Druck auf die Universitäten, rein quantitative Nachweise steigender Forschungsaktivitäten zu liefern, um die zur Aufrechterhaltung ihres Betriebes erforderlichen Budgetmittel zu erhalten, hat – vermutlich mehr noch als in der wissenschaftlichen Forschung – zur partiellen Relativierung der inhaltlichen Bestimmtheit des Forschungsbegriffs und der Qualität des Forschungs-Outputs beigetragen.

Die bewusste Verwendung des Begriffs Forschung im Bereich der Kunst ist aber nicht nur als Versuch der Absetzung von überkommenen »Genie-Künstler«-Rollenmodellen zu verstehen, sondern wohl manchmal auch als Zeichen dafür, wie stark der von einer zunehmenden Scientisierung, also Vernaturwissenschaftlichung der akademischen Debattenkultur ausgehende gesellschaftliche Druck auch auf den Bereich der Künste ist. Mit Begriffen wie »Labor«, »Inkubator« »Versuchsanordnung« oder »Experiment« wird offensichtlich auch in der Kunst versucht, den Gesetzen der »Ökonomie der Aufmerksamkeit«,[8] denen die wissenschaftliche und (auch wenn Franck diese nicht ausdrücklich erwähnt) künstlerische Welt unterliegt, besser gerecht zu werden.

8 Georg Franck, Ökonomie der Aufmerksamkeit. Ein Entwurf, Frankfurt am Main 2007.

Auch die international vielfach zu beobachtende, beinahe exklusive Zuordnung künstlerischer Forschung zum Sektor universitärer künstlerischer Doktoratsstudien (PhD in Practice, Doctor artium) scheint eher der Erfolg kunstfremder Einflussfaktoren zu sein. Einerseits unterliegen die Kunstakademien aus vielerlei Gründen seit Jahrzehnten einem zunehmenden Akademisierungsdruck, der mit dem – für künstlerische Studien nur bedingt gültigen – Argument formal vergleichbarer Studienabschlüsse eine Einreihung in die international normierte Hierarchie akademischer Bildungsinstitutionen (Bachelor – Master – Doktorat) fordert. Andererseits bedingt das Fehlen ausreichender finanzieller und organisatorischer Forschungsstrukturen für Künstlerinnen und Künstler innerhalb und außerhalb der Kunstuniversitäten und Kunstakademien einen logischen Zug zum künstlerischen Doktoratsstudium, wenn man in den Sektor der künstlerischen Forschung einsteigen will: Es fehlen an den Kunstuniversitäten ausreichende Personalstellen, Atelierplätze und sonstige Ressourcen analog zu den Laborplätzen für Forscherinnen und Forscher an technisch-naturwissenschaftlichen Fakultäten, und es fehlen ausreichende Forschungsförderungsinstrumentarien für künstlerische Forschungsprojekte analog zu den nationalen Wissenschaftsfonds – PEEK ist da ein ermutigender Anfang.

Und dennoch ist der Schluss nicht nachvollziehbar, dass die Beschäftigung mit künstlerischer Forschung an Kunstuniversitäten zwingend die Einrichtung künstlerischer Doktoratsstudien erfordere. Natürlich ist und muss künstlerische Forschung an Kunstuniversitäten auch ohne formale Akademisierung bzw. Verstudienrechtlichung möglich sein. Auch in den Wissenschaften gibt es Forschung nicht, weil es Doktoratsstudien gibt, sondern umgekehrt: Weil wissenschaftliche Forschung Teil des Aufgaben- und Tätigkeitsspektrums der Universitätslehrer*innen ist und finanzielle wie strukturelle Absicherung erfährt, gibt es wissenschaftliche Forschung an Universitäten nicht nur im Rahmen von Doktoratsstudien, sondern auch – meist noch bedeutender – außerhalb der Absolvierung eines Studiums im Rahmen der beruflichen Tätigkeit als Forscherin und Forscher. Das muss auch und gerade an Kunstuniversitäten möglich sein, wenn man in Betracht zieht, dass berufliche Mobilität von Künstlerinnen und Künstlern bei Weitem weniger von formalen Universitätsabschlüssen abhängt als beispielsweise im Bereich der Wirtschaftswissenschaften oder der Technik.

Künstlerische Forschung findet statt

So viel steht im Lichte der erkennbaren Erfordernisse und Entwicklungstendenzen des Systems Kunst fest: Künstlerische Forschung muss und wird schon in wenigen Jahren als zentraler Aufgabenbereich von Kunstuniversitäten völlig außer Diskussion stehen. Und schon jetzt gilt:

1. Künstlerische Forschung findet statt, ohne dass sie als solche gesondert ausgeschildert wird.

2. Strukturen zur systematischen Förderung von Projekten im Bereich der künstlerischen Forschung (wie das in dieser inhaltlichen Konsequenz einzigartige Programm PEEK, das vom – für die Kunstuniversitäten zuständigen – österreichischen Bundesministerium für Wissenschaft und Forschung beim FWF zur organisatorischen Umsetzung in Auftrag gegeben wurde) sind zur Stimulierung und Weiterentwicklung der Künste dringend notwendig, ja unverzichtbar.

3. Die inhaltliche Dominanz bei künstlerischen Forschungsprojekten muss bei Künstlerinnen und Künstlern liegen; Wissenschaftlerinnen und Wissenschaftler können beigezogen werden, wenn sich künstlerische Forschung im inter- bzw. transdisziplinären Sektor von

Art & Science abspielt – was für beide Bereiche höchst fruchtbringend wäre.

4. Die Durchführung künstlerischer Forschung ist nicht an Doktoratsstudienprogramme gebunden. Künstlerische Forschung kann sowohl als Teil eines Studiums im Rahmen von PhD-Programmen als auch unabhängig davon als selbständige Forschungsaktivität durchgeführt werden. Die organisatorische Anbindung an eine Kunstuniversität oder eventuell an ein außeruniversitäres künstlerisches Forschungsinstitut (was derzeit im Gegensatz zu den Wissenschaften, wenn überhaupt, nur in Ansätzen existiert) scheint aber im Hinblick auf die einem sinnvollen Forschungsprozess immanenten Kommunikations- und Distributionskomponenten zumindest so lange erforderlich, bis sich eine hinsichtlich Aktivität und Wirkungskraft der Scientific Community vergleichbare Artistic Community etabliert hat.

Die verblüffend einfach anmutende Antwort auf die Frage: Warum brauchen wir eine »Kunst als Forschung«?, gibt Florian Dombois: »Weil die Wissenschaft erfolgreich, aber nicht vollständig die Welt zur erklären vermag. Es braucht eine Alternative, die das von ihr Vernachlässigte wieder in den Blick rückt.«[9] Dass weder die Wissenschaft noch die Kunst die Welt je vollständig erklären werden können, ist beiden ebenso gemeinsam wie die irrational leidenschaftliche Weigerung, dies zu akzeptieren. Nur das Erlebnis des Scheiterns an diesem Bestreben war und ist vielleicht für manche Wissenschaftler∗innen, die der Illusion der Rationalität der Wahrheit erlegen sind, schwerer zu ertragen als für Künstler∗innen, die mit Theodor W. Adorno die Kunst selbstbewusst als »Magie, befreit von der Lüge, Wahrheit zu sein«,[10] sehen können.

9 Florian Dombois, Kunst als Forschung, in: Bast/Felderer, Art and Now, S. 86.

10 Theodor W. Adorno, Minima Moralia, Frankfurt am Main 1994, S. 298.

Der Homo sapiens und die soziale Intelligenz

Gerald Bast

Rede zur Akademischen Feier der Angewandten im Juli 2021

In seinem Buch *Sapiens. A Brief History of Humankind* beschreibt Juval Noah Harari, warum der Neandertaler vor 40.000 Jahren ausgestorben ist. Der Neandertaler lebte in Eurasien gleichzeitig mit dem Homo sapiens, in einer Zeit, in der sich die Lebensbedingungen für Mensch und Natur nachhaltig verändert haben. Ein dramatischer Klimawandel erschwerte die Nahrungsbeschaffung und die Sicherung von Lebensraum. Der Neandertaler war größer, stärker und körperlich robuster als der Homo sapiens. Warum ist der Neandertaler ausgestorben und nicht der Homo sapiens?

Hariri meint, dass der Hauptgrund für das Überleben des Homo sapiens in seiner besseren Fähigkeit zu Kooperation lag. Die Gefahren und Herausforderungen konnten besser oder überhaupt nur deshalb gemeistert werden, weil er gelernt hatte zusammenzuarbeiten.

Diese Geschichte ist mir in den letzten Monaten wieder eingefallen, als die Pandemie über uns hereinbrach und die Klimakrise im öffentlichen Bewusstsein zurückdrängte, obwohl der Klimawandel natürlich eine der Ursachen der Pandemie war.

Diese Geschichte von der Kraft der Kooperation ist mir wieder eingefallen, als ich – wie viele von euch – alleine am Bildschirm saß und mühsam versuchte, Kommunikation aufrechtzuerhalten. Uns allen wurde in dieser Zeit vor Augen geführt, dass der Homo sapiens ein soziales Wesen ist.

Sapiens wird üblicherweise mit weise, wissend übersetzt. Aber die Geschichte der Zivilisation lehrt uns, dass *sapiens* nicht nur etwas mit kognitivem Wissen zu tun hat, sondern mindestens so viel mit der Fähigkeit zu Kooperation im Denken und im Handeln. Mit sozialer Intelligenz. Diese Art von Intelligenz brauchen wir heute und in den nächsten Jahrzehnten dringender denn je. Diese Art von Intelligenz brauchen wir, um zu überleben in Zeiten rasch fortschreitender Transformationen in Technik, Wirtschaft und Gesellschaft.

Die Geschichte vom Aussterben der Neandertaler und von der existenziellen Notwendigkeit von Kooperation ist mir wieder eingefallen, als ich beim Hören und Lesen von Nachrichten über Schulen und Universitäten im Pandemiemodus den Eindruck bekam, das Wichtigste an der Schule und an der Universität wären die Prüfungen. Für die Abhaltung von Prüfungen durften Schüler*innen und Studierende manchmal sogar in die Schul- und Universitätsräume gehen. Weil man dort besser kontrollieren kann, ob sie eh nicht kooperieren – also schwindeln. An einigen Unis mussten sich die Studierenden bei der Abhaltung von Prüfungen mit drei Kameras aufnehmen, um unerlaubte Kooperation bei der Wiedergabe von kognitivem Wissen zu verhindern.

Nein. Das Wichtigste an der Universität sind nicht die Prüfungen, sondern das, was davor erlebt und gelebt wird. Die Universität sollte nicht zuletzt ein Raum zur Erprobung und Festigung von sozialer Intelligenz sein. Und im digitalen Raum ist das nur unter größten Abstrichen möglich. Das haben wir in den Zeiten der Pandemie schmerzhaft erlebt.

Diese Geschichte von der existenziellen Notwendigkeit der Bündelung von Stärken ist mir wieder eingefallen, als wir Anfang dieses Jahres im Rektorat entschieden haben, die Angewandte wieder für den physischen Betrieb aufzusperren – gegen alle Warnungen von außen, weil das rechtlich ganz schwierig, in der Umsetzung so gut wie unmöglich und überhaupt ein unsinniges Risiko sei, wo doch die Umstellung der Unis auf Online-Betrieb so gut funktioniert habe.

Wir waren aber davon überzeugt, dass das viel größere Risiko darin bestehe, den Lehr- und Forschungsbetrieb *nicht* wieder in die Räume der Uni zurückzuholen.

Wir alle haben gemerkt, dass Universität ganz stark von der Zusammenarbeit lebt. Dass Universität – dass alle Universitätsangehörigen – die physische Präsenz brauchen. Und deshalb wurde die Angewandte, als einzige Uni Österreichs, ab 1. März weitestgehend für den Präsenzbetrieb geöffnet.

Das war aber nur möglich mit Hilfe der Zusammenarbeit von allen Universitätsangehörigen. Kooperation.

Bündelung von unterschiedlichen Kompetenzen und Stärken. Dafür danke ich Ihnen und euch heute noch einmal.

Der Studienabschluss in dieser Form, die Studien- und Forschungsprojekte, die jetzt beim Angewandte Festival zu sehen sind, wären nicht möglich gewesen ohne die Öffnung der Universität – ohne die gemeinsamen Anstrengungen – und ja, es waren Anstrengungen, die die meisten Universitäten auch im Herbst noch nicht eingehen wollen.

Wir haben soziale Intelligenz bewiesen. Und das hat uns stark gemacht.

Die Zeit der Einzelkämpfer ist vorbei – die Verwendung der männlichen Form ist hier nicht zufällig. Angesichts der globalen Herausforderungen, die eine Zusammenarbeit über die Grenzen von Disziplinen, Institutionen und Nationen notwendig machen, angesichts der vielfältigen Problemfelder, die in ihrer Wirkungsmacht miteinander verbunden sind, ist es unverzichtbar, das zu erkennen und zu leben.

Sie, geschätzte Absolventinnen und Absolventen, können einen Beitrag dazu leisten. Das wird nicht immer leicht sein, weil es sowohl in der Wirtschaft als auch in der Wissenschaft und sogar in der Kultur noch immer Neandertaler gibt, die verzweifelt versuchen mit dem demonstrativen Gehabe des Einzelkämpfers die Zeit anzuhalten. Es wird ihnen nicht gelingen, weil die Fakten dagegen sprechen. Das Zeitalter der großen Transformationen wird zum Zeitalter der Kooperation werden. Werden müssen!

Lassen Sie sich nicht verführen von heroischen Erzählungen aus der Vergangenheit. Blicken Sie in die Zukunft. Setzen Sie Ihre Intelligenz ein. Die kreative, die kognitive und die soziale Intelligenz.

Alles Gute!

Das Babylon-Dilemma

Gerald Bast

Rede anlässlich der Eröffnung des ehemaligen PSK-Gebäudes von Otto Wagner als Haus der Wissenschaft und Kunst am 12. Oktober 2022

Der *Turmbau zu Babel* von Pieter Bruegel dem Älteren. Eines meiner Lieblingsgemälde, zu sehen im Kunsthistorischen Museum in Wien. Die Erzählung geht so: Nach der Sintflut wollten die Menschen all ihre Kenntnisse und Fertigkeiten in Wissenschaft, Technologie und Kunst einsetzen, damit in Zukunft eine derartige Naturkatastrophe nicht mehr zur tödlichen Gefahr für die Menschheit werden könne. Mit der ganzen Kraft des menschlichen Geistes wollte man den Naturgewalten entgegentreten. Ein Turm, der bis in den Himmel reicht, sollte den Menschen Schutz vor einer noch so großen Flut bieten. Die besten Expert∗innen aus vielen unterschiedlichen Disziplinen arbeiteten an dem Turmbau. Das Vorhaben scheiterte, weil sie nicht in der Lage oder nicht Willens waren, miteinander zu kommunizieren, sich abzustimmen.

Ob die Ursache für die fatale Kommunikationsunfähigkeit die Hybris der Menschheit gegenüber Gott war oder menschliche Ignoranz, also die Hybris des Individuums gegenüber der Gemeinschaft, sei jetzt einmal dahingestellt.

Heute steht die Menschheit einer Vielzahl von realen und existenziellen Herausforderungen gegenüber. Noch nie zuvor in der Geschichte war die menschliche Zivilisation derart dramatisch, mit so großer Geschwindigkeit und weltweit beinahe gleichzeitig so tiefgreifenden Veränderungen und Bedrohungen ausgesetzt.

— Die Klimakrise verursacht weltweit Wetterextreme und droht, die Regionen mit der höchsten Bevölkerungsdichte unbewohnbar zu machen – mit enormen Migrationsbewegungen als Folge.

— Alternde Gesellschaften werden zur Herausforderung für die Gesundheitssysteme, fordern ein Umdenken in Architektur, Mobilität, Kommunikation und Bildung.

— Radikale Technologien verändern das Leben der Menschen, das Wesen von Arbeit und Demokratie.

Die Vereinten Nationen haben 17 »Sustainable Development Goals« formuliert. Es geht um nicht weniger als um »goals to transform the world«. Ein gewaltiges Vorhaben. Vergleichbar dem Turmbau zu Babel.

Die meisten von uns kennen die Grafik zu den Sustainable Development Goals der United Nations: 17 Kästchen, von Armut bis Hunger, von Gesundheit bis Energie, von Arbeit bis Klimaschutz und Frieden. Jeweils ein Kästchen für jedes Ziel. Die Art, wie etwas dargestellt wird, verrät viel über die Art, wie man denkt. Mich erinnert diese Grafik an ein Lied von Malvina Reynolds und Pete Seeger. Es ist überzeichnend, vielschichtig, ambivalent, überraschend, provokant und erhellend:

Little boxes on the hillside,
Little boxes made of ticky tacky,
Little boxes, little boxes,
Little boxes all the same.
There's a green one and a pink one
And a blue one and a yellow one,
And they're all made out of ticky tacky
And they all look just the same.

And the people in the houses
All went to the university,
Where they all were put in boxes
Little boxes all the same,
And there's doctors and there's lawyers,
And business executives,
And they're all made out of ticky tacky
And they all look just the same.

Der International Science Council zeigt uns ein ganz anderes Bild von den Sustainable Development Goals: nicht isolierte Kästchen, sondern ein Netzwerk. Die Themen dieser 17 »goals to transform the world« hängen alle mehr oder weniger stark zusammen, können nicht isoliert verstanden, geschweige denn gelöst werden und haben Auswirkungen auf jeweils andere.

»Understand and frame current global challenges as intertwined natural and social problems, and therefore give prominent leadership roles to the social sciences, arts and humanities, without negating the important contributions from physical, natural, engineering, medical and other applied sciences«, schreibt der International Science Council in einem Bericht aus dem Jahr 2021.[1]

Der International Science Council ist übrigens nicht irgendein Verein von marginaler Bedeutung, sondern der Dachverband der weltweit wichtigsten Forschungseinrichtungen, wie zum Beispiel der Royal Swedish Academy of Sciences, der französischen Académie des sciences, der Deutschen Forschungsgemeinschaft, der British Royal Society, der US National Academy of Sciences und auch der Österreichischen Akademie der Wissenschaften. Es ist schon bemerkenswert, dass ausgerechnet von dieser prominenten Stelle in klaren Worten kritisiert wird, dass die Produktion und die Anwendung von Wissen von einem linearen und fragmentierten Verständnis der Realität dominiert werden. Durch die abgeschottete und fragmentierte Struktur sei die Wissenschaft nur begrenzt in der Lage, zu den transformativen, systemischen Veränderungen beizutragen, die im 21. Jahrhundert erforderlich sind.

Die Schule von Athen ist ein Schlüsselbild der Renaissance. Raffael idealisiert auf diesem Fresco die Einheit des Wissens, indem er nicht nur die wichtigsten Wissenschaftler wie Platon, Aristoteles, Sokrates, Pythagoras, Archimedes und Ptolemäus in einem gemeinsamen Raum des Wissens zeigt, sondern gleichrangig auch Künstler. Wie Leonardo da Vinci, Michelangelo – und sich selbst, Raffael.

Im Jahr 1941 schreibt der Physik-Nobelpreisträger Erwin Schrödinger im Vorwort zu seinem Buch *Was ist Leben?* Folgendes: »Wir haben von unseren Vorfahren das heftige Streben nach einem ganzheitlichen, alles umfassenden Wissen geerbt. […] Aber das Wachstum in die Weite und Tiefe, das die mannigfaltigen Wissenszweige seit etwa einem Jahrhundert zeigen, stellt uns vor ein seltsames Dilemma. Es wird uns klar, daß wir erst jetzt beginnen, verläßliches Material zu sammeln, um unser gesamtes Wissensgut zu einer Ganzheit zu verbinden. Andererseits aber ist es einem einzelnen Verstande beinahe unmöglich geworden, mehr als nur einen kleinen spezialisierten Teil zu beherrschen.

Wenn wir unser wahres Ziel nicht für immer aufgeben wollen, dann dürfte es nur den einen Ausweg aus dem Dilemma geben: daß einige von uns sich an die Zusammenschau von Tatsachen und Theorien wagen […].«[2]

1 International Science Council, Unleashing Science. Delivering Missions for Sustainability, 2021, https://council.science/wp-content/uploads/2020/06/202108_Unleashing-Science_Final.pdf, S. 20.

2 Erwin Schrödinger, Was ist Leben?, München 1987, S. 29f.

Aktuell erscheint alle zehn Sekunden ein wissenschaftlicher Artikel in einem peer-reviewed Journal.[3] Und gleichzeitig wächst der Druck durch globale Krisen, die nur im disziplinenübergreifenden Zusammenwirken bewältigt werden können. Da ist es kein Wunder, dass die Idee vom Zusammenführen des Wissens und vom notwendigen disziplinenübergreifenden Diskurs zunehmend Aufwind bekommt – auch wenn diese Idee noch nicht im institutionellen Mainstream angekommen ist.

Edward O. Wilson versucht die *Einheit des Wissens*[4] evolutionsbiologisch zu erkunden. Der European Research Area Board hat einen Bericht mit dem Titel *Preparing Europe for a New Renaissance* veröffentlicht, in dem man lesen kann: »A new holistic way of thinking is required, as technological answers are not the end-solution of a given problem.«[5] Die Ökonomin Mariana Mazzucato betont in ihrem Bericht an die EU-Kommission unter dem Titel *Mission Oriented Research and Innovation*: »There must be incentives to 'think outside the box' to come up with new solutions […]. The objective should be addressed by multiple actors, stimulating cross-discipline academic work, with a strong focus on the intersection between natural sciences, formal sciences, social sciences and humanities.«[6]

Und der Medizin-Nobelpreisträger Eric Kandel erinnert in seinem Buch *Das Zeitalter der Erkenntnis* an die immens inspirierende Kultur des disziplinenübergreifenden Dialogs im Wien um 1900 und fordert interdisziplinäre Zentren an Universitäten nach dem Muster der Wiener Salons: ein Anknüpfungspunkt für das Angewandte Interdisciplinary Lab und das Café Exchange, in dem wir uns gerade aufhalten.

Wir befinden uns hier in einem ehemaligen Bankgebäude. Die Idee, dieses Gebäude in ein Haus für Kunst und Wissenschaft zu transformieren, war kühn und nicht frei von Risiken – zumal alle Pläne und Bewilligungen zum Umbau der PSK in ein Hotel bereits vorlagen und erhebliche Überzeugungsarbeit auf unterschiedlichen Ebenen geleistet werden musste. Hans-Peter Weiss für die BIG, Anton Zeilinger für die ÖAW und ich für die Angewandte waren die Ersten, die bereit waren, dieses Wagnis einzugehen, weil wir davon überzeugt waren und sind, dass die inhaltliche Transformation dieser Architekturikone zu einem Haus für Wissenschaft und Kunst

3 The STM Report, hg. von der International Association of Scientific, Technical and Medical Publishers, 5. Auflage, Den Haag 2018.

4 Edward O. Wilson, Die Einheit des Wissens, München 1998.

5 European Commission, Preparing Europe for a New Renaissance. A Strategic View of the European Research Area, 2009, S. 9.

6 European Commission, Directorate-General for Research and Innovation, Mariana Mazzucato, Mission-Oriented Research & Innovation in the European Union. A Problem-solving Approach to Fuel Innovation-led Growth, Publication Office, 2018, https://data.europa.eu/doi/10.2777/360325, S. 12.

eine einmalige Chance ist. Und wie heißt es so schön: *Innovation is the art of embracing risk.*

Dieses Haus für Wissenschaft und Kunst kann und wird die dringend benötigte Innovationskraft entfalten, indem es die Zusammenarbeit über die Grenzen von Institutionen und Disziplinen erleichtert und stimuliert. Die Kooperation zwischen der Johannes Kepler Universität Linz und der Angewandten in Form einer interuniversitären Art and Science School for Transformation mit Studiengängen und Forschung zwischen Kunst, Wissenschaft und Technologie wird beispielgebend sein.

Die inhaltliche Zusammenarbeit des Café Exchange mit den hier im Haus vertretenen Institutionen, aber auch mit anderen Forschungseinrichtungen wie dem AIT wird der Öffentlichkeit ein faszinierendes und inspirierendes Programm für interdisziplinären Austausch bieten. Das Motto des Café Exchange in der ehemaligen Kassenhalle lautet übrigens: »We don't exchange money. We exchange ideas.« Und dieser Austausch von Ideen ist dringend notwendig. *Business as usual, more of the same* – mit ein bisschen mehr Geld: das sind keine Optionen mehr. Zur Transformation der Welt braucht es auch ein verändertes Mindset.

Das Dilemma zwischen Vermehrung und Vernetzung des Wissens war noch nie so groß. Und die Notwendigkeit, dieses Dilemma aufzulösen, noch nie so dringend wie heute. Wenn das nicht bald gelingt, dann droht der Arbeit an den »Sustainable Development Goals« das Schicksal des Turmbaus zu Babel.

Die komplexen Krisen und Herausforderungen unserer Zeit machen es immer deutlicher: Die kreative Vernetzung des Wissens ist mindestens so wichtig wie die Vermehrung des Wissens. Dazu hat die Angewandte ein kurzes Video produziert, dessen Kernbotschaft lautet: »Jetzt gilt es: Ungewöhnliche Zusammenhänge herstellen. Perspektiven wechseln. Mit Mehrdeutigkeit arbeiten. Und gewohnte Denkmuster verlassen. Gerade deshalb brauchen wir auch das Alphabet der Kunst!«

Von der Kunst-gewerbeschule zum Universitäts-campus

Bildungs-Räume. Architektur und Städtebau der Angewandten im Zentrum Wiens

Oliver Sukrow

Für eine Woche im Mai 2018 war der vielbefahrene Oskar-Kokoschka-Platz, das Scharnier zwischen 1. und 3. Bezirk, zu einem Zwischen-Raum von Kunst, Performance, Präsentation, Diskussion und sozialer Interaktion geworden. Während dieser einen utopischen Woche wurde sichtbar, was ein Campus mit seinen Frei- und Zwischenräumen leisten kann. Im alltäglichen Verkehr zwischen Stubenring und Vorderer Zollamtsstraße ist der erst in den 1980er Jahren nach einem bedeutenden Alumnus der Angewandten benannte Platz eigentlich nicht als solcher wahrnehmbar, sondern wird als Durchgangs- und Verbindungsstraße erfahren. Mit diesem 2018 erstmals vollzogenen Akt der friedlichen Besetzung und kreativen Raum-Aneignung kamen aber nicht nur stadtplanerische, kreative und soziale Differenzen zur Alltagsrealität scharf zum Vorschein; es wurde auch eine Außendarstellung der Akteur*innen und Aktionen der Angewandten erreicht, die über die Wahrnehmung von Gebäuden, Plakaten oder flüchtigen Passanten hinausging: Forschung und Lehre der Angewandten kehrten sich nach außen in den öffentlichen Raum und entfalteten ihre temporär-ephemere Wirkung im Vorfeld der Universität.

Das 2018er-Festival *Oskar nimmt Platz* war ein Masterprojekt von Lena Kohlmayr (betreut von Herwig Turk und Barbara Putz-Plecko) und wurde von Studierenden und Lehrenden gemeinsam mit Gästen im Rahmen des jährlich stattfindenden Festivals der Angewandten durchgeführt. Als Kunstaktion in einem bestimmten Zeitraum hatte es den Charakter einer sozialen Skulptur und böte sich für vergleichende Betrachtungen mit anderen kreativen Ortsbesetzungen an – etwa *Occupy Wall Street* (Zuccotti Park, New York, Ende 2011). *Oskar nimmt Platz* machte aber auch stadträumliche Bezüge wieder sichtbar, in denen sich die Angewandte seit Mitte des 19. Jahrhunderts befindet. Diese Bildungs-Räume haben sich seitdem kontinuierlich verändert, sind angepasst worden und haben Orte gebildet, in denen Lehre und Forschung stattfinden konnten. Von den spezifischen Qualitäten dieser architektonischen Rahmenbedingungen, insbesondere der Baugeschichte der Angewandten und den in den letzten zwei Jahrzehnten angestoßenen Veränderungen soll dieser Beitrag handeln.

Dass Bildung, Lehre und Forschung spezielle Räume brauchen, gleichzeitig aber auch Räume hervorbringen, ist allseits bekannt und Gegenstand politischer und medialer Diskussionen. Umso erstaunlicher ist es, dass über die Raumanalyse von Bildungs-, Lehr- und Forschungsstrukturen hinausgehend nur wenige Untersuchungen vorliegen. Gerade die Angewandte mit ihrem historisch gewachsenen Baubestand bietet sich für eine Betrachtung der Raumqualitäten *von* Bildung und der Raumherstellung *durch* Bildung an. Dabei reicht der Bogen von den polytechnischen Anfängen im 19. Jahrhundert über die Reformbewegungen der Zeit um 1900, die Erneuerung von Inhalten und Formen von (Hochschul-)Bildung ab den 1960er Jahren bis in unsere Gegenwart, die von polyfunktionalen Räumen im Bereich der Bildungsarchitektur geprägt ist.

Neben diesen architekturhistorischen Verflechtungen von Bildungskonzepten und gebautem Raum sind hier auch die städtebauliche Situation und die Verortung der Angewandten im städtischen Gefüge von Interesse. Der (imaginierte) Campus der Angewandten im Dreieck von Oskar-Kokoschka-Platz, Vorderer Zollamtsstraße und Postsparkasse ist das Ergebnis historischer Entwicklungen in 150 Jahren Universitätsgeschichte, die ihre Spuren im Stadtbild Wiens hinterlassen haben. Sie wurden in den universitätseigenen Publikationen *Abgelehnt – Nicht ausgeführt. Die Bau- und Projektgeschichte der Hochschule für angewandte Kunst in Wien*[1] und *Ästhetik der Veränderung. 150 Jahre Universität für angewandte Kunst Wien*[2] ausführlich dargestellt. Beide Sphären – Architektur und Städtebau – können zur Identitätsstiftung und zur

1 Matthias Boeckl/Otto Kapfinger, Abgelehnt – Nicht ausgeführt. Die Bau und Projektgeschichte der Hochschule für angewandte Kunst in Wien 1873–1993, Wien 1993.

2 Ästhetik der Veränderung. 150 Jahre Universität für angewandte Kunst Wien, hg. von Gerald Bast, Anja Seipenbusch-Hufschmied, Patrick Werkner, Berlin 2017.

historisch-kritischen Informiertheit der Öffentlichkeit und der Hochschule beitragen. Sie sind also wesentliche Elemente der universitären Welt und sollten entsprechend gepflegt und weiterentwickelt werden.

Anfänge in der polytechnischen Welt: Kunstgewerbeschule des Österreichischen Museums für Kunst und Industrie

Kurz nach der 1863 erfolgten Gründung des k. k. Österreichischen Museums für Kunst und Industrie nach dem Vorbild des Londoner South Kensington Museum (heute Victoria & Albert Museum) unter Leitung von Rudolf von Eitelberger (1817–1885) wurde 1867 die k. k. Kunstgewerbeschule des Österreichischen Museums für Kunst und Industrie initiiert, von der man sich wesentliche Impulse zur Erneuerung des Kunsthandwerks im Land erhoffte. Dafür wurde von Eitelbergers Professorenkollegen vom Wiener Polytechnikum, Heinrich von Ferstel (1828–1883), 1866 bis 1871 ein repräsentativer Museumsneubau an der Ringstraße neben dem Stadtpark (1862) errichtet, in dem das Museum für angewandte Kunst (MAK) bis heute residiert. Schräg gegenüber befand sich die Franz-Josephs-Kaserne (1854–1857), die 1900 abgerissen wurde. An deren Stelle wurde Otto Wagners Postsparkassenamt (1902–1912) errichtet. Gegenüber am Stubenring entstand das k. k. Kriegsministerium (1909–1913).

1875 bis 1877 wurde durch einen weiteren Neubau Ferstels für die Kunstgewerbeschule (Stubenring 3) eine nicht nur didaktisch, sondern auch räumlich singuläre Kopplung von Museum (Vorbilder- und Mustersammlung) und Schule (Anwendung) in eine bauliche Form gegossen: zwei an der Straßenfront breit ausgerichtete, repräsentative Bauten im Stil der Neorenaissance, die ja als adäquater Stil für Bildungsbauten galt (vgl. Hauptgebäude der Universität von Heinrich von Ferstel). Zwar hatten auch das Polytechnikum am Karlsplatz oder die Akademie am Schillerplatz Sammlungen für Lehrzwecke angelegt, doch nur am Stubenring war der direkte Bezug zwischen Anschauung und Kreation, Vorbild und Nachahmung und die Bedeutung von Mustern und Vorlagen für die Ausbildung so evident.

Die für Wien ungewöhnliche Verwendung von unverputzten Ziegeln unterstrich die Rationalität und fast schon industriell-serielle Qualität des Ensembles von Ferstel, die Bauplastik und das Dekor zeigten die Verwendungsmöglichkeiten des historisierenden Kunstgewerbes als angewandte Kunst am Bau. Der Schultrakt nimmt Motive des Sammlungsbaus auf, variiert diese aber leicht. Insgesamt ist er zurückhaltender gestaltet, die Formen – zum Beispiel die durchlaufende Pilastergliederung über alle drei Geschosse mit den Rundbogenfenstern in Ädikulen – sind sparsam, aber pointiert eingesetzt, sodass eine gestalterische Subordination des Schulgebäudes gegenüber dem Museumstrakt gezeigt wird. Die Verbindung zwischen beiden Bauten bildet eine Mauer, die mit zwei Portalen und einer mittleren Pilasterädikula und Dreiecksgiebel hervorgehoben ist. Dort befindet sich der Minervabrunnen, der ursprünglich für die Wiener Weltausstellung 1873 entstanden war und danach, auf Initiative von Eitelberger, an den Stubenring transloziert wurde. Die programmatische Verbindung von beiden Häusern wird dadurch unterstrichen. Die Brunnenskulptur ist ein Gemeinschaftswerk von Josef Pokorny (Bildhauerei) und Antonio Salviati (Glasmosaik) nach einem Entwurf von Ferdinand Laufberger und Ferstel.

Im 19. Jahrhundert, dem »Aufbruch in die Moderne« (Birgit Aschmann), entstanden neue Konzepte der bürgerlichen Bildung, zum Beispiel die Realienkunde, das heißt die Auseinandersetzung mit Gegenständen und Objekten aus Natur und Technik, die im Kontrast zum »Textwissen« der klassisch-humanistischen Bildung und der Kunstausbildung an den Akademien stand. Im Zeichen von Industrialisierung, Urbanisierung, sozialer Frage und politischen Revolutionen sollten sich auch Bildungskonzepte und die Räume, in denen Bildung vermittelt wurde, fundamental verändern. Selbstverständlich gab es schon in der Antike, im Mittelalter und in der Frühen Neuzeit spezifische Orte für Bildung (Kloster, Universität, Wunderkammer etc.). Aber eine breitere, sowohl didaktisch-theoretische als auch praktisch-gestalterische Auseinandersetzung mit Bildungsbauten entsteht erst im 19. Jahrhundert. So lesen wir im Abschnitt »Kunstakademien und Kunstgewerbeschulen« des *Handbuchs der Architektur* von 1901, dass für Kunstakademien als »Kunstschulen höherer Art, auf denen alles, was zur technischen und praktischen Ausbildung des bildenden Künstlers notwendig ist, gelehrt und geübt wird«,[3] spezifische Raumbedürfnisse und -programme beachtet werden müssen. Die beiden Autoren Carl Schaupert und Conradin Walther, Letzterer als Architekt der Nürnberger Kunstgewerbeschule ab 1894 ein ausgewiesener Experte

3 Carl Schaupert/Conradin Walther, Kunstakademien und Kunstgewerbeschulen, in: Handbuch der Architektur, IV. Teil, 6. Halbband, Heft 3, Stuttgart 1901, S. 87.

auf dem Gebiet des Bildungsbaus, raten bei Neubauten von Kunstakademien zu einem nach Norden erweiterbaren Bauplatz und zu einer betonten Straßenfront, die als öffentliche Schauseite zur Stadt monumental gestaltet sein solle. Auch wenn aufgrund der räumlichen Situation – man befand sich ja auf »jungem« Baugrund, der durch den Ringstraßenbau und durch die Wienflussregulierung geprägt war – kein Wachstum in Richtung Norden, sondern nur nach Osten möglich war, liest sich Schauperts und Walthers Text wie eine Beschreibung des Ensembles, das auch ausführlich vorgestellt wird.[4]

4 Ebd., S. 162–166.

1909 wurde die Union zwischen Museum und Kunstgewerbeschule aufgelöst. Das Museum wurde dem k. k. Ministerium für öffentliche Arbeiten unterstellt, während die Schule beim k. k. Ministerium für Cultus und Unterricht verblieb. Kurz vorher, 1906 bis 1908, wurde von Ludwig Baumann ein Erweiterungstrakt des Museums an der Weiskirchnerstraße errichtet, der sich am Stil Ferstels orientierte. Mit dem neuen Gebäude im Süden begann sich der Baublock zu füllen, der bis an den Wienfluss reichte, dessen Regulierung in diesem Bereich der Stadt um 1906 zum Abschluss gekommen war. Der Bezug zum Wienflusskanal sollte für die Erweiterungen und Adaptionen der Angewandten ab der zweiten Hälfte des 20. Jahrhunderts wichtig werden. Es dürfte eine spannende Herausforderung für die zukünftige räumliche Entwicklung der Hochschule werden, wie sie mit dem durch den Campus fließenden Wienfluss umgehen wird.

In der Zeit der Ersten Republik erfolgte schließlich die Umbenennung in Kunstgewerbeschule des Österreichischen Museums für Kunst und Industrie. Im Austrofaschismus erdachte man sich den Namen Staatliche Kunstgewerbeschule in Wien, und im Nationalsozialismus firmierte die Schule 1941 bis 1945 als Reichshochschule für angewandte Kunst in Wien. Wie die Jahre nach 1918, so waren auch die Nachkriegsjahre ab 1945 von keinerlei universitären Bautätigkeiten geprägt, auch wenn wichtige Lehrende und zahlreiche Lernende an die Schule strömten. Die häufigen Namensänderungen und Umstrukturierungen zeigen den politischen Einfluss auf die Institution, die sich zwar didaktisch-methodisch ab 1900 und speziell nach 1919 verändert hatte, doch die gleichen Räumlichkeiten benützte. Im Zuge des Wiederaufbaus und des Re-Education-Programms der Alliierten wurde 1948 aus der Hochschule für angewandte Kunst in Wien die

Akademie für angewandte Kunst in Wien. Mit der Namensänderung wurde nicht nur ein neues Statut angezeigt, sondern auch eine veränderte Vorstellung von der Institution und ihrer Rolle im demokratischen Nachkriegsösterreich.

Aufbruch in die Gegenwart: Die Nachkriegsjahrzehnte
Unter dem Rektorat von Ceno Kosak (1904–1985) wurde die größte bauliche Erweiterung der Hochschule seit Ferstels Gründungsbau überhaupt umgesetzt: Karl Schwanzer (1918–1975) und Eugen Wörle (1909–1996) planten und realisierten 1960 bis 1965 einen großen Erweiterungsbau aus Stahlbeton hinter dem historischen Hauptgebäude. Schwanzer war erst ein Jahr zuvor auf die Professur für Gebäudelehre und Entwerfen an der TH Wien berufen worden und stand noch am Anfang seiner internationalen Karriere. Wörle war ein Schüler von Clemens Holzmeister an der Akademie der bildenden Künste gewesen und galt zusammen mit seinem Partner Max Fellerer und Oswald Haerdtl als wichtiger Vertreter der »Zweiten Wiener Moderne« der Zwischen- und Nachkriegszeit.

Durch Schwanzers Intervention entstand mit den anderen Museums- und Hochschulbauten ein Geviert. Der Mitte des 19. Jahrhundert angelegte Baublock wurde nach außen weitgehend geschlossen. Es entstand eine mit englischen Colleges vergleichbare räumliche Situation eines Quads. Auch wenn sich Schwanzers und Wörles Bau urbanistisch in die Situation einfügte, so grenzte er sich deutlich in Form und Gestaltung von den älteren Bauten Ferstels und Baumanns ab. Jedoch orientiert sich die – durch den Bauplatz vorgegebene – Grundrissform an Ferstels Schulbau, zudem zitieren die strenge Rasterfassade und die Ziegel in abstrakter Weise die Fassadengliederung von 1877. Im Inneren wurden auf zwei unterirdischen und sechs oberirdischen Etagen und aufgereiht am Korridor der zentralen Erschließungsachse Atelier-, Werkstatt- und Arbeitsräume geschaffen, die im Rahmen der damaligen Studierendenzahlen von circa 500 großzügige neue Möglichkeiten eröffneten. Der »Schwanzer-Trakt« wurde mit dem Hauptgebäude mittels eines dreigeschossigen Foyer- und Erschließungsbaus verbunden. Im vorgelagerten Grünstreifen wurde 1986 die Oskar-Kokoschka-Büste von Alfred Hrdlicka (geschaffen 1963) aufgestellt, die dem Platz seinen Namen gab.

Die horizontale Gliederung des Schwanzer/Wörle-Baus nach Abteilungen entsprach der Ausrichtung der Kunstschule in den 1960er Jahren, in denen experimentelle und intermediale Zugänge zu den historischen Fähigkeiten traten. In seiner betonten Sachlichkeit und formalen Strenge im Auf- und Grundriss kann der Trakt sinnbildlich für die in den 1960er Jahren gerade im Universitäts- und Bildungsbau weit verbreitete Tendenz zur Verwissenschaftlichung und Rationalität gesehen werden, die sich baulich konkret in der Art und Weise der Konstruktion und auf einer symbolischen Bedeutungsebene im inneren Aufbau und in der Einteilung der Disziplinen präsentierte. Eine zeitgenössische, moderne Kunstschule griff auf Lösungen zurück, die aus der Büroarchitektur entstammten und dort für Kontrolle und einen durchgetakteten Workflow sorgen sollten.

Räumliche Erweiterungen nach den »Boomjahren« bis in die Gegenwart

Nach dieser letzten Bauphase in den 1960er Jahren passierte architektonisch in den nächsten drei Jahrzehnten nicht mehr viel. Es änderte sich in dieser Zeit aber erneut der Name der Institution, die 1970 in Hochschule für angewandte Kunst und 1998 schließlich in die aktuelle Bezeichnung Universität für angewandte Kunst Wien umbenannt wurde. Die politischen Verhältnisse und die ideengeschichtlichen Diskurse waren ab den 1970er Jahren von einer zunehmenden Kritik an der Entwicklung der Moderne geprägt, was auch Lehr- und Bildungskonzepte beeinflusste. Der »Sputnik-Schock« der Hochmoderne war vorüber, nun setzte man auf eine breite Bildung; soziale, ethische und kulturelle Themen kamen vermehrt in den Vordergrund. Dies äußerte sich auch im Bildungsbau, wo nun nicht mehr mittels Architektur operiert wurde, sondern eher kleinere Interventionen in bestehende Räume versucht wurden. Das »MAK-Terrassenplateau«, eine skulpturale Terrasse am Wienkanal, die durch ihre Aufsockelung auch als Unterstand genutzt werden kann, 1991 bis 1993 von Peter Noever über die Fritz-Wotruba-Promenade gebaut, zählt zu einer ganzen Reihe von architektonischen Interventionen im Außenraum von MAK und Angewandter ab den 1990er Jahren. Durch Einschnitte, Passagen und Durchblicke sollten (symbolische) Öffnungen in den Straßen- und Stadtraum

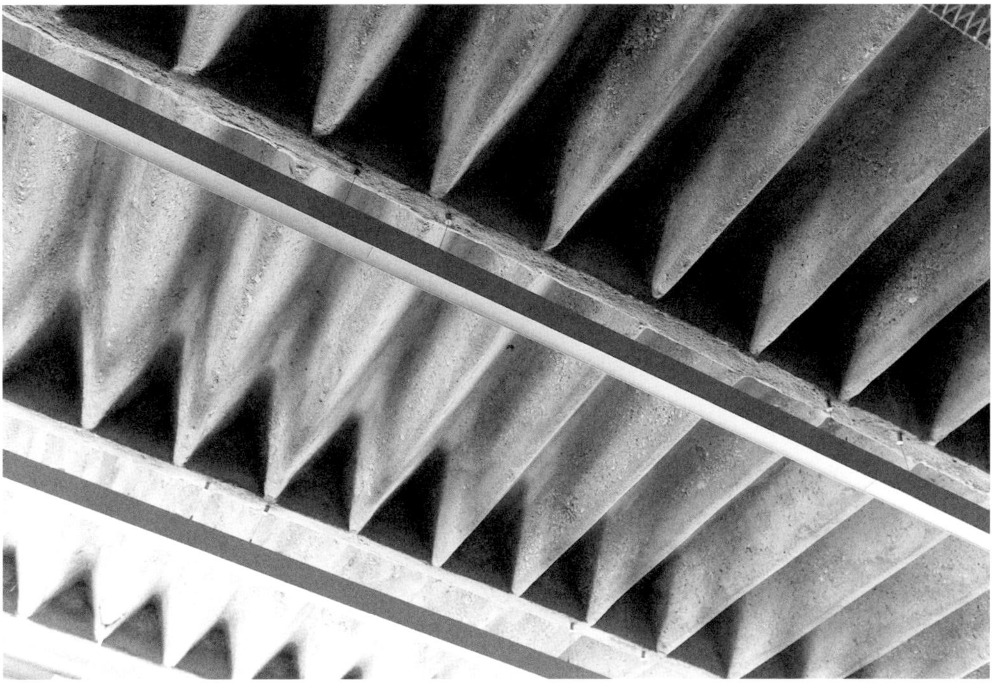

Abb. 1: Stahlbeton-Rippendecke, Schwanzer/Wörle-Trakt, Universität für angewandte Kunst Wien, Foto Fanny Holter

gelegt werden, die den Campus der Angewandten einsichtiger machen, doch die Zeit der großen Gesten war architektonisch vorbei.

Vor allem aufgrund der Steigerung der Studierendenzahlen auf etwa 2.000 um die Jahrtausendwende wurde der akute Platzbedarf der Hochschule überdeutlich. 2011 wurde unter dem Rektorat von Gerald Bast ein Wettbewerb für einen Erweiterungsbau ausgelobt. Der Siegerentwurf von Wolfgang Tschapeller wollte einen neuen Baukörper im Hof zwischen Ferstel- und Schwanzer/Wörle-Trakt umsetzen. Aufgrund veränderter politischer und finanzieller Rahmenbedingungen wurde dieses Vorhaben 2014 gestoppt.
Man besann sich stattdessen auf die vorhandene architektonische Substanz und ihre Erweiterungsmöglichkeiten.
Im Zuge der viel beachteten Generalsanierung der Angewandten wurde bis 2018 der Schwanzer/Wörle-Trakt von Riepl Kaufmann Bammer Architekten (Wien) umgebaut und adaptiert. Die innere Kleinteiligkeit wich einem freien Grundriss, es entstanden in jedem Geschoss große, luftige Lehr-, Arbeits- und Büroräume sowie moderne Werkstatträume im ersten Untergeschoss. Die rasterartig angelegte

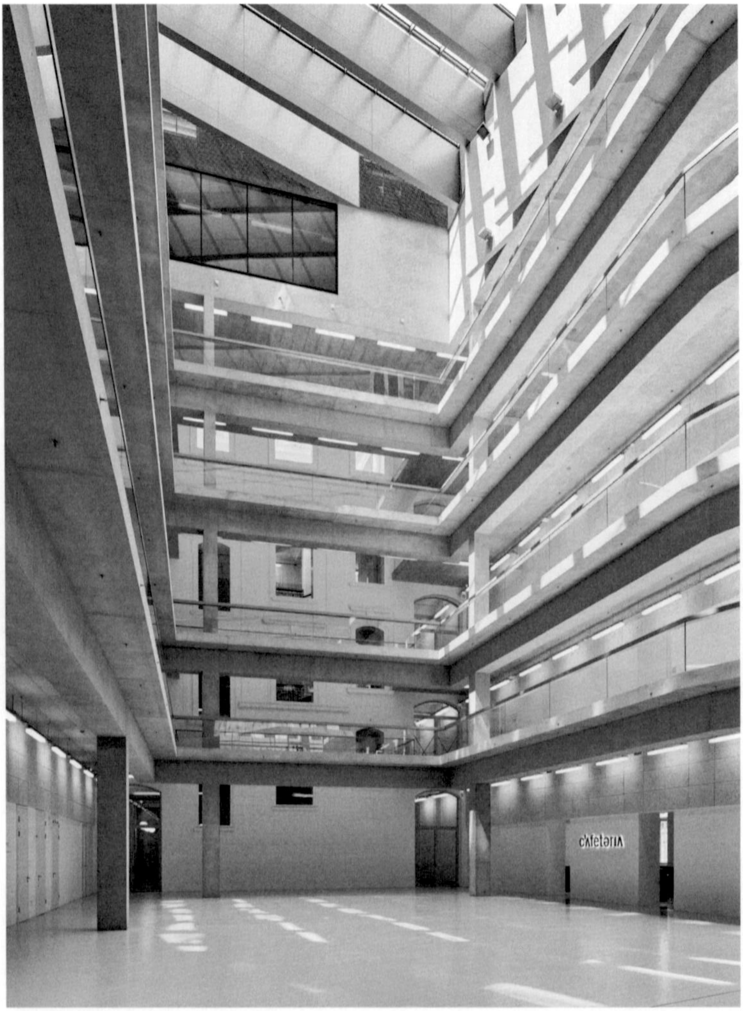

Abb. 2: Universität für angewandte Kunst Wien, Vordere Zollamtsstraße 7, Foto Bruno Klomfar

Raumstruktur erlaubt eine gewisse Flexibilität für künftige Anpassungen. Die regelmäßigen Betonpfeiler, die Stahlbeton-Rippendecke und die Fensterbänder erinnern jedoch an Schwanzers Beitrag zur Bildungsarchitektur der 1960er Jahre.

Parallel zur Generalsanierung des Schwanzer/Wörle-Trakts wurde erstmalig seit der Übersiedlung der Schule an den Stubenring 1877 eine Liegenschaft außerhalb bezogen und für Forschung und Lehre zugänglich gemacht. 2014 wurde von der Bundesimmobiliengesellschaft (BIG) das ehemalige Zollamtsgebäude (Vordere Zollamtsstraße 7) angeboten und – nach einem Intermezzo als Flüchtlingsunterkunft 2015 – ebenfalls durch Riepl Kaufmann Bammer Architekten nach Vorgaben der Universität umgebaut. Im Sommer 2018 konnte die neue Expositur Vordere Zollamtsstraße schließlich angemietet und besiedelt werden. Durch die Inkorporierung des Zollamtsgebäudes in den Campus der Angewandten war nun der Wienflusskanal zur Grenze und zur Verbindung geworden, was völlig mit der bisherigen Tradition der Konzentration auf einen Standort brach.

Heute sind zwei Innenhöfe zu einem mit Glas überdachten sechsgeschossigen Atrium zusammengefasst, dessen umlaufende Galerien auf allen Geschossen die im Außentrakt liegenden Studios, Arbeits- und Büroräume erschließen. In einem weiteren ehemaligen Hof wurde ein neues zweigeschossiges Veranstaltungszentrum eingebaut, auf dessen Dach eine Außenterrasse im zweiten Obergeschoss entstand. In einer neu errichteten Verbindungsspange zwischen Atrium und Außenterrasse bringen multifunktionale »Fluxräume« eine zusätzliche Erweiterung der Fläche ein. Die Universitätsbibliothek schließlich wurde im Dachgeschoss im hinteren Trakt als neue Freihandaufstellung etabliert, um Publikumsströme durch das

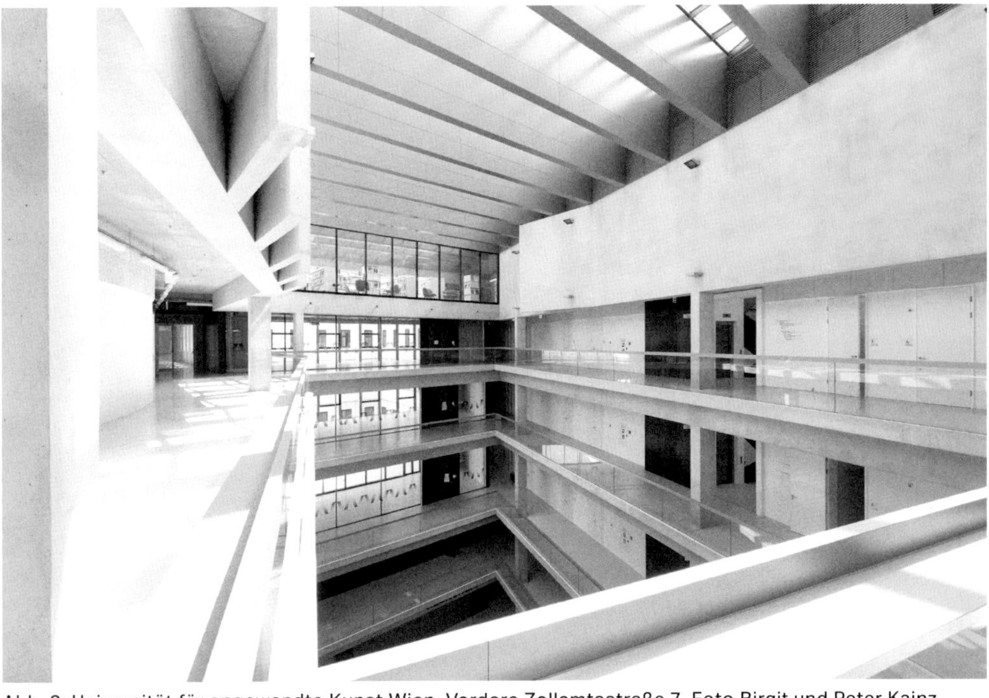

Abb. 3: Universität für angewandte Kunst Wien, Vordere Zollamtsstraße 7, Foto Birgit und Peter Kainz

gesamte Gebäude zu lenken und die Universität damit zu beleben. Die betont offen und hell gehaltene Innenarchitektur des 2018 fertiggestellten Umbaus soll das Selbstbild der Universität unterstreichen und ein inspirierendes Umfeld für die künstlerische Ausbildung und Forschung im 21. Jahrhundert bieten.

Bleibt noch auf die letzte große räumliche Erweiterung der Universität hinzuweisen: Seit 2020 sind Teile der Angewandten in der ehemaligen Postsparkasse untergebracht. Damit schließt sich ein städtebaulicher Kreis, der mit der Ansiedlung von Kunstgewerbemuseum und -schule Mitte des 19. Jahrhunderts begann, denn diese bildeten, wie die etwas später errichtete Postsparkasse, die zivilen Höhepunkte des Stubenviertels, das durch die Kaserne und das Kriegsministerium militärisch geprägt war. Der neue Wissenschaftscampus, eine Mischnutzung von Angewandter, Johannes Kepler Universität Linz, Österreichischer Akademie der Wissenschaften, dem Wissenschaftsfonds FWF sowie einer Außenstelle des Ludwig Boltzmann Instituts für Kriegsfolgenforschung, bildet im städtischen Kontext den dritten Punkt eines Campus im Stubenviertel, der sich bislang aber vor allem über Blickachsen und Sichtbeziehungen konstituiert. Auch deswegen sind die Interventionen im öffentlichen Raum wichtige Vehikel, um diese neuen Verbindungen zu stärken und überhaupt sichtbar zu machen. Die Qualität der gebauten Umwelt, die 150 Jahre die Angewandte begleitet und geprägt hat, bietet dafür zumindest alle Möglichkeiten.

Neue Chancen in alten Häusern. Entstehung des Campus der Angewandten 2000–2023

Matthias Boeckl

Unter den akademischen Bildungsbauten, die sich als eigenständige Bauaufgabe ab dem Mittelalter sukzessive aus dem Sakralbereich und den Herrscherresidenzen herausgelöst hatten (Universitätsgründung in Bologna im 11. Jahrhundert, in Oxford im 12. Jahrhundert, Prag 1348, Wien 1365), nehmen die Kunstschulen eine besondere Stellung ein. Seit der Gründung der Accademia del Disegno durch den Großherzog Cosimo de' Medici 1563 in Florenz auf Anregung Giorgio Vasaris sollten auch die Gebäude von Kunstschulen den speziellen Anforderungen der Produktion geeigneten Raum bieten (Aktsäle, Ateliers, Werkstätten, Sammlungsdepots, Ausstellungsräume). Später sollten sie sogar – ihrer Widmung entsprechend – auch die in ihnen gelehrte Baukunst als Referenzprojekt »darstellen«. Beispiele dafür sind Karl Friedrich Schinkels Bauakademie in Berlin (1832–1836) und Gottfried Sempers Polytechnikum in Zürich (1858–1864, heute Eidgenössische Technische Hochschule). So entstanden besondere Ansprüche der Kunstschul-Angehörigen an derartige Bauprojekte, die nicht immer reibungslos mit der realen gesellschaftlichen Stellung der Kunst in Einklang zu bringen waren und sind: Die öffentlichen und privaten Mittel, die Akademien und Kunstschulen zur Verfügung gestellt werden, liegen – weitgehend unabhängig von den politischen Systemen – üblicherweise nicht über jenen für andere Hochschulbauten. Auch die Wiener Kunstgewerbeschule (die heutige Universität für angewandte Kunst Wien) hatte seit ihrer Gründung 1867 mit einer ständigen

Diskrepanz zwischen den Bedürfnissen bzw. Ansprüchen der Lehrenden und den finanziellen und baulichen Möglichkeiten zu kämpfen, die ihr von ihrem Träger, dem Staat, zugestanden wurden.[1]

1 Matthias Boeckl/Otto Kapfinger, Abgelehnt – Nicht ausgeführt. Die Bau- und Projektgeschichte der Hochschule für angewandte Kunst in Wien 1873–1993, Wien 1993.

Kunsthochschulbauten: Die Role Models

Anders als die allgemeinen Universitäten, die mitunter schon im Mittelalter spezielle Neubauten erhalten hatten, traten die Kunstschulen als eigenständiger Bautyp erst Ende des 18. Jahrhunderts hervor. Gleichzeitig erfolgte unter dem Eindruck der frühen Industrialisierung und ihres neuen Bedarfs an Designern eine Differenzierung in Kunstakademien und Kunstgewerbeschulen. Letztere waren bis dahin als Unterabteilungen entweder den Akademien oder den polytechnischen Schulen angegliedert gewesen. 1767 stellte König Ludwig XVI. der neuen École Nationale des Arts Décoratifs das théâtre anatomique in der rue des Cordeliers in Paris als eigene Wirkungsstätte zur Verfügung. 1797 bezog auch die École nationale supérieure des beaux-arts eigene Gebäude in einem ehemaligen Kapuzinerkloster, die nach und nach ausgebaut wurden. In London konnte die Royal Academy of Arts 1780 den dafür von William Chambers neu erbauten New Wing des Somerset House nutzen. Die kunstgewerbliche Ausbildung begann in England, dem Mutterland der Industrialisierung, unter der Regie des Designers und Kunstpädagogen Henry Cole 1837 mit der Gründung einer Zeichenschule im Somerset House. Sie beinhaltete mehrere Schools of Design für jeweils spezielle Aufgaben. 1852 zogen sie ins Marlborough House und 1857 in den sogenannten Brompton Boiler in South Kensington, eine Eisen-Glas-Konstruktion, die der Industrie angemessen schien und wohl auch die ästhetischen Erfahrungen des Crystal Palace der Weltausstellung von 1851 spiegelte. Dazu kamen erste Sammlungen von historischen und aktuellen Vorbildern aus der Kunstgewerbe- und Industrieproduktion. Das heutige Gebäude des Victoria & Albert Museums bildete ab 1899 die Heimstätte des nationalen britischen Designmuseums samt angeschlossenen Schulen.[2]

2 Tanja Pirsig-Marshall, London–Wien. Einfluß und Wirkung der englischen Idee. Das Vorbild South Kensington Museum, in: Kunst und Industrie. Die Anfänge des Museums für angewandte Kunst in Wien, hg. von Peter Noever, Wien/Ostfildern-Ruit 2000, S. 30–40.

In Wien begann der Bau von Hochschulen bereits im Mittelalter mit eigenen Häusern im damaligen Universitätsviertel (Sonnenfelsgasse, Bäckerstraße, Postgasse), die jedoch nicht erhalten sind. Erst der repräsentative Bau der Neuen Aula der Universität 1753–1755 von Jean Nicolas

Jadot de Ville-Issey (heute: Österreichische Akademie der Wissenschaften) machte die Hochschule – und damit ihre aufklärerischen Inhalte – mit einem repräsentativen Bau im Stadtbild unübersehbar. In den 1880er Jahren erfolgte der Neubau der Wiener Universität von Heinrich von Ferstel an der Ringstraße.

Die Wiener Akademie der bildenden Künste war nach ihrer Gründung 1692 zunächst in Privathäusern untergebracht und bezog erst 1786 eigene Räume in einem ehemaligen Jesuitenkloster in der Annagasse, bevor sie 1869–1876 ihr heutiges Gebäude nach Entwurf von Theophil Hansen erhielt. – Das k. k. polytechnische Institut (heute: Technische Universität) in Wien wurde 1815 gegründet und bezog bereits 1818 sein neu errichtetes Gebäude am Karlsplatz, das der Universität auch heute noch als Hauptsitz dient. Durch den ausgedehnten Freiraum vor dem Gebäude über dem Wienfluss und die davon bedingte Fernwirkung erhielt das Haus eine besondere städtebauliche Prominenz.

Das k. k. Museum für Kunst und Industrie

Eine vergleichbare Präsenz im Stadtbild konnte der Baukomplex des k. k. Museums für Kunst und Industrie (heute: MAK) samt seiner Kunstgewerbeschule (heute: Universität für angewandte Kunst Wien) im Neorenaissance-Stil ab 1869 direkt an der neu entstandenen Ringstraße entfalten. Beide Gebäude wurden vom jungen Ringstraßenarchitekten Heinrich von Ferstel geplant, der später auch die Universität Wien errichten sollte. Nach dem Vorbild der oben beschriebenen Designausbildung in England sollte die neue Kunstgewerbeschule der österreichischen Industrie und dem Baugewerbe jene dringend benötigten, speziell an historischen Vorbildern geschulten Entwerfer liefern, die der Gebrauchsgüterproduktion und der Bauausstattung (vor allem an der Ringstraße) eine international konkurrenzfähige Qualität verschaffen würde.

Heinrich von Ferstels Kunstgewerbeschule litt von Anfang an unter Kürzungen und Sparmaßnahmen des zuständigen Ministeriums als Bauherr.[3] So wurde etwa die geplante Verglasung von Laubengängen in den beiden Innenhöfen des dreigeschossigen Hauses gestrichen, und es gab neben den konventionellen Klassenräumen keine speziellen Ateliers und Werkstätten. All diese Grunderfordernisse der Kunstpraxis wurden erst mit der Revolution

3 Vgl. Boeckl/Kapfinger, Abgelehnt – Nicht ausgeführt.

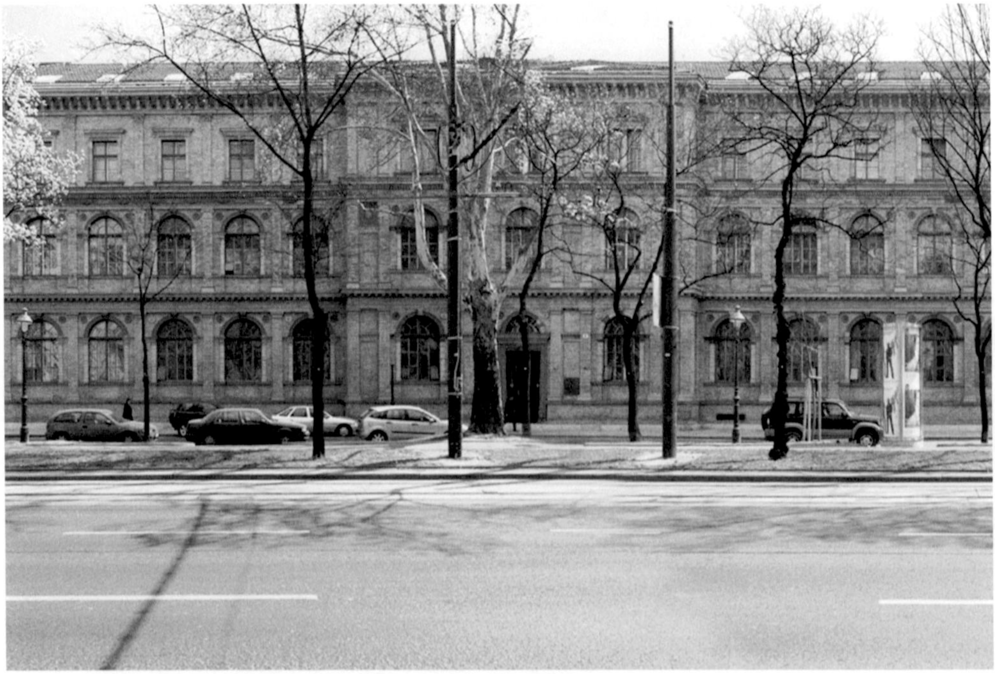

Abb. 1: Ferstel-Trakt am Stubenring, Foto Birgit und Peter Kainz

der Moderne für eine größere Lebensnähe der Kunstausbildung entschlossen eingefordert. Durch die Berufung von Josef Hoffmann, Kolo Moser, Alfred Roller, Felician von Myrbach, Michael Powolny und anderen jungen Kunstrebellen aus dem Umkreis der Secession hatte der einflussreiche Architekt und Akademieprofessor Otto Wagner, der auch Mitglied des Kuratoriums des k. k. Österreichischen Museums für Kunst und Industrie war, dessen Kunstgewerbeschule auf einen Schlag »modernisiert«.[4] Fortan war die Forderung nach neuen und besseren Räumen für die Kunstgewerbeschule, vor allem für großzügig verglaste und hohe Ateliers für Bildhauer und Architekten, ein Dauerbrenner in der Kommunikation zwischen dem Ministerium und der Schule. Otto Wagner selbst hatte sich bereits um 1900 mit dem Entwurf einer Modernen Galerie hinter dem Museum für Kunst und Industrie an der Zu- und Ausbaudebatte für Museum und Schule beteiligt. Das Museum erhielt dann 1906–1908 einen Erweiterungsbau von Ludwig Baumann, während die Kunstgewerbeschule sich noch bis zum Zubau von Schwanzer/Wörle von 1960–1965 gedulden musste.

4 Matthias Boeckl, Baukunst aus Reformgeist. Die Architekturschule der Angewandten, in: Ästhetik der Veränderung. 150 Jahre Universität für angewandte Kunst Wien, hg. von Gerald Bast, Anja Seipenbusch-Hufschmied, Patrick Werkner, Berlin 2017, S. 44–65.

Moderne Kunstschulen

So blieb die »Raumfrage« ein Dauerproblem der Angewandten, das man durch zahlreiche schuleigene Zubauentwürfe von Josef Hoffmann, Heinrich Tessenow und weiteren Architekten vergeblich zu lösen suchte. Anderen Pionieren der modernen Architektur war bei der symbolträchtigen Bauaufgabe Kunstschule und Atelier mehr Fortüne als Josef Hoffmann gegönnt. Charles Rennie Mackintosh realisierte 1897–1909 das internationale Role Model der modernen Kunstschulen – die Glasgow School of Art mit ihren typischen großflächigen Verglasungen der Atelierräume. Ein Mitbegründer der Wiener Secession, der Otto-Wagner-Schüler und -Mitarbeiter Joseph Maria Olbrich, konnte ab 1900 für die Künstlerkolonie Mathildenhöhe in Darmstadt ein beeindruckendes Atelierhaus errichten, das mit großen Raumhöhen und Verglasungen die technisch-ästhetischen Ansprüche moderner Kunstproduktion exemplarisch einlöste. Auch ein repräsentatives Ausstellungsgebäude entstand dort im Sinne der modernen Bewegung, die in Darmstadt vom jungen hessischen Großherzog Ernst Ludwig – einem Enkel der englischen Königin Victoria – finanziert wurde.

Henry van de Velde konnte mit seinen Bauten für die Kunstakademie und die Kunstgewerbeschule in Weimar ähnliche Innovationen im Sinne der Architekturavantgarde realisieren. Vorbild für die Ausbildung an den Weimarer Kunstschulen – dann bereits in Gestalt des 1919 von Walter Gropius aus ihnen geformten Bauhauses – war jedoch vor allem das Modell der Wiener Kunstgewerbeschule, wie es Josef Hoffmann und seine Kollegen seit ihrer Berufung ab 1900 praktizierten: Schwerpunkte bildeten die Grundausbildung in Materialkunde und Ästhetik (»allgemeine Abteilung«) sowie die darauffolgende Spezialisierung in Fachklassen für Architektur, Malerei, Bildhauerei oder eine andere Disziplin. Für Hoffmann blieb dabei stets die individuelle Kreativität das Maß aller Dinge, ohne jede Rücksicht auf Gelerntes oder historische Formen. Die gegenstandslose Form als authentisches Ausdrucksmedium des Individuellen war dann auch im Bauhaus ein grundlegender Lehrinhalt. Erst die neuen Bauhaus-Gebäude in Dessau von Walter Gropius und Adolf Meyer 1926 konnten umfassend eine wahrhaft moderne Kunstschul-Architektur mit industriell-gewerblicher Anmutung realisieren, die Klassenräume, ein Atelierhaus, ein Schüler-Wohnheim und Professoren-(»Meister«-)Wohnhäuser bot.

Auf die Pionierära der Moderne folgte im Zeitalter der europäischen Diktaturen eine längere Durststrecke beim Bau von Kunsthochschulen. Erst die Wiederaufbauzeit nach 1945 brachte neue Initiativen im sachlichen Zeichen des Internationalen Stils und des späten Funktionalismus. Dass Kunstschulen auch nach außen Kunst bzw. Baukunst veranschaulichen sollen, war jedoch kaum im Sinne der späten Moderne. Deren Semantik beschränkte sich auf subtile Anspielungen – etwa im Material: Der oben erwähnte nüchterne Stahlbeton-Skelettbau für die Angewandte von Karl Schwanzer und Eugen Wörle[5] deutete seine Widmung nur durch Ziegelparapete an den Fassaden an, die auf die »industrielle« Tradition der Institution und auf den benachbarten Sichtziegel-Altbau von Heinrich Ferstel verwiesen. Ab 1961 wurde in gegenteiliger, organischer Formensprache das heute verfallene Instituto Superior de Arte bei Havanna auf Kuba von Ricardo Porro und anderen ebenfalls als Beton- und Sichtziegel-Bau als eines der wenigen Statements engagierter Architektur auf diesem Sektor in der Ära des Spätfunktionalismus errichtet.

5 Siehe den Beitrag von Oliver Sukrow in diesem Band, S. 196.

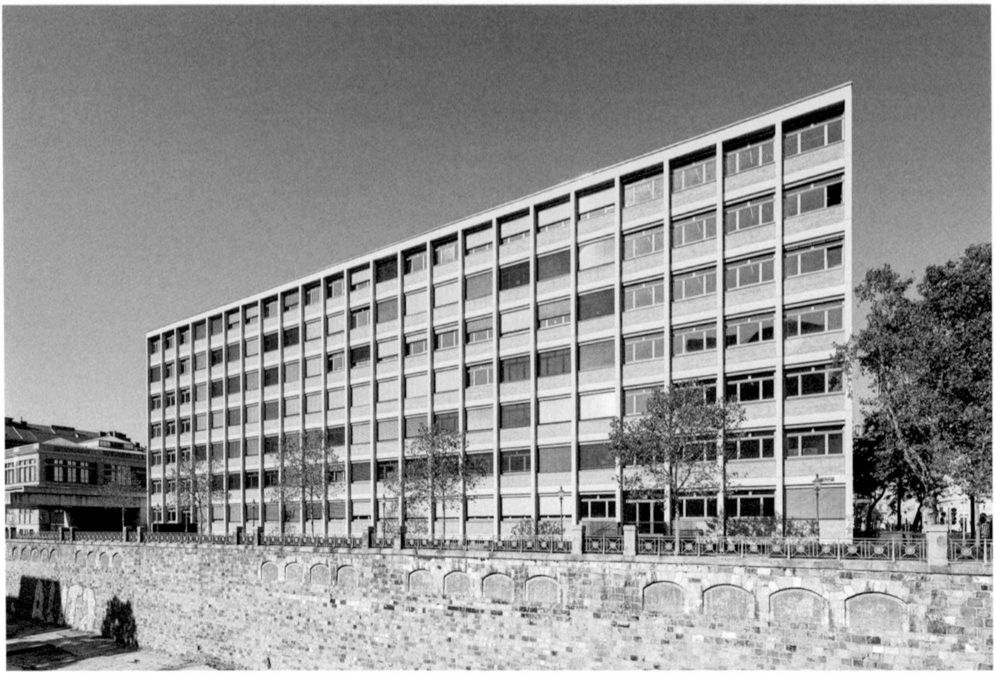

Abb. 2: Schwanzer/Wörle-Trakt am Oskar-Kokoschka-Platz, Fassade zum Wienfluss, Foto Bruno Klomfar

Nach der folgenden Postmoderne entstand erst im Zeichen der neoexpressiven Architektur der Zeit um 2000 – hundert Jahre nach dem euphorischen Kunstschul-Aufbruch der Moderne – erneut eine Gruppe markanter kunstpädagogischer Institute in ganz Europa, die exemplarische Gestaltungweisen jener Zeit boten: Als Beispiel seien etwa Steven Holls Zubau zur Glasgow School of Art, Günther Domenigs Kunstakademie in Münster sowie der Zubau zur Kunstakademie in München und die High School # 9 for the Visual and Performing Arts in Los Angeles von Coop Himmelb(l)au genannt.

Ausbau der Angewandten 2000–2023

Um 2000 begann auch die jüngste Ära der Bautätigkeit der Universität für angewandte Kunst Wien. Mehrere Faktoren sorgten für einen erneut stark gestiegenen Raumbedarf, darunter ein erheblicher Modernisierungsbedarf der Infrastruktur und der Ausstattung, eine verdoppelte Studierendenzahl sowie eine neue Rechtsgrundlage der Angewandten, die im Kunstuniversitäten-Organisationsgesetz (KUOG)[6] und im Universitätsgesetz (UG)[7] festgeschrieben wurde.

Schon seit 1939 hatte die Angewandte damit begonnen, Expostituren für einzelne Abteilungen mit neuem oder besonderem Raumbedarf anzumieten. Den Beginn machte in der NS-Zeit die barocke Prälatenwohnung des Heiligenkreuzerhofs, in die Oswald Haerdtl mit seiner Architektur- und seiner Designklasse einzog. Nach einer längeren Pause, die auch durch die Errichtung des Erweiterungsbaus am Hauptstandort ermöglicht wurde (Schwanzer/Wörle-Trakt, 1960–1965), wurde 1985 ein ganzes Haus am Salzgries 14 für die Abteilungen für Restaurierung und Chemie angemietet. Dann behalf sich die Angewandte – noch unter Rektor Rudolf Burger – mit einem Ausbau des Dachbodens des alten Hauptgebäudes von Heinrich von Ferstel am Stubenring. Dieser wurde 1999 nach einem offenen Wettbewerb der BIG von Anton Falkeis geplant, damals Mitarbeiter der Meisterklasse von Hans Hollein. 2002 war Baubeginn, 2004 erfolgte die Übergabe an die Nutzer*innen. Gemeinsam mit diversen kleineren Anmietungen brachte dies einen Gesamt-Flächengewinn von rund 3.000 m². Bis 2020 folgten insgesamt 19 weitere größere und kleinere, kurz- und mittelfristige Anmietungen im Umkreis der Universität in der Inneren Stadt und in den Bezirken Landstraße

6 In Kraft getreten am 30.9.1998.

7 In Kraft getreten am 1.10.2002.

sowie Leopoldstadt, von denen 13 mit dem großen Raum-Zugewinn im ehemaligen Bundesamtsgebäude Vordere Zollamtsstraße 7 wieder aufgegeben werden konnten.[8]

8 Maria Zettler: Standort-Entwicklung der Angewandten, Juni 2023.

Die »Raumfrage« der Angewandten erfuhr in der Amtszeit von Rektor Gerald Bast (2000–2023) eine Reihe neuer Lösungsansätze und viel Dynamik. Als Jurist und ehemaliger Mitarbeiter des Bildungsministeriums konnte Bast diese wesentliche Entwicklungsfrage der Universität fachkundig und engagiert mit der Implementierung des KUOG 1998 und des UG 2002 verbinden. Besonders das Letztere, das die Ausgliederung der Universität aus der Ministerialverwaltung und damit ein großes Maß an eigenständiger Gestaltungskompetenz der Angewandten brachte, war essenziell für die Lösung der Raumfrage sowie für die Möglichkeit, eigenständig Verträge mit institutionellen Entwicklern wie der Bundesimmobiliengesellschaft (BIG) abzuschließen. Bis 2010 gelang jedoch noch kein großer Wurf, da es an einer professionellen Projektsteuerung im Haus mangelte, die für große institutionelle Projekte unverzichtbar ist.

2001 beauftragte das damalige Bundesministerium für Wissenschaft und Forschung beim Beratungsunternehmen Infora eine Studie, die einen zusätzlichen Flächenbedarf der Angewandten von 14.000 m² ergab. 2006 wurde die Studie aktualisiert und beim Planer Hans Lechner die Erstellung eines Raum- und Funktionsprogramms beauftragt. 2007 erfolgte auf dieser Grundlage eine gemeinsame Erklärung der Universität und des Ministeriums zu einer Standortstudie, den Zubaukosten und der Ausschreibung eines Planungswettbewerbs.

Es dauerte jedoch noch bis 2009, bis an der Angewandten eine eigene Stelle für die Projektleitung des umfassenden Ausbauprogramms ausgeschrieben wurde. Im Februar 2010 trat Maria Zettler, die bis dahin nach einem technischen Architekturstudium als Bauprojektleiterin und Facilitymanagerin des internationalen Pharma-Unternehmens Baxter in Wien tätig war, ihr Amt als Projektleiterin für die Bauvorhaben der Universität an. Nun wurde von den involvierten Institutionen ein zusätzlicher Raumbedarf von 10.000 m² festgestellt und anerkannt. Gleichzeitig bot die Stadt Wien einen Bauplatz für einen kompletten Neubau der Universität im Stadtentwicklungsgebiet Donaucity an, das damals wie heute (2023) auf der Suche nach einer kulturellen Institution zur Ergänzung des hier gegebenen Funktionsmixes von Wohn-

und Bürobauten war. Diese Option wurde jedoch verworfen und auf Seiten der Angewandten entschieden, dass allfällige Erweiterungen bzw. Neubauten der Angewandten im Gebiet der Inneren Stadt liegen sollten. Gleichzeitig stellte jedoch das Bundesdenkmalamt fest, dass ein Abriss des Schwanzer/Wörle-Trakts nicht genehmigt werden würde, während eine von der BIG beauftragte Adaptierungsstudie das ehemalige Zollamtsgebäude in der Vorderen Zollamtsstraße 3 nahe den Hauptgebäuden der Universität »hinsichtlich Wirtschaftlichkeit und wegen zu geringer Flächenausbeute als unrealistisch« bezeichnete.[9]

Im Frühjahr 2011 stellte Hans Lechner in einer weiteren Studie fest, dass es am Hauptstandort Stubenring/Oskar-Kokoschka-Platz durchaus baurechtlich erlaubtes Potenzial für einen Ausbau gäbe. Als neu ernannte Vizerektorin für Infrastruktur wurde Maria Zettler im Oktober 2011 mit Entscheidungskompetenzen für die dafür nötigen Planungsschritte ausgestattet. So wurde im September 2011 von der BIG als Gebäudeeigentümer unter national und international bekannten Architekt*innen ein nicht offener, zweistufiger Realisierungswettbewerb im Oberschwellenbereich für den Generalplanerauftrag des Ausbaus der Angewandten ausgeschrieben. Die Architektenkammer für Wien, Niederösterreich und Burgenland protestierte gegen diese Vorgangsweise: »Ein offener Wettbewerb, bei dem die beste Projektidee gesucht wird und an dem alle ArchitektInnen des Landes (und darüber hinaus) teilnehmen können, birgt das hohe Risiko, dass gerade die Stars – oder viele davon – nicht teilnehmen. Das will sich die Angewandte als ›Hochburg der Architekturschulen‹ nicht antun, zu viel steht auf dem Spiel. Aber wäre es nicht Aufgabe einer Architekturschule, zumal einer solchen, die sich als weltführend erachtet, sich auf die Inhalte, auf das beste Projekt zu konzentrieren?«[10]

Ende 2011 wurde von Maria Zettler ein Projektorganisationsplan erstellt. Am 1. Februar 2012 folgte die Jurierung der 15 eingereichten Wettbewerbsprojekte der zweiten Stufe. Der zehnköpfigen Jury gehörten nationale und internationale Architekt*innen sowie Behördenvertreter an: Peter Cook, Odile Decq, Karl Dürhammer, Klaus Kada, Franz Kobermaier, Sanford Kwinter, Carl Pruscha, Günther Sokol, Benedetta Tagliabue und Klaus Vatter. Die Entscheidung lautete: 1. Preis: Wolfgang Tschapeller, sglw Architekten, Wien (»Projekt Nr. 10«); 2. Preis: Coop Himmelb(l)au, Wien; 3. Preis:

9 Aktennotizen des Rektorats, Januar–Mai 2014.

10 Herbert Ablinger, Stars von heute – Stars von morgen. Die Angewandte – eine Architekturschule am Wendepunkt, offener Brief, 1.9.2011.

Susanne Zottl, Eric Owen Moss, Wien; Anerkennung: Morphosis Architects, New York.[11] Das Siegerprojekt von Wolfgang Tschapeller, das eine Glas-Überwölbung des Innenhofes mit eingehängten Funktionsvolumina vorgesehen hatte,[12] fand jedoch wegen der vorgeschlagenen Aufstockung des Schwanzer/Wörle-Trakts um ein siebentes Obergeschoss keine Zustimmung des Bundesdenkmalamtes. Um dennoch die geforderten zusätzlichen Nutzflächen am Hauptstandort zu realisieren, ergänzte Tschapeller sein Wettbewerbsprojekt 2013 um unterirdische Räume. Aufgrund der damit verbundenen erheblichen Mehrkosten stoppte jedoch das Bildungsministerium als Financier im Januar 2014 dieses Projekt.

11 Vgl. www.architekturwettbewerb.at/competition/erweiterung-der-universitaet-fuer-angewandte-kunst-wien/contribution/8866

12 Siehe dazu den Beitrag von Oliver Sukrow in diesem Band, S. 196.

Gleichzeitig bot ein Immobilienentwickler das ehemalige Telegrafenamt am Wiener Börseplatz als Erweiterungspotenzial der Angewandten an. Ende Februar 2014 legte Vizerektorin Zettler dazu eine Realisierungsstudie vor. Außerdem bot die BIG das ehemalige Finanzamt an der Vorderen Zollamtsstraße 7 an, das in unmittelbarer Nachbarschaft der Angewandten liegt. Der große Gründerzeitbau mit zahlreichen generisch nutzbaren Räumen und zwei Innenhöfen war durch den Umzug des Finanzamts in den neuen Komplex Wien-Mitte frei geworden. Auf Veranlassung von Maria Zettler wurde auch zu diesem Gebäude eine Realisierungsstudie erarbeitet und bereits im März 2014 fertiggestellt. Im April 2014 legte die Universität beide Studien gemeinsam mit Mietangeboten dem Ministerium vor und überließ diesem die Entscheidung über die finale Auswahl des Erweiterungsstandorts. Mitte April entschieden das Wissenschafts- und das Finanzministerium gemeinsam zugunsten des ehemaligen Bundesamtsgebäudes Vordere Zollamtsstraße 7. Gleichzeitig wurde die Generalsanierung des Schwanzer/Wörle-Trakts genehmigt, jedoch gesondert finanziert aus dem »Konjunkturpaket 2014 für Universitäten«, sodass bereits im Sommer 2014 für die Planung des Umbaus und der Sanierung ein Ausschreibungsverfahren gestartet werden konnte.[13] Dieses Verfahren entschied in zweiter Stufe mit 23 Teilnehmer*innen das Wiener Büro Riepl Kaufmann Bammer für sich. Unter der Projektsteuerung von L-Bau aus Linz als Subauftragnehmer der Architekten wurden die beiden Häuser bis 2018 umgebaut und saniert. Erstmals in ihrer damals fast 150-jährigen Geschichte erhielt nun die Angewandte etwa die Selbstverständlichkeit eines eigenen

13 Mitteilung von Maria Zettler, 19.6.2023.

Auditoriums mit zeitgemäßer technischer Ausstattung. Die Nutzer*innen des Schwanzer/Wörle-Trakts zogen während der Generalsanierung 2016–2018 in temporäre Ausweichquartiere um. Am 4. Oktober 2018 wurden beide Gebäude feierlich eröffnet – es war ein attraktiver innerstädtischer Campus mit Bauten aus dem 19., 20. und 21. Jahrhundert entstanden.

Parallel dazu entwickelte sich seit Dezember 2013 eine unerwartete zusätzliche Chance für die Angewandte. Die Bank für Arbeit und Wirtschaft (BAWAG) hatte durch den Kauf der Postsparkasse auch deren berühmten Hauptsitz von Otto Wagner (errichtet 1903–1910) am Stubenring schräg gegenüber der Angewandten erworben. Nun verkaufte sie das Postsparkassenamtsgebäude an die Immobilienentwicklungsfirma Signa von René Benko und zog bald darauf in das neue Bürogebäude »The Icon« der Architekten BEHF und JSWD am Wiener Hauptbahnhof um. Nach der Prüfung mehrerer Nutzungsvarianten für das denkmalgeschützte Gebäude von Otto Wagner entschied die Signa im Oktober 2019, mit der Bundesimmobiliengesellschaft einen 99-jährigen Baurechtsvertrag für die Postsparkasse abzuschließen. Diese vermietete das Haus im Juli 2020 an die Universität für angewandte Kunst Wien, die Österreichische Akademie der Wissenschaften, die Johannes Kepler Universität Linz, den Wissenschaftsfonds FWF und die Ludwig-Boltzmann-Gesellschaft. Nach geringfügigen Adaptierungen konnte das Haus bereits am 12. Oktober 2022 als Neues Haus für Kunst und Wissenschaft eröffnet werden.

Bilanz

Die räumliche Erweiterung der Universität für angewandte Kunst Wien von 18.230 m² auf 37.070 m² Nutzfläche in den Jahren des Rektorats von Gerald Bast (2000–2023) und unter der Vizerektorin für Infrastruktur Maria Zettler (2011–) entspricht einer Verdoppelung des Raum- und Flächenangebots.[14] Im gleichen Zeitraum konnte die Anzahl der angemieteten Exposituren durch die Konsolidierung am Hauptstandort mit seinen vier Häusern am Stubenring, am Oskar-Kokoschka-Platz, an der Vorderen Zollamtsstraße und am Georg-Coch-Platz (ehem. Postsparkasse) von 16 auf 7 reduziert werden. Diese Expansion und gleichzeitige Konsolidierung ist nicht nur das Ergebnis der gelungenen Standortentwicklung einer öffentlichen kreativen Institution im Herzen von Wien, sondern auch

14 Maria Zettler, Nutzflächen-Entwicklung, unveröffentlichtes Manuskript, Juni 2023.

Ausdruck der künstlerischen und wissenschaftlichen Erfolge der Angewandten, ihrer Internationalität und Innovationskompetenz sowie der stark gestiegenen Zahl der Mitarbeiter*innen und Studierenden seit der Jahrtausendwende. Sie belegt das trotz mancherlei Widerständen nach wie vor gegebene Bekenntnis des Staates zu dieser Kunsthochschule, das zeitweise – etwa durch die Beschränkung des Architektur-Curriculums auf einen Master-Studiengang – durch drastische Sparmaßnahmen infrage gestellt schien. Mithilfe der Leistungsvereinbarungen und der nunmehr sinnvollen Raumausstattung der Angewandten kann die Universität nun auch in der Post-Bast-Phase ihre überdurchschnittliche kreative Leistungsfähigkeit beweisen.

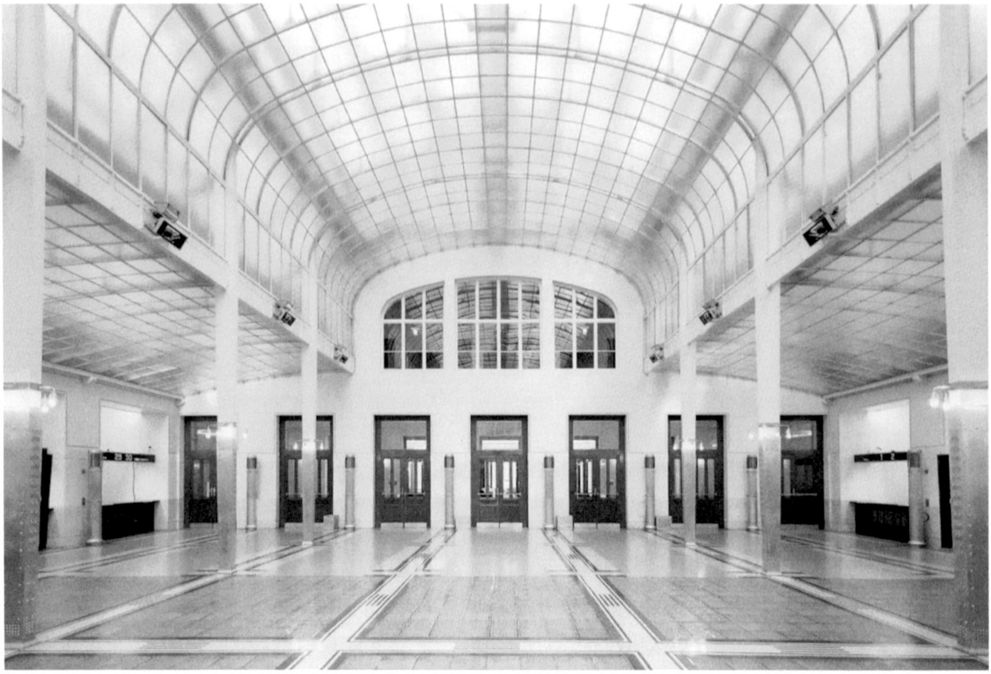

Abb. 3: Neues Haus für Kunst und Wissenschaft, Große Kassenhalle, ehemalige Postsparkasse, Foto Stefan Seelig

Die Arbeit an der Bildung

Rückkehr aus dem Vergessen

Aleida Assmann

Seit den 1990er Jahren ist die Erinnerung zu einem viel diskutierten und umstrittenen Thema auf allen Ebenen der Gesellschaft geworden: auf der Ebene der Einzelnen, der Generationen, der Politik und der Nation. Nicht nur die Holocaustüberlebenden meldeten sich in großer Zahl zu Wort, mit der Öffnung des Eisernen Vorhangs wurden zugleich auch historische Archive zugänglich, die eine neue Forschung über die Verbrechen Hitlers und Stalins ermöglichten. Vor diesem Hintergrund änderte West-Deutschland seine politische Haltung der Schlussstrich-Mentalität von Adenauer bis Kohl, die auf Versöhnung und Vergessen gesetzt hatte, und entwickelte neue Formen einer selbstkritischen Erinnerungskultur. Aber auch in Ländern wie Frankreich, Polen, Österreich oder der Schweiz wurde damals das nationale Selbstbild in öffentlichen Mediendebatten neu verhandelt. Hier stellt sich die allgemeinere Frage: Wann und unter welchen Umständen kehrt eine bestimmte Vergangenheit aus dem Vergessen zurück?

Vergangenheit ist das, was ›nicht präsent‹, und das heißt: ›vor den Sinnen‹ ist. Deshalb braucht sie sinnliche Objekte, konkrete Anlässe und öffentliche Debatten, um aus dem Schatten des Vergessens zu treten.

Ein besonderes Beispiel für die Rückkehr einer Vergangenheit ist ein großes öffentliches Bauprojekt in der symbolischen Mitte Berlins zwischen 2014 und 2020. Dort entstand die Rekonstruktion des Schlosses der Hohenzollern, dessen Ruine nach dem Zweiten Weltkrieg von der DDR-Regierung gesprengt wurde, weil es nicht mehr in die neue politische Landschaft passte. Diese Haltung änderte sich nach der Wiedervereinigung, nachdem die Hauptstadt von Bonn nach Berlin gewechselt war und es ein wachsendes Bedürfnis gab, die Bauten und Geschichte Preußens im Stadtbild wieder stärker zur Geltung zu bringen. Das zweite Kaiserreich, dessen Zentrum einst Berlin gewesen war, wurde aus dem Vergessen zurückgeholt und zusammen mit der Rekonstruktion des Schlosses als eine historische Schicht in der symbolischen Mitte der Stadt wieder sichtbar.

Ein Trakt dieses rekonstruierten Groß-Bauwerks sollte als Museum für ostasiatische und ethnologische Sammlungen dienen. Als es so weit war, dass deren Bestände ins nun sogenannte Humboldt Forum überführt werden sollten, wurde schlagartig offenbar, dass diese nicht einfach aus dem Vergessen zurückkehrten, sondern aus dem Verdrängen zurückgeholt wurden. Die Überführung der Objekte und Artefakte von einem peripheren Wissenschaftsstandort, den ethnologischen Sammlungen in Dahlem, wo sie für historische Forschungen bereitstanden, in die symbolische und politische Mitte Berlins wirbelte viel Staub auf und führte zu einer Debatte um die deutsche Kolonialgeschichte, auf die niemand vorbereitet war und die erst begonnen hat. Ob auch diese Geschichte tatsächlich in die öffentliche Erinnerung zurückkehren und von der Gesellschaft angeeignet wird oder ob sie auf eine Haltung der Verweigerung stoßen wird, ist vorerst noch nicht absehbar. Jetzt bereits ist jedoch klar, dass es sich hier um zwei sehr unterschiedliche Formen von Erinnerung handelt: Mit Proust kann man von einer ›mémoire volontaire‹ und einer ›mémoire involontaire‹ sprechen. Das preußische Schloss ist eine absichtlich zurückgeholte Vergangenheit und Ausdruck eines politischen Willens. Diese historische Referenz prägt die Silhouette der Stadt und verleiht ihr imperialen Glanz. Das Humboldt Forum sollte ein Museum für die Kunst der Welt werden und ist zum Ort des Traumas und der gesellschaftlichen Beschäftigung mit der verdrängten deutschen Kolonialgeschichte als einem kollektiven Unbewussten geworden.

Die (Un-)Sichtbarkeit des Denkmals von Karl Lueger

Ein aktuelles Beispiel für eine weitere Rückkehr aus dem Vergessen ist das Denkmal des Wiener Bürgermeisters Karl Lueger, das 1926 auf dem Platz am Stubentor enthüllt wurde und in Wien seit 2010 im Fokus öffentlicher Aufmerksamkeit steht. Die Diskussion um die historische Person Lueger (1844–1910) geht mit einem Streit über sein Denkmal am Stubenring einher und betrifft die

Denkmalwürdigkeit des ehemaligen Politikers. Was im 20. Jahrhundert nicht aufgefallen war, trat im 21. Jahrhundert immer stärker in den Vordergrund, nämlich die Tatsache, dass mit dem Denkmal von Karl Lueger auf dem Platz am Stubentor nicht einfach eine historische Größe und ein engagierter Modernisierer gefeiert wurde, der eine neue Infrastruktur Wiens um 1900 geschaffen und damit die Geschichte der Stadt stark geprägt hat, sondern auch ein Politiker, dem die Historiker inzwischen die Eigenschaft des ›ersten Populisten‹ zuschrieben, der in seiner Politik Ressentiments schürte und Antisemitismus zur gesellschaftlichen Norm erhob. Mit der Anerkennung dieses Sachverhalts und der Verbreitung dieses Wissens war die Verehrung der Figur dieses Bürgermeisters für einige Bewohner der Stadt nicht mehr tragbar.

Es bietet sich an, die Denkmalgeschichte Luegers in den Begriffen von Robert Musil zu beschreiben, der einen kurzen, aber berühmten Aufsatz über Denkmäler verfasst hat.[1] Ihm fiel auf, dass Denkmäler höchst paradoxe Erinnerungsmedien sind, weil sie genau das Gegenteil von dem bewirken, wofür sie gemacht sind. Das Auffälligste an Denkmälern sei, so Musil, »dass man sie nicht bemerkt. Es gibt nichts auf der Welt, was so unsichtbar wäre wie Denkmäler.« Die Stichhaltigkeit seiner Beobachtung ist unstrittig: Denkmäler werden aufgrund ihrer Statik und verlässlichen Präsenz ›übersehen‹; durch Gewöhnung treten sie in den Hintergrund, und das bedeutet automatisch Aufmerksamkeitsentzug.

1 Robert Musil, Denkmäler (1927), in: Ders., Gesammelte Werke, Bd. 2 (Prosa und Stücke), hg. von Adolf Frisé, Reinbek bei Hamburg 1978, S. 506–509.

Latenzschutz

Aber das ist nicht die ganze Geschichte. Wir können das Phänomen auch in der Sprache des ›Latenzschutzes‹ beschreiben. Die übersehenen Denkmäler verschwinden ja nicht einfach, sondern werden in der Wahrnehmung zu etwas anderem: einer Umwelt oder Infrastruktur der kulturellen und politischen Semantik, die den öffentlichen Raum definiert. Die mangelnde individuelle Aufmerksamkeit entscheidet also keineswegs über Sein oder Nichtsein von Denkmälern, erhöht im Gegenteil den Verlässlichkeitsgrad kollektiver Symbole. Denn dass man sie nicht sieht, kann gerade als eine Bestätigung für ihre gesicherte normative Funktion gewertet werden. Denkmäler stehen dann für das, woran wir uns gerade nicht täglich erinnern wollen oder müssen. Es ist dieser Zustand der Unbefragtheit und Hintergrunderfüllung, der sie zu Garanten unseres kulturellen Orientierungsraums macht. Unsichtbarkeit darf also nicht mit Abwesenheit verwechselt werden. Sie stabilisiert Werte und Symbole und imprägniert sie so gegen Nachfragen, Eingriffe und Veränderungen.

Latenzzeiten können lange währen, aber auch plötzlich beendet werden. Ein offensichtlicher Grund dafür ist ein politischer Systemwechsel. Mit den politischen Systemen ändern sich auch die Helden und Werte; die einen verdrängen die anderen aus dem öffentlichen Raum. Nach dem Zusammenbruch der Sowjetunion 1989 zeugten überall ikonoklastische Aktionen von einer neuen normativen Ausrichtung der Nachfolgestaaten. Lenin-Statuen wurden massenhaft von ihren Sockeln gestürzt; Straßen und Plätze wurden umbenannt. Häufig bleiben beim Sturz von Denkmälern die Sockel für eine Wiederverwendung intakt; neue Protagonisten der Geschichte stehen Schlange für die Erhebung in eine sichtbare Position im öffentlichen Stadtraum und im kulturellen Gedächtnis der Gesellschaft. Meist erzwingt die neue politische Orientierung eine Entweder-oder-Entscheidung. Diese totale Ersetzung von Symbolen ist jedoch nicht unproblematisch, weil die Vernichtung materieller Spuren die Auslöschung des historischen Gedächtnisses zur Folge hat. Für manche Denkmäler gibt es noch eine andere Lösung: Störende politische Symbole können in Parks unterkommen, wo sie symbolisch neutralisiert sind und jenseits des öffentlichen Raums bar politischer Semantik ein beschauliches Dasein im Ruhestand führen dürfen.

Aber nicht immer ist es ein politischer Umsturz, der den Latenzschutz eines Denkmals abrupt beendet und zu seiner Beseitigung oder Veränderung führt. Auch Wertewandel und Perspektivwechsel können, wenn politisch aufgeladen, das Schicksal eines Denkmals besiegeln. Das Beispiel des Lueger-Denkmals zeigt: Der Dornröschenschlaf eines Denkmals kann auch dann beendet werden, wenn sich die politische Großwetterlage ändert, sich ein Generationswandel vollzieht, neue gedankliche Strömungen auftreten oder sich anderweitig oder durch Migration oder zunehmende Diversität die Gewichte in der Gesellschaft verschieben. Dann nämlich kann sich ein Perspektivenwechsel vollziehen, der den Latenzschutz plötzlich infrage stellt, der für einen Großteil der Gesellschaft über lange Zeit als selbstverständlich gegolten hatte.

Niklas Luhmann hat sich als Soziologe für diesen Wandel der Semantik im öffentlichen Raum sehr interessiert. Er hat in der ihm eigenen Sprache Latenzschutz als ein »Struktursicherungsmittel« definiert, das Veränderungswiderstand bewirkt. Diesen Vorgang hat er mit folgenden Worten kommentiert: »Wenn Strukturen Latenzschutz benötigen, heißt dies nicht, dass Bewusstheit bzw. Kommunikation unmöglich wäre; sondern es heißt nur, dass Bewusstheit bzw. Kommunikation Strukturen zerstören bzw. erhebliche Umstrukturierungen auslösen würde, und dass diese Aussicht Latenz erhält, also Bewusstheit bzw. Kommunikation blockiert.«[2]

2 Niklas Luhmann, Soziale Systeme. Grundriß einer allgemeinen Theorie, Frankfurt am Main 1987, S. 456 und 459.

Luhmann wird bei diesen Sätzen kaum an Denkmäler gedacht haben. Aber angesichts dessen, was man seit Mai 2020 in Minnesota nach der Ermordung von George Floyd in vielen Städten und Ländern erleben konnte und weiter erlebt, hat Luhmanns Beschreibung eine ungeahnte Aktualität gewonnen. Denkmäler, die jahrhundertelang Inbegriff der starren Kulisse einer urbanen Umwelt und ihrer Symbolik waren, sind über Nacht zu neuem Leben erwacht. Viele bis zur Selbstverständlichkeit vergessene und in den Hintergrund gerückte historische Denkmäler haben plötzlich ihren Latenzschutz verloren und sind ins Feld der Sichtbarkeit zurückgekehrt. Damit werden sie im wahrsten Sinne zu Steinen des Anstoßes gesellschaftlicher Debatten über jene Vergangenheit, die sie heroisch glorifizieren. Das zufällig am Tatort entstandene Video der Ermordung ging viral und gab der Black-Lives-Matter-Bewegung einen starken Auftrieb über nationale Grenzen hinweg. Denkmäler von prominenten Akteuren des Sklavenhandels, die über Jahrhunderte hinweg unbefragt auf ihren Sockeln gestanden hatten, wurden plötzlich zur Zielscheibe von Angriffen. Um mit Luhmann zu sprechen: Der Veränderungswiderstand des Latenzschutzes war aufgebraucht, als Bewusstheit und Kommunikation erhebliche Umstrukturierungen auslösten.

Ähnliches gilt für die Hindenburg-Statuen in den Zentren deutscher Städte. Nachdem sie jahrzehntelang auf öffentlichen Plätzen ihr unbefragtes Dasein gefristet hatten, sind sie durch öffentliche Debatten plötzlich in den Lichtkegel allgemeiner Aufmerksamkeit geraten. Die Sichtbarkeit von Denkmälern kann also, wenn sie von Kritik und Debatten begleitet wird, auch durch einen gesellschaftlichen Wandel und ein neues öffentliches Bewusstsein hervorgerufen werden. Solche Beispiele zeigen, dass das Sichtbarwerden von Denkmälern, das auf eine veränderte historische Sensibilität zurückgeht, ihren prekären Status offenbart und der erste Schritt zu ihrer Beseitigung sein kann.

Die Neugestaltung des Lueger-Denkmals
Ein erster, 2010 von der Universität für angewandte Kunst Wien initiierter künstlerischer Wettbewerb für die Neugestaltung des Lueger-Denkmals, dem eine wissenschaftliche Auseinandersetzung mit Lueger vorausgegangen war, sowie ein zweiter Wettbewerb 13 Jahre später zeigen eine große Bandbreite möglicher Verfahren und künstlerischer Eingriffe. Allen geht es darum, der von dem Bildhauer und damaligen Professor der Akademie der bildenden Künste Josef Müllner angestrebten Geste verehrender Immortalisierung entgegenzuwirken. Die Entwürfe durchkreuzen die Botschaft des heroisierenden Denkmals durch räumliche Umgestaltung mit dem Zweck des Entzugs von Sichtbarkeit, durch Umkodierung in Form von Überschreibung des Denkmals mit einer neuen bzw. entgegengesetzten Botschaft sowie durch ›Verkleinerung‹ der Denkmalsfigur durch Negation, Ironisierung oder Kontextualisierung. Einen anderen Weg ging der Entwurf von Klemens Wihlidal, der im ersten und im zweiten Wettbewerb den ersten Preis erhielt. Er verzichtet darauf, sich inhaltlich mit der historischen Figur auseinanderzusetzen. Stattdessen nimmt er eine minimale Korrektur am Standbild durch ein leichtes Kippen von 3,5° der Figur nach rechts vor. Diese minimale Korrektur erfordert eine große technische Intervention durch die Schrägstellung des Sockels. Was vor zwölf Jahren noch undenkbar war, kann inzwischen im Rahmen eines von der Stadt Wien ausgelobten Wettbewerbs vollendet werden. Beide Wettbewerbe sind damit zusammengebunden zu einer einzigen Geschichte der gemeinsamen Anstrengung der Veränderung des Denkmals. Dieses abstrakt reflexive Verfahren, das keine historischen Referenzen aufruft, alles Belehrende umgeht und direkte Botschaften vermeidet, wirkt allein auf der sinnlichen Ebene der Wahrnehmung und Aufmerksamkeit.

Damit führt es zurück zu Robert Musils Überlegungen über die (Un-)Sichtbarkeit der Denkmäler. »Mit einem Wort, auch Denkmäler sollten sich heute, wie wir es alle tun müssen, etwas mehr anstrengen!«, meinte Musil im Jahre 1927. »Ruhig am Wege stehen und sich Blicke schenken lassen, kann jeder; wir dürfen heute von einem Monument mehr verlangen.«

Wir dürfen nicht nur von einem Monument mehr erwarten, sondern auch von den Betrachtern. Diese müssen sehr genau hinschauen und den Schwindel auf sich einwirken lassen, der an diesem Ort in Zukunft zum Nachfragen anregen soll.

Die Kunst und ihr Double

Eva Maria Stadler

»Unser zentrales und konsequentes Bestreben ist es, Methoden zu lehren, nicht Inhalte; den Prozess gegenüber den Ergebnissen zu betonen; den Studenten zur Erkenntnis zu bringen, dass die Anwendung des Wissens [...] für uns wichtiger ist als die Fakten selbst.«[1] Mit dieser Losung beschreibt John Andrew Rice, der Begründer des Black Mountain College, die Grundsätze jenes interdisziplinären Experiments, das für die Ausrichtung zahlreicher Kunstschulen und Universitäten des 20. Jahrhunderts äußerst prägend war und in mancher Hinsicht auch heute noch ist. Für die Universität für angewandte Kunst Wien stellt sich der Einfluss des Black Mountain College jedoch komplexer dar, spielte doch die Kunstgewerbeschule, aus der die Angewandte hervorgegangen ist, selbst eine entscheidende Rolle bei der Entwicklung interdisziplinärer Methoden in der Kunstausbildung.

Mit dem Beginn der Direktion von Felician Freiherr von Myrbach im Jahr 1899 kommen nicht nur neue Lehrende wie Josef Hoffmann, Kolo Moser, Rudolf von Larisch und schließlich Franz Čizek an das Haus am Wiener Stubenring, sie setzen auch neue Prioritäten in der Lehre. Nicht Nachahmung und Kopie standen im Vordergrund, sondern ein forschendes Denken, das die Studierenden motivieren sollte, Materialien auf ihre spezifischen Eigenheiten hin zu untersuchen und hinsichtlich ihres Zwecks – oder, um es weniger funktionalistisch auszudrücken, ihres Ziels – zu modifizieren. Mit diesem Gedanken wird ein Paradigmenwechsel in der Lehre wie in der Auffassung von Kunst eingeleitet. Das künstlerische Subjekt mit seinen individuellen Stärken und Sensibilitäten rückt insbesondere in den Lehrkonzepten von Franz Čizek in den Mittelpunkt. Wichtig bleibt, die Abhängigkeit der Form von Material und Technik als Bedingung, nicht aber als Gesetz zu begreifen.

1 John Andrew Rice zitiert in: Black Mountain. Ein interdisziplinäres Experiment 1933–1957, hg. von Eugen Blume u. a., Nationalgalerie im Hamburger Bahnhof – Museum für Gegenwart Berlin, Leipzig 2015.

Aus heutiger Perspektive erscheint es fragwürdig, den euphorischen Freiheitsgedanken, den Čizek formulierte und der in äußerst bemerkenswerten künstlerischen Ergebnissen seinen Niederschlag fand, blind zu aktualisieren. Künstlerische und individuelle Freiheit bedeutete um die Jahrhundertwende, die noch von der rigiden Pädagogik des 19. Jahrhunderts geprägt war, die Möglichkeit, Räume in jeder Hinsicht zu öffnen, dies geschah jedoch auf Basis einer Grundbildung, die auf einem starken Regelwerk an Kompetenzen und Fähigkeiten aufbaute. Čizeks Form- und Farbanalysen und die daraus entwickelten Methoden verzeichneten international durchschlagenden Erfolg und hatten, so wie unter anderen auch der Vorkurs von Johannes Itten, großen Einfluss auf die Kunstausbildung und mehr noch auf die Entfaltung neuer künstlerischer Ausdrucksweisen, die über das Kunstwerk hinausgingen, um nicht zuletzt die Persönlichkeitsbildung in den Blick zu nehmen.

Der Wiener Weg dieser Bildungsreform fand seine Fortsetzung und führte unter anderem über das Bauhaus schließlich bis North Carolina, wo Künstler*innen und Wissenschaftler*innen auf der Flucht vor dem Naziregime zusammenfanden, um dem monströsen Menschenbild der Nationalsozialisten entgegenzutreten.

Für die Universität für angewandte Kunst Wien blieben die Methoden und Lehrkonzepte, die am Beginn des 20. Jahrhunderts entwickelt wurden, einflussreich, mehr noch aber bildeten und bilden sie die Voraussetzung für eine selbstreflexive und dadurch erneuerungsfreudige Bildungspolitik.

Der langjährige Rektor der Angewandten Gerald Bast (2000–2023) spricht von einer Bildungsrevolution, der es bedarf, um der rasanten Entwicklung neuer Technologien, der aggressiven Ökonomie des Kapitalismus mit ihren sozialen Umwälzungen und einer notwendigen globalen Klimapolitik zu begegnen. Gerald Basts Verständnis einer solchen Bildungsrevolution basiert auf der Überzeugung, die Strukturen der Wissensproduktion zu befragen und deren Ordnung zu überwinden. Erst die Verknüpfung des Wissens aus unterschiedlichen Disziplinen oder besser eine De-Disziplinierung würde Bildung zu einer gesellschaftspolitisch relevanten Kraft machen. So stellt Bast insbesondere die Divergenz von Kunst und Wissenschaft infrage und sieht in deren Zusammenwirken ein emanzipatorisches Potenzial einerseits und eine kritische Ermächtigung des lernenden Subjekts andererseits. Mit der Einrichtung neuer Studien wie dem Studiengang Cross-Disciplinary Strategies an der Universität für angewandte Kunst Wien wird dem sogenannten *educational turn* Rechnung getragen. Begriffe und Prozesse aus dem Bildungsbereich werden mit künstlerischen Methoden konfrontiert bzw. finden oftmals Eingang in dieselben. Dazu zählen recherchebasierte Kunstpraxen, künstlerische Forschung sowie Interdisziplinarität in der Lehre. Das Studium Cross-Disciplinary Strategies baut auf den Säulen »Artistic Strategies«, »Politics and Economics« sowie »Science and Technologies« auf und erweitert damit den Bildungskanon einer Kunstuniversität. Auch wenn eine De-Disziplinierung eine Reihe von Problemen aufwirft, wie etwa die Annahme, dass alles und jedes Kunst sein kann, wenn man künstlerische Strategien anwendet, so birgt dieser Ansatz doch das Potenzial, die gegenteilige Annahme, nämlich dass alles und jedes Kunst sein kann, sofern eine autonome Position eingenommen wird, zu hinterfragen.

Basts kontinuierliches Bestreben, neue Formen des Lehrens und Lernens für die aktuellen gesellschaftlichen und medientechnologischen Entwicklungen zu etablieren, setzt einen wichtigen Maßstab für den Aufbau von Gegenkulturen der Wissenschaftskritik. Der Kunst kommt dabei eine zentrale Rolle zu. Es ist evident, dass Wissenschaftsdisziplinen mit Methoden arbeiten, die ihrerseits reflektiert werden müssen, um unterschiedliche Perspektiven einzunehmen, und mehr noch, um die institutionellen und diskursiven Bedingungen vermeintlicher Tatsachen zu analysieren. Ein markantes Beispiel dafür sind die bildgebenden Verfahren in der Medizin etwa in der Hirnforschung, die in ihrer visuellen Logik gefangen sind und oftmals suggestive Wirkungen erzeugen. Hier kann die Kunst einen wichtigen Beitrag zur Bildanalyse leisten und über die Beschränktheit der wissenschaftlichen Erkenntnis hinaus Zusammenhänge von Synapsenforschung und Bildungspolitik buchstäblich ins Bild setzen.

Mit der Überwindung der Dichotomie von Kunst und Wissenschaft öffnet sich ein Bildungsraum, der nicht mehr Ausbildung oder Erziehung zum Ziel hat, sondern *universitas*. Für Gerald Bast bedeutet dies die Rückgewinnung eines Raumes, der allzu leichtfertig den ökonomischen Interessen einer schlichten und eindimensionalen Bildungspolitik überlassen wurde.

Der französische Künstler Antonin Artaud, er war Schriftsteller, Zeichner, Regisseur und Theoretiker, wurde berühmt mit der Textanthologie *Das Theater und sein Double*. Artaud plädiert darin für einen Überschwang, für ein Durchbrechen der Grenzen der Sprachen, der Kulturen und entwirft das Theater der Grausamkeit. Grausam sind für ihn absolute Determination und die Begrenzung der Sinne. In der magischen Aktion jedoch, so kann man Artaud paraphrasieren, gilt es, die Barrieren zwischen Kunst und Wissenschaft aufzuheben, denn: »Wir sind nicht frei. Und noch kann uns der Himmel auf den Kopf fallen. Und die Kunst ist dazu da, uns zunächst einmal dies beizubringen.«[2]

2 Antonin Artaud, Das Theater und sein Double, München 1996, S. 85.

Die Reform der Reform

Brigitte Felderer

Die jüngste Geschichte der Universität für angewandte Kunst Wien ließe sich als ein Prozess beschreiben, der die eigene, lang zurückreichende Historie immer wieder neu vergegenwärtigte. Als Prozess, der die Strukturen der Angewandten stärkte, um Freiräume aufzumachen, die in gebotener akademischer Geborgenheit auf eine harte Gesellschaft vorbereiten, in der Wissen immer noch allzu diszipliniert und immer mehr ökonomisiert wird – soziale Scheren sind hier mitgemeint.[1] Diese unsere Universität versteht sich als Trägerin, als Medium, als Instrument gesellschaftspolitischer Wirksamkeit im Sinne der gemeinsamen Verantwortung, Student*innen an Denkweisen und Praxisformen heranzuführen, die Wissen nicht als Downloads abpacken, sondern einen Kanon von erprobten wie innovativen Methoden und den Bestand jeglicher Ressourcen – konkreter wie immaterieller – immer wieder neu lesen, hinterfragen und vor allem vorantreiben, wenn nicht grundlegend ändern.

Die Angewandte hat in den letzten 24 Jahren neue Studien ermöglicht, neue Studienordnungen etabliert, die Kunst und Technologie, Stadtforschung und Design, künstlerische Forschung und Ökonomie, Diversität, Transdisziplinarität und einen angewandten Kunstbegriff als Inhalte und Anwendungen von Lehre und Studium deklarieren. Der Balanceakt, den es dabei zu beschreiten gilt, verdankt sich dem produktiven Paradox, Strukturen zu etablieren, die wiederum dynamisieren sollen, um sich so auch laufend selbst zu hinterfragen. Kann also etwa ein Studienplan in all seiner gesetzlichen Verbindlichkeit zu einer gesellschaftlichen Transformation anregen oder stellt ein Curriculum bereits ein Ergebnis struktureller Reformen dar und läuft so Gefahr, eine fermentierende Dynamik zu beschließen, diese gewissermaßen mit Definitionen und Disziplinierungen einzufrieren?

1 Grundlegende Forderungen und Überlegungen zum Zusammenwirken von Kunst und Leben, Kunst und Wissenschaft, Kunst und Technologie und nicht zuletzt Kunst und Handwerk wurden bereits 1871, in den 72 Tagen der Pariser Kommune, in beeindruckender Aktualität formuliert. Kristin Ross vergegenwärtigt die Gedankenwelt der »Himmelstürmer von Paris« in ihrem Essay *Luxus für alle*, 2021 in der deutschen Übersetzung von Felix Kurz erschienen bei Matthes & Seitz, Berlin.

Studienprogramme wirken nach, gehen weit über jedes Zertifikat am Ende eines Studiums hinaus. Studienmodelle wirken zugleich auf die gesamte Universität zurück. Fragen richten sich an Methoden und Inhalte, an handelnde Personen und solche, die beobachten, begleiten und bereit sind, kritische Widerstände einzubringen bzw. offen dafür sind, sich solchen auch auszusetzen. Kurzum: Ein Programm wirkt nach innen und kann dabei auch für Zusammenhänge außerhalb der Universität sichtbar und wirksam werden.

Die Namen der Studienangebote verraten viel über die an sich selbst gestellten Ansprüche (wobei auch längst vorhandene Studien an der Angewandten ihre Namen an neue Methoden, neue Fragestellungen, neue Anwendungen angepasst haben), die sich mit einer Namensgebung freilich nicht automatisch einlösen.

Mit diesem Prozess einer kritisch verstandenen Erneuerung, auf den die Angewandte zurückschauen wie aufbauen kann, geht eine Reflexion eigener Möglichkeiten und Beschränkungen einher, eine andauernde Erarbeitung geeigneter Methoden ebenso wie das begleitende wie produktive Risiko zu scheitern – und dennoch nie innezuhalten.

Neues ist keineswegs auf vielleicht mitgemeinte Effizienz oder Leistung beschränkt. Eine gesellschaftliche Dynamisierung erscheint nur dann möglich, wenn Aktivitäten im universitären Rahmen nicht hinter gesellschaftspolitischen Dringlichkeiten im Großen wie im Kleinen zurückbleiben, wenn gesellschaftliche Notwendigkeiten kritisch wahrgenommen und daraus neue Überlegungen und eigene wie kollektive Handlungen abgeleitet werden.

Die Zertifikate, die weitere Studienschritte erlauben oder auch ein erfolgreich absolviertes Studium bestätigen, sind freilich keine Zeugnisse, die das Leben vergibt. Sie stehen noch nicht für Erfahrungen, sollten vielmehr eine Freiheit markieren, die man sich genommen hat, um neue Möglichkeiten, Methoden, Denkformen kennenzulernen, zu erproben und auszureizen, Netzwerke zu begründen bzw. die Kraft informeller Strukturen zu erleben.

Die Universität für angewandte Kunst Wien ermöglicht Projekte, die über Aufgaben hinausgehen, die Reaktionen in einer ungeschützten Umgebung nicht scheuen, die Verbindlichkeiten eingehen, ohne auf Studierende Zwänge auszuüben.

Masterprogramme versprechen einen zeitlich kompakten Download von Inhalten. Je internationaler sie angelegt sind, umso weitreichender treten sie in Konkurrenz zu anderen Studiengängen. Wenn sie dabei jedoch auf einer inter- und letztlich transdisziplinären Methodologie aufbauen, gilt es, die eingesetzten Methoden immer zu schärfen – sei es, den Kanon zu erweitern, sei es, neue Methoden und Strategien zu entwickeln, zu adaptieren – und immer entlang sich neu stellender Bedürfnislagen zu hinterfragen. Transdisziplinär angelegte Studienprogramme ziehen sich nicht auf eine Disziplin zurück und wenden Wissen so an, dass Haltungen gestärkt und konturiert werden, dass ganz grundsätzlich zu einer Haltung gefunden wird, um Wissen entlang unterschiedlicher Zugänge anzuwenden oder auch einzufordern. Studien, die in einer reformierten europäischen Universitätslandschaft solch knappen Plänen folgen (müssen), und Studierende, die diesen Zeitdruck auf sich nehmen müssen, werden an der Angewandten dennoch in die Lage versetzt, transdisziplinäre Vernetzungen und sachlich wie mitunter aktivistisch getriebene Netzwerke über die Studiendauer hinaus aufzubauen. Ein Studium soll in diesem Sinne nie zu einem Abschluss kommen, sondern vielmehr die Voraussetzungen schaffen, solch tragende Netzwerke, die durch gemeinsame Projekterfahrungen, durch geteilte Verantwortung entstehen, überhaupt zu etablieren.

Wenn eine Universität, wenn ein Studienprogramm Freiräume garantieren will, dann darf sie sich von einem solchen Entwicklungsprozess nicht ausnehmen: Die Universität muss unbedingt Kampfzone für Konflikte sein und bleiben, sich einer solchen Komplexität stellen. Um Studierende und Absolvent*innen in einer Gesellschaft initiativ werden zu lassen, sie dazu anzuregen, die Gesellschaft mittragen oder auf sie einwirken zu wollen, bedarf es einer Universität, die Atem lässt, die sich auch zum Inhalt, zum Anlass sozialer Bewegungen machen kann, die dafür Raum und Auseinandersetzung bietet und die vor allem erkennt, wie sehr sie immer Anlässe ihrer eigenen Bestrebungen liefert: Innovation erreichen zu wollen bedeutet auch, die eigenen Bedingtheiten infrage zu stellen, zu bedenken, was Innovation entgegenstehen mag. Auch ist Innovation nicht zwingend mit Aktivität gleichzusetzen. Soziale Bewegungen können auch nach einem Innehalten verlangen, danach, Planungen und Bewegungen zuzulassen und nicht zwingend zu regulieren.

Die Universität so zu planen, Curricula in der gegebenen Zeitspanne von wenigen Monaten – bemessen in ECTS-Punkten – als Spielräume wahrnehmbar zu machen, als Einübung in den Dissens, als Versuchsanordnung für das Experiment, als Auftrag, das eigene Tun, die institutionellen Vorgaben zum Thema zu machen, steht für den Geist der Angewandten, wie sie sich uns heute präsentieren kann – nach Jahren der Reform einer Reform.

Unter dem steigenden Druck einer Kommodifizierung kompakter Ausbildungsangebote stellt der inhaltliche Anspruch, gesellschaftlich verantwortliche wie auch wirksame Arbeit zu leisten und in ein Lehrangebot zu übersetzen, eine kontinuierliche Herausforderung dar. Es geht darum, universitäre Möglichkeiten zu nutzen, zu instrumentalisieren – im besten Sinn – und zugleich Verbindlichkeiten einzugehen, die über die Unistrukturen hinausreichen bzw. deren Möglichkeiten und Angebote nach außen hin sichtbar machen, und sich so letztlich den eigenen Ansprüchen zu stellen. Und es wird mehr denn je darum gehen, Privilegien abzuschaffen und Ressourcen zu teilen, im Denken wie in der Aktion.

Über das Verhältnis von Kunst und Wissenschaft

Die Gestaltung der digitalen Wirklichkeit. Wissenschaft, Kunst und die Illusion der Kontrolle

Helga Nowotny

Beginnen wir mit der Wissenschaft. Der große Physiker Richard Feynman war für seine praktischen und zugleich tiefsinnig epistemologischen Einsichten bekannt, die er an seine Studierenden und seine Peers weitergab. »Science«, sagte er, »is what we have learned about how to keep from fooling ourselves.« Die Befürchtung der Selbsttäuschung sitzt tief im kollektiven wissenschaftlichen Unterbewusstsein, hat sie doch eine lange Geschichte. Der Übergang von einer mittelalterlichen Denkweise und alchemistischen Praktiken zur modernen Wissenschaft verlief keineswegs geradlinig. So praktizierte Issac Newton noch Alchemie und versuchte anhand biblischer Texte den Beginn der Schöpfung und das Alter der Erde zu errechnen. Immer wieder schwang bei den »Naturphilosophen«, wie sie sich nannten, das Misstrauen mit, die eigenen Sinne könnten sie täuschen. Die Grenzen zwischen einer von übernatürlichen Kräften geprägten Welt und einer, die von mechanistischen Naturgesetzen beherrscht war, mussten noch gezogen werden. Der Weg zur »wissenschaftlichen Objektivität« war lang, und wiederholte Anpassungen waren nötig.[1] Erst im 19. Jahrhundert setzte sich das Ideal einer »mechanistischen Objektivität« durch, die auf Messungen und Messinstrumenten aufbaute. Damit war die Geschichte aber keineswegs abgeschlossen. So hat sich etwa die Fotografie, die zunächst als objektive Wiedergabe

1 Lorraine Daston/ Peter Galison, Objectivity, Cambridge, MA 2010.

der Wirklichkeit gefeiert wurde, inzwischen als äußerst anfällig für Manipulation und Täuschung herausgestellt.

Wissenschaft, seit dem 19. Jahrhundert in enger Symbiose mit der Technik, steht daher immer vor dem Problem der Kontrolle. Objektivität bleibt für die Sicherung ihrer Erkenntnisse unabdingbar. Verunreinigungen und Messfehler müssen erkannt und vermieden werden. Es gilt zwischen Lärm und Signal, zwischen unbedeutenden und bedeutsamen Resultaten zu unterscheiden. Vor allem müssen die eigenen Ergebnisse ständig von den Peers überprüft, reproduziert und validiert werden. Allen Mängeln und Fehlleistungen des Systems zum Trotz hat sich das Prinzip der Wissenschaft als »organisierter Skeptizismus« bewährt. Sich nicht von den eigenen Sinnen und Gefühlen täuschen zu lassen setzt das individuelle wie kollektive Bewusstsein voraus, dass Kontrolle immer die Möglichkeit der Illusion in sich trägt und somit eine Falle sein kann.

Für die Technik ist Kontrolle ein zentrales Problem. Zunächst geht es schlicht darum, ihr Funktionieren zu gewährleisten: *It works!* Das Kriterium für die Kontrolle ist klar, seine Überprüfung ebenfalls. Je nach Design und intendierter Funktion, nach Material und dem zu erfüllenden Zweck wird erwartet, dass Technik funktioniert. Bald kommen zusätzliche Anforderungen dazu, und die Notwendigkeit der Kontrolle erweitert sich. Zunächst geht es um die Gewährleistung der Sicherheit der die Maschine bedienenden Menschen. Vom Beginn der Industrialisierung an bedurfte es langer Kämpfe der Arbeiterschaft, um diese Forderung durchzusetzen, und in vielen Teilen der Welt ist sie noch immer nicht erfüllt. Heute verlangen wir mit Recht, dass die Kontrolle der Technik auf ihre beabsichtigten und, wenn irgendwie möglich, auf ihre unbeabsichtigten Folgen ausgeweitet wird. Zumindest in den westlichen Industrieländern ist eine Fülle von Sicherheitsvorkehrungen, Zertifizierungen und Überprüfungen entstanden, die eine Kontrolle über potenzielle Schäden für Gesundheit und Umwelt gewährleisten sollen.

Doch die Illusion der Kontrolle ist nie weit entfernt. Die Verlockung ist groß, die »sweetness of technology« zu kosten, wie es J. Robert Oppenheimer nannte, als er die Macht der Atombombe erkannte. Heute ist es die vermeintliche Entdeckung von »Funken« einer Allgemeinen Künstlichen Intelligenz, die zum Frohlocken verleitet.[2] Der Höhepunkt der Illusion der Kontrolle wurde in vielerlei Hinsicht in der Moderne erreicht, schien doch alles

2 Sébastian Bubeck u. a., Sparks of Artificial General Intelligence: Early experiments with GPT-4, March 2023, https://arxiv.org/abs/2303.12712.

machbar und der technische Fortschritt unendlich. Die Hybris war nicht auf Technofreaks beschränkt, sondern erfasste den Staat als mächtigen Akteur.[3] In liberalen Demokratien sind solche Herrschaftsansprüche heute selten geworden. Das jeder neuen Technologie innewohnende Dilemma lässt sich nicht mehr übersehen: Haben wir sie unter Kontrolle oder verlieren wir die Kontrolle über sie? Leben wir in der Illusion der Kontrolle, bis uns die Wirklichkeit oft in brutaler Weise einholt, oder können wir uns vorausblickend und mit gebotener Bescheidenheit vor dieser Illusion schützen?

Heute stehen wir erneut vor einem weitreichenden Kontroll-Dilemma. ChatGPT, seine Konkurrenten und Nachfolger haben sogar die Experten mit ihrer Effizienz und Leistungsfähigkeit überrascht. Sie haben die öffentliche Diskussion angeheizt und den Spekulationen über das angeblich bald erreichbare Ziel einer Allgemeinen Künstlichen Intelligenz, die der menschlichen Intelligenz ebenbürtig ist oder sie übertrifft, erneut Auftrieb gegeben. Sie rufen Erstaunen und Begeisterung ebenso wie ernste Befürchtungen hervor. Die generative KI beruht auf Large Language Models, LLM. Sie benötigen eine Unmenge an Text und bildlichen Daten, die einer innovativen Kombination von *reinforcement learning* und *unsupervised training* aufgrund statistischer Wahrscheinlichkeiten Antworten auf Fragen und gestellte Aufgaben liefern. Sie können nicht zwischen wahr und falsch unterscheiden, wissen nichts und verstehen nichts. Daher sind sie fehleranfällig und extrem unzuverlässig. Dennoch, oder vielleicht deshalb, geht eine faszinierende Wirkung von ihnen aus. Sie mögen zwar nur »stochastische Papageien« sein, wie sie Emily Bender nennt,[4] doch verfolgt ihr Design explizit die Absicht, menschliche Kommunikation zu imitieren und somit vorzutäuschen, man würde mit einem Menschen sprechen. Bewusst baut die generative KI auf unserer evolutionär eingeschriebenen anthropomorphen Tendenz auf, auch Dingen und Phänomenen eine Absicht, einen »intentional stance«[5] und somit Handlungsfähigkeit zuzuschreiben. Die Illusion der Kontrolle wird so systematisch perfektioniert.

Doch was bedeutet das für die Gesellschaft? Wenn Richard Feynman seine Kolleg*innen in der Wissenschaft ermahnen muss, der Täuschung nicht zu erliegen, was heißt das erst für alle anderen? Wie sollen wir uns vor der

3 James C. Scott, Seeing Like a State. How Certain Schemes to Improve the Human Condition Have Failed, Yale 1998.

4 Emily M. Bender u. a., On the Dangers of Stochastic Parrots: Can Language Models Be Too Big?, 2021, https://dl.acm.org/doi/pdf/10.1145/3442188.3445922, abgerufen am 15.3.2021.

5 Daniel Dennett, The Intentional Stance. Cambridge, MA 1989.

Selbsttäuschung schützen, wenn das Design der KI so angelegt ist, dass die Maschine Empathie perfekt imitiert, uns falsche Information gibt oder uns bewusst zu täuschen versucht? Und wie steht es mit jenen Führungskräften, die in einigen wenigen internationalen Konzernen die Entwicklung vorantreiben und davon überzeugt sind, über unbegrenzte Macht zu verfügen, und daher jede Regulierung von staatlicher Seite als Eingriff in ihre unternehmerische Innovationstätigkeit zurückweisen? Was tun, wenn die Illusion der Allmacht nicht weit entfernt ist? Was wir sehen, ist keineswegs die bevorstehende Übernahme der Herrschaft durch eine Allgemeine Künstliche Intelligenz, sondern vielmehr eine ungeheure Konzentration ökonomischer Macht in den Händen einiger weniger Konzerne.[6]

6 Statement of the Digital Humanism Initiative on ChatGPT, March 2023, https://dighum.ec.tuwien.ac.at/statement-of-the-digital-humanism-initiative-on-chatgpt.

Doch wie kommen wir von der Illusion der Kontrolle zur Kontrolle der Illusion? Wenn uns Wissenschaft zeigt, wie wir uns vor der Illusion der Kontrolle bewahren können, was lehrt uns die Kunst? Seit ihren frühesten Anfängen weiß sie um die Illusion der Kontrolle, ging es doch immer darum, Grenzen zu verwischen, zu überschreiten und neu zu bestimmen. Es geht um Grenzen zwischen dem, was in der Natur und Gesellschaft vorzufinden ist, und dem, was Kunst daraus durch Gestaltung, Auflösen von Gestalt und Umgestaltung macht. Kunst führt ein anderes Sehen ein, verzerrt oder verbirgt gewohnte Sehweisen. Es ist ein raffiniertes Spiel zwischen Wirklichkeit und Repräsentation, Wahrnehmung und Darstellung, Performanz, Theatralik und der Suche nach einer nicht existierenden Authentizität. Das kann das Übertreffen der Natur durch Nachahmung ebenso sein wie das Verzerren und die Auflösung natürlicher Formen durch neue Seh- und Gestaltungsweisen. Während das Design von Algorithmen, die darauf abzielen, menschliche Kommunikation zu imitieren oder zu simulieren, um die beabsichtigte Wirkung zu erreichen, oft auf neuropsychologischen Erkenntnissen basiert, haben Künstler*innen über Jahrhunderte hinweg solche Techniken intuitiv verfeinert. Sie haben bewiesen, dass sie das Spiel, Emotionen zu erzeugen, meisterhaft beherrschen. Was die Kunst auszeichnet, ist ihr spielerischer Umgang mit der Illusion der Kontrolle.

Allerdings geht es bei der generativen KI nicht mehr nur um Spielen in dem Sinn, menschlicher Imagination und Kreativität freien Lauf zu lassen. Computerspiele sind längst zu einer gewinnträchtigen Industrie geworden.

Die Fantasie der Spieler (und der wenigen Spielerinnen) wird in vorgegebene Bahnen gelenkt; sie werden zu Werbeträgern von Produkten, die dem Reich der Fantasie entstammen. Die Weiterentwicklung der generativen KI ist ebenso auf Gewinn angelegt, gilt es doch die bisherigen Investitionen in Milliardenhöhe zu rechtfertigen und weitere Marktanteile zu sichern. GPT-4 und seinesgleichen sind eine General Purpose Technology, eine Allzwecktechnologie, die in vielen Bereichen zum Einsatz kommen wird. Sie wird, wie andere GPT vor ihr, die Wirtschaft grundlegend verändern, und das erfordert weitere enorme Investitionen an finanziellen Mitteln, Daten, Talenten und Rechnerkapazitäten.

Die größte Gefahr geht nicht von einer die Existenz der Menschheit bedrohenden KI aus, sondern von der enormen Konzentration von ökonomischer Macht. Selbst die Richtung der wissenschaftlich-technischen Weiterentwicklung der digitalen Technologien wird wesentlich durch den Zugang zur erforderlichen Menge an Daten und Rechnerkapazität mitbestimmt. Das sind Voraussetzungen, die zunehmend im privaten Bereich und Besitz zu finden sind, während der öffentliche Sektor, allen voran die öffentlich finanzierten Universitäten und Forschungseinrichtungen, an den Rand gedrängt werden.

Unbestreitbar ist, dass im Zusammenspiel mit der generativen KI etwas Neues und Faszinierendes entsteht. Wir befinden uns in einem evolutionären Prozess zwischen uns Menschen als vorläufigem Ergebnis der biologischen Evolution und den von uns geschaffenen Dingen, Phänomenen und Prozessen, die von der kulturellen Evolution – vorrangig durch Wissenschaft, Technik und Kunst – angetrieben werden. Ob aus diesem Prozess eine Symbiose entsteht, bleibt offen, ebenso, wohin er führen wird. Am jetzigen Wendepunkt eröffnet sich jedoch eine Reihe von faszinierenden und drängenden Fragen. Zum einen sind es gesellschaftspolitische Fragen. Wollen wir die digitale Welt, in der wir leben, die unseren Alltag durchdringt und unsere Arbeitswelt und sozialen Beziehungen zunehmend prägt, den Allmachtsfantasien der großen Konzerne überlassen? Oder wollen wir alles daransetzen, um deren Kontrolle durch den Vorrang des Gemeinwohls, dessen Vorteile allen zugutekommen sollen, zu ersetzen?

Zum anderen entstehen durch die Interaktion mit GPT-4 und seinesgleichen neue Fragen, die uns selbst betreffen. Was sagt deren unglaubliche Effizienz über unsere kognitiven Fähigkeiten und darüber, wie sie funktionieren, aus? Wenn die KI imstande ist, Arithmetik zu generieren, sie dies aber auf eine für uns bisher unbekannte Weise tut, so wirft das Fragen hinsichtlich der Funktionsweise unseres Gehirns auf. Wenn ein LLM uns in einer Sprechweise antwortet, die sich nicht von unserer unterscheiden lässt, was sagt das über unsere Sprache? Wenn die KI sie so perfekt imitiert, dass wir meinen, mit einem menschlichen Gesprächspartner verbunden zu sein, wenn sie hervorragend im Manipulieren und Lügen und gut im Erfinden von Geschichten ist, verselbständigt sich die Sprache. Sie scheint unserer Kontrolle zu entgleiten. Ist das noch unsere Sprache, oder entsteht hier eine Meta-Sprache?

Eine weitere Frage betrifft das Verhältnis von Sprache als Medium der Repräsentation und anderen Formen der Repräsentation unserer Welterfahrung. Sprache deckt viel, doch bei Weitem nicht alles davon ab, wie wir die Welt wahrnehmen und erleben. Was ist mit den anderen Sinnen, mit denen wir die Welt um uns herum erfassen und wofür uns die Kunst ihren enormen Reichtum an Ausdrucksweisen, Experimenten und Erfahrung anbietet?

GPT-4 öffnet also das Tor zu einer anderen Welt. Vieles in ihr scheint in neuem Licht und erschließt unzählige Möglichkeiten. Die gesellschaftspolitischen Fragen lassen sich nicht von jenen trennen, die unser Menschsein betreffen, wirken doch der Einsatz der KI und die Praktiken ihrer Verwendung auf unsere Handlungsfähigkeit zurück. Wenn wir etwa prädiktive Algorithmen einsetzen, um die Kontrolle über die Zukunft und die ihr inhärente Ungewissheit zu erlangen, wir jedoch gleichzeitig den algorithmischen Vorhersagen unbedingten Glauben schenken und entsprechend handeln, verringern wir unsere Handlungsfähigkeit in Bezug auf die Zukunft.

Um der Illusion der Kontrolle vorzubeugen, aber auch, um zu vermeiden, in die Illusion zu verfallen, der KI ohnmächtig ausgeliefert zu sein, haben Wissenschaft und Kunst viel zu bieten. Nützen wir es! Sie können zeigen, dass die digitale Wirklichkeit auch anders gestaltet werden kann. Sie eröffnen das Spiel der Möglichkeiten zu einer ungewissen, aber offenen Zukunft. Sie sind Ausdruck der menschlichen Kreativität und erforschen deren Vielfalt. Intelligenz – ob künstlich oder nicht – ist hingegen lediglich ein schlecht definierter Platzhalter für Kreativität. Die große Herausforderung liegt darin, die Möglichkeiten der KI zu erforschen und sie zu nützen, um mehr über uns selbst zu erfahren. Nur Wissenschaft und Kunst kann es gelingen, die digitale Wirklichkeit so zu gestalten, dass in ihr Raum für unsere gelebte und sinnlich-körperliche Erfahrung bleibt. Nur Wissenschaft und Kunst können verhindern, dass wir von der digitalen Zeitmaschine mitgerissen werden, und stattdessen ermöglichen, unsere Eigenzeit wieder zu finden.[7]

7 Das Buch von Helga Nowotny, *Die KI sei mit Euch. Macht, Illusion und Kontrolle algorithmischer Vorhersage*, erschien mit einem Vorwort für die deutsche Ausgabe im Juni 2023 bei Matthes & Seitz, Berlin.

Ludic Method Ouvroir. Experimenteller FLOW, Kunst und Wissenschaft

Margarete Jahrmann

Epilog

Ouvroir (Epilog) steht als Synonym für den Ort des Experimentierens, als ein Synonym eines Labors von künstlerischen Forschungsgesellschaften zwischen Wissenschaften (Humanities, Life Sciences und Kunst), die Spielregeln als Methode des Forschens einsetzen. Ouvroirs (dooropener) eröffnen experimentelle Spielräume für Peers und Publikationsformen. Denn zwischen Kunst und Wissenschaft soll nicht sachlich, nicht im statistischen Stil von ChatGPT, sondern intuitiv, ludisch fühlend und persönlich berührt argumentiert werden – unter der Anwendung von Ludic Methods.

Ludic Method als künstlerisch forschende Methode setzt wissenschaftliche Stringenz mit spielerischem, aber regelgeleitetem Verfahren in Beziehung. Sie umfließt Wissenschaft ebenso amikal, wie sie Welt durchdringt. Dergestalt wird sie als erweiterte Spielinszenierung aufgeführt, jeweils im Austausch mit wissenschaftlichen Positionen. Ludic Method ist im ständigen Flow, hin zum *Psycho-Ludischen Zugang* (FWF/PEEK 2024). Das Projekt *Neuromatische Spielkunst: Kritisches Spiel mit Neurointerfaces* (FWF/PEEK 2020–2023) legt Grundlagen im Hinblick auf die kognitive Kondition, sickert durch die Umcodierung medizinischer und neurowissenschaftlicher Apparaturen wie EEGs (Elektroenzephalogramme) in künstlerischen *Sweet Little Do Nothing*-Performances[1] (AIL – Angewandte Interdisciplinary Lab Vienna, 2022) tief in die strukturelle Koppelung von Wissenschaft und Kunst.

In diesem Forschungsstatement soll auf ein Flow-Modell des Denkens verwiesen werden. Bernd Scherer verweist mit aktuellen Projekten des Hauses der

1 Low-interaction ist ein zunehmend präsentes Konzept im künstlerischen Spiel, das sich kapitalistischer Logik entzieht. Žarko Aleksić und Margarete Jahrmann entwickelten ein »süßes kleines Spiel des Nichtstuns« ohne Regeln, unbewusst, absichtslos, passiv. Das Spiel kapitalistischer Spekulationen wird radikal de/re/kapitalisiert – durch Zero Action in der PSK-Kassenhalle. Das Ludic Art Game hat ein simultanes Hyperscan EEG (Elektroenzephalogramm), eine parallele Messung mit 64 Elektroden von zwei Gehirnen, im Zentrum. In einem performativen Setting aus zwei gegenüber aufgestellten Untersuchungsliegen passiert vorderhand nichts. Dennoch synchronisieren sich die Hirnaktivitäten der beiden Performer*innen. Erstellt vom Computational-Neurosciences-Experten Stefan Glasauer zeigt eine ästhetisierte Darstellung der Hirntätigkeit Verbindungen und Aktivitäten

Kulturen der Welt Berlin auf Leibniz und dessen algorithmische Argumentation und Modell des Hirns als ein elektrisch feuerndes.[2] Dieses Modell ist im Kontext der elektro-magnetischen Zeit seiner Entstehung zu sehen. Im Gegensatz dazu präsentierten Jahrmann und Glasauer 2018 bei der 12. Konferenz der European Society for Literature, Science and the Arts (SLSAeu) im Auditorium des Kopenhagener Medical Museion ein Gehirn und Denkmodell im Fluss (das BOLD G/Flow-Modell): »The measurement of blood-oxygen concentrations in order to analyze thinking nourished our new speculative green model for the understanding of brain functions as biochemical flow of neurotransmitters and ions, similar to the flow of blood – instead of the electro-centric metaphor about the 'firing' of neurons. Rather than sparks, flashes and discharges in electric circuits, a metaphor influenced by pioneering work at the end of the 19th century, brain function can be understood as flow, a metaphor influenced by 20th century psychology and 21st century game design. The interplay and functioning of neurons consist

gleicher Hirnareale. https://neuromatic.uni-ak.ac.at/blog/zero-action-in-the-savings-bank/.

2 Siehe den Beitrag von Bernd Scherer in diesem Band, S. 67.

3 Margarete Jahrmann/Stefan Glasauer, BOLD G/Flow. A game experiment on a speculative flow model of the brain, in: 12th Conference of the European Society for Literature, Science and the Arts, Copenhagen, https://green-slsa2018.ku.dk/images/Green_Final.pdf, S. 43.

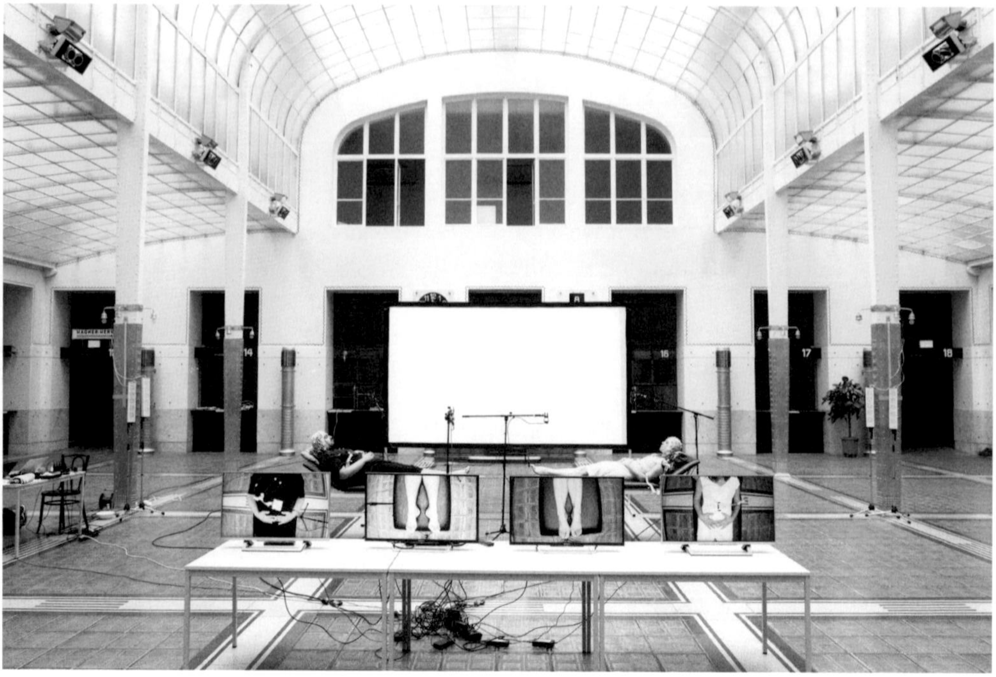

Abb. 1: *Zero Action at the Savings Bank. A sweet little Do Nothing Game*, AIL in der Kassenhalle der Postsparkasse, Juni 2022, Foto Stefan Glasauer

of diffusion and absorption, it is an exchange of liquids and solvents, currents flowing through ion channels, transmitter molecules diffusing into interneuronal space. The flow model of the brain can be considered a *green* metaphor, borrowing from botany much more than from electrical signal processing, from the vascular transport of nutrients in plants more than from information transmission in telegraphic networks or computers.«[3] (Abb. 1)

Ouvroir im Flow

Durch das Sich-Öffnen (ouvrir) gegenüber unterschiedlichen Disziplinen und Wesenheiten erlaubt ein »Ouvroir«[4] unbedingte Vielfalt. Aus Kunst, Spiel und Wissenschaft entsteht ein leidenschaftlicher Ort, an dem sich unterschiedlichste Forscher*innen und Künstler*innen verschiedener Disziplinen, Alters- und Kulturgruppen treffen und zusammen denken. Wesentlich dabei ist das regelgeleitete Spiel als Methode, um mit anderen technologisch (AI) oder biologisch (Tiere) bedingten Formen des Seins umgehen zu können.

Das Konzept des Flow, im Gegensatz zum ursprünglichen Konzept des Psychologen Mihaly Csikszentmihalyi,[5] sehen wir als emotional berührende, aber auch als dunkle Erfahrung. Unsere Hypothese ist, dass das subjektive aktive Erleben von partizipativen, kollaborativen Formaten intrinsisch motivierend ist. Sie ermöglicht emotionale Flow-Erlebnisse, die die affektive und soziale Bindung stärken und zu einem positiven Austausch mit der Welt, der Umwelt und der »lebendigen Materie« beitragen können. Hier ist es notwendig, Flow vom Standpunkt eines psychologischen Modells aus als Gegenpol zu vielen transformativen Begegnungen zu betrachten: Das Ausmaß, in dem unsere Schemata und Handlungen einen Flow-Zustand ermöglichen, erfordert eine Anpassung an die Umwelt. Um hingegen eine Meinung oder ein Verhalten zu ändern oder ein Nachdenken auszulösen, bedarf es einer Art von Dissonanz, Ambiguität oder Selbstkonfrontation, die überwunden oder anerkannt werden muss. Man darf also von zwei Schritten zur Veränderung sprechen – Flow kann zu einer positiven Erfahrung führen, die »im Kopf« belohnt und motiviert.

Der künstlerisch wissenschaftliche Flow, der Politik und Gesellschaft betrifft, ist eine neue Währung, eine Ludic Currency der künstlerischen Forschung, ein zeitgenössisches Kopfgeld.[6] (Abb. 2)

4 Den Vorschlag eines »Ouvroir« haben Max Moswitzer und Margarete Jahrmann gemeinsam mit Chris Marker, ursprünglich im Auftrag des Museums für Gestaltung Zürich (2006, A Farewell to Cinema/Ouvroir Metaverse Museum) als künstlerische »Sandbox« in Second Life entworfen. Wir haben den Ort als »Synthetic University« genutzt, im Austausch mit Studierenden und Kurator*innen. Chris Marker war zu dem Zeitpunkt über 80, die meisten Online-Akteur*innen Mitte 30 und die Studierenden im Alter von Anfang 20.

5 Mihaly Csikszentmihalyi/Isabella Selega Csikszentmihalyi (Hg.), Optimal Experience. Psychological studies of flow in consciousness, Cambridge 1988.

6 Kopfgeld: AI generated individualized money. Arenahalle Berlin, 5.–8. Juni 2023 #AI diffusion money #CASH #rp23, entwickelt vom Neurowissenschaftler Stefan Glasauer (Computational Neuroscience, BTU Cottbus) und der Künstlerin Margarete Jahrmann (Experimental Game Cultures, dieAngewandte Wien). https://re-publica.com/de/session/kopfgeld-ludic-eigenface-currency-converter-game.

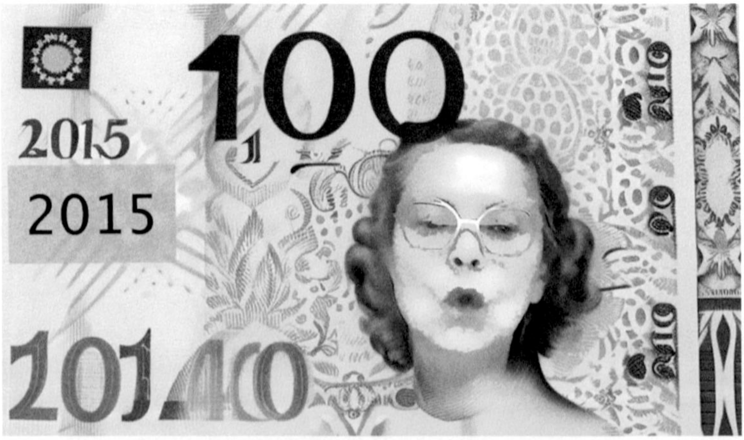

Abb. 2: *Kopfgeld*, Re:publica Berlin 2023, Jahrmann/Glasauer 2023, Foto AI-generiert/Installationsbild

Kopfgeld ist eine kritische Spielinstallation zum Thema Überwachungskapitalismus[7] transparenter und offener AI, Gesichtserkennung und autonome Geldwirtschaft. Sie wurde in der *Neuromatic Game Art*-Forschungsgruppe[8] 2023 entwickelt. Prominent platziert wurde der AI-Kopfgeld-Generator als Spielinstallation bei re:publica Berlin im Juni 2023. Die Ausstellung fand im Umfeld der Konferenz rp23 zum Thema #CASH statt. Die Spielmechanik: Mit dem Blick in eine Kamera stimmen Sie zu (= Dark Pattern), dass Ihr Gesicht zum Training eines geschlossenen AI-Systems verwendet wird. Aus allen lokal gespeicherten Gesichtern wird ein neues Gesicht errechnet – es ähnelt der konkreten Person, die in die Kamera blickt. Dieses Gesicht wird von einer AI bewertet: Die Punktzahl ist umso höher, je näher das berechnete Gesicht am Durchschnittswert aller Besucher*innen liegt. Highscore erhält das durchschnittlichste Gesicht. Es dient als *image prompt* für einen individualisierten AI-Geldschein.

»The Low Interaction game defines the price of your face. By looking into a webcam you agree that your photo is stored and sent through an AI, and synthesized as collective EIGENFACE. Your new synthesized face receives a game 'SCORE'. If you are closest to the middleface of re:publica visitors you can receive a price at TOKEN desk.« (Spielbeschreibung rp23)

7 Shoshana Zuboff, The Age of Surveillance Capitalism, London 2019.

8 Infos zur Forschungsarbeit der *Neuromatic Game Art* Group finden Sie unter https://neuromatic.uni-ak.ac.at sowie http://www.margaretejahrmann.net.

9 Im Latent- und Stable-Diffusion-Modell geht es vor allem um Wahrnehmung und semantische Kompression: Björn Ommers Lab beschreibt es ungefähr folgendermaßen: »Die meisten Bits eines digitalen Bildes entsprechen nicht wahrnehmbaren Details. Während DMs es ermöglichen, diese semantisch bedeutungslosen Informationen zu unterdrücken, indem sie den verantwortlichen Verlustterm minimieren, müssen Gradienten (während des Trainings) und das neuronale Netzwerkgerüst (Training und Inferenz) immer noch für alle Pixel ausgewertet werden, was zu überflüssigen Berechnungen und unnötig teurer Optimierung und Inferenz führt. Wir schlagen latente

Diffusionsmodelle (LDMs) als effektives generatives Modell und eine separate milde Kompressionsstufe vor, die nur nicht wahrnehmbare Details eliminiert.« https://ommer-lab.com/research/latent-diffusion-models/.

10 Ausgestellt im Rahmen der von Eva Fischer kuratierten Ausstellung *Navigating the Post Digital*, 2020: »In the installation I WANT TO SEE HAPPY MONKEYS Margarete Jahrmann & Stefan Glasauer use very actual elements of artificial intelligence: a standard face detection algorithm finds faces (or what seem to be faces to it) in images taken by a webcam and a pre-trained deep learning network. The well-known AlexNet classifies the detected and recorded images into categories. This artificial neural network with 23 layers of processing has been trained on 1.3 million images from 1000 different categories, from objects to animals. A deep dreaming algorithm in the background iteratively modifies detected and recorded faces so that they are successively classified as various species of monkeys or apes. The results are displayed from time to time as memories from the past – memories of the AI software of the installation – they transform each face into a face of a monkey.« https://soundframe.at/research/ail/#info.

Die Installation basiert auf einer vorhergehenden Forschung von Wissenschaftler*innen, Philosoph*innen und Künstler*innen zu Gesichtserkennung und kognitiver Reaktion auf Gesichter als neuronale »Sparks« (Funken/Reize), die »Spikes« (Spitzen/Ausschläge) in der Hirntätigkeit verursachen. Im Eigenface-Game transformiert eine transparente AI Gesichter von Besucher*innen und integriert sie in einen individuell aus dem Gesicht generierten Geldschein, der dem Spieler als »Preis« ausgehändigt wird. Jeder Geldschein ist anders, »eigen«. Mit Hilfe einer Open Source AI, dem latenten Bildgenerator Stable Diffusion,[9] der an einer Universität (LMU München, Björn Ommer) entwickelt und dann als Open Source Code veröffentlicht wurde, werden in der beschriebenen Installation aufgenommene Gesichter nicht mehr als »Spike« (Reiz) für das Denken, sondern als »Prompt« (Auslöser) für Welt verwendet: um einen Geldschein zu generieren. Ein Prompt ist die textliche Beschreibung für ein Bild. Diese Beschreibung wird in der *Kopfgeld*-Installation durch eine vorhergehende Gesichtsanalyse, eine Bewertung des Gesichts durch ein anderes, selbstentwickeltes neuronales Netzwerk erstellt.

Ursprünglich gingen wir in einer vorhergehenden Installation (*I want to see Happy Monkeys*,[10] 2020) von einer Klassifizierung und Erkennen der Gesichter als Tiere (Affen) aus. Das künstlerische AI-Projekt mischt neuronale Netze neu: Emotionale Zustände werden in der Ausstellung gesammelten Gesichtern zugeordnet. Im Zuge der Dauer der Ausstellung wird durch das Spiel mit der Installation die Klassifizierungsfähigkeit des Systems verändert. Die Gewichtungen zwischen den Ebenen des künstlichen neuronalen Netzwerks werden »gescrambelt«, vermischt: Das Netz verliert seine eigentliche Klassifizierungsfunktion. (Abb. 3)

Die Funktionsweise des laufenden künstlichen neuronalen Netzes wird in dieser Installation abstrakt dargestellt. Rote Bildpunkte in den Ebenen des Netzes entsprechen besonders aktiven »Neuronen«, Linien indizieren, welche Verbindungen der verschiedenen Tiefenschichten des Netzwerks schließlich zur Erkennungsleistung führen. Wie in einer Spiel-Schatzkarte werden Entscheidungen über die neuronalen Verbindungen visualisiert. Ein tiefer Traumalgorithmus im Hintergrund modifiziert iterativ erkannte und im Gedächtnis des Algorithmus abgespeicherte Gesichter, sodass sie nacheinander als verschiedene Arten von Affen klassifiziert werden. Je stärker die Emotionen der »Test-Subjekte« vor dem Auge der AI werden, umso tiefer wird das Traumbild des Systems. Im Gedächtnis verbleiben dem Deep-Dream-Netzwerk in seinen Schichten aus Projektionen eines vieltausend-dimensionalen Vektorraums nur »falsche« Erinnerungen. Besucher*innen, die mit der Installation interagieren, werden zu mitspielenden Testsubjekten. Die träumende Artificial Art memoriert alle Spieler*innen als fühlende Affen – DEEP DREAM MEMORY: SAD GORILLA –, aber das Ziel, nur glückliche Affen zu sehen, misslingt. Immer absurder werden die mit den neu errechneten Bildern verbundenen Klassifizierungsaussagen. Eine konkrete Deep Dream Poetry der Überwachung und der ihr zugeordneten Konsequenzen sozialer Handlungen entsteht: ANGRY MACAQUE! CRITICAL SQUIRREL MONKEY!

Dieses neuronale Netz zur Gesichtsklassifizierung wurde mit Hilfe der wissenschaftlichen Programmierumgebung Matlab erstellt. Dies erscheint als wichtig für die Analyse des Umfließens von Kunst und Wissenschaft, nachdem beide Felder oft unterschiedliche Tools verwenden. Tools sind aber nicht nur Tools, sondern erlauben ein jeweils anderes Verständnis über die eingesetzten Technologien selbst.

Zurück zur *Kopfgeld*-Installation: Die dort entwickelte Gesichtsbewertung ist eine, die sich überwachungskapitalistischer Logik entzieht: Der höchste Wert ist jener, der einem Durchschnittsgesicht aller bisher aufgenommenen Gesichter am nächsten kommt. Ein High Score wird durch nichts als das Tragen eines durchschnittlichen Gesichtes erreicht. Die Belohnung, die Geldgenerierung erfolgt. Das Erreichen eines »bounty« verlangt keine produktive Handlung, es ist ein Do Nothing Game.

Als Ergebnis entstand eine künstlerische Datensammlung von 1900 Besucher*innen am ersten Tag von re:publica, 1800 am zweiten und 1600 am dritten Tag. Insgesamt wurden 1200 Geldscheine gedruckt. Hochkarätige Faces sind dabei: jenes des Stable-Diffusion-Begründers und AI-Source-Code-Entwicklers Björn Ommer, das von Meredith Whittaker, ehemals Google Research und AI-Kritikerin, die uns auf traumatische menschliche Arbeit beim Klassifizieren dunkelster Inhalte aus dem Netz als Basis von AI verweist. *Kopfgeld* bildet die Basis einer eigenen Ludic Currency, die in einem zukünftigen ökonomischen System künstlerisch forschende Arbeit als essenziell wertvoll anerkennt.

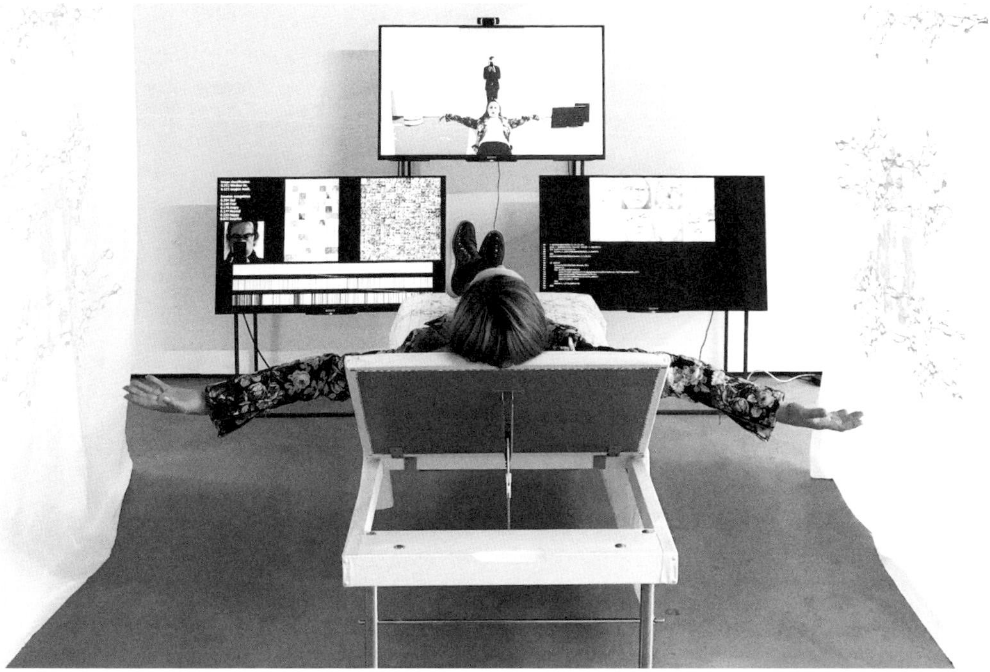

Abb. 3: *I want to see Happy Monkeys*, Ausstellungsansicht, 2020, AIL Handelskai, Wien

Tega Brain, Umweltökonologin und Künstlerin, schlägt Schlaf als neue Währung zur Rettung der Welt vor. Basierend auf ihrer Erfahrung als Wissenschaftlerin, die es gewohnt ist, auf Daten basierende Modelle zu erstellen, entwickelte sie ein Spiel, das jede Stunde Schlaf pro Tag kapitalisiert – je länger wir schlafen und uns dem produktiven Imperativ entziehen, umso besser für die Welt. Brain: »By inviting participants to experiment with their own sleep cycles, the work explores how lack of sleep and climate change are both products of the same extractivist capitalist system where regeneration, rest and natural limits go unvalued.«[11] Brains *Perfect Sleep App* ist ein ludisches Tool (softwarebasiertes Werkzeug) zum aktivistischen Eingriff in den Klimawandel.

11 Tega Brain, Perfect Sleep against Climate Change, https://perfectsleep.labr.io.

Im Ouvroir der unbedingten Universität der Vielfalt geht es um psycho-ludische Anordnungen zur Bewältigung von neuen bedingten Realitätsgeneratoren, zu deren fundamentalsten momentan Allgemeine-Künstliche-Intelligenz-Systeme (AKI) gehören. Sie verändern »on the flow« aktuelle Demokratiepolitik, Gesellschaft und Kunst sowie Arbeitswelt, Natur und Klima zutiefst. Jedenfalls geht es um die Öffnung der humanistischen Zentriertheit auf die menschliche Kondition hin zu den nichtmenschlichen Aktanten. Zu diesen zählen neben Affen auch AKI, konkrete Allgemeine Künstliche Intelligenz.

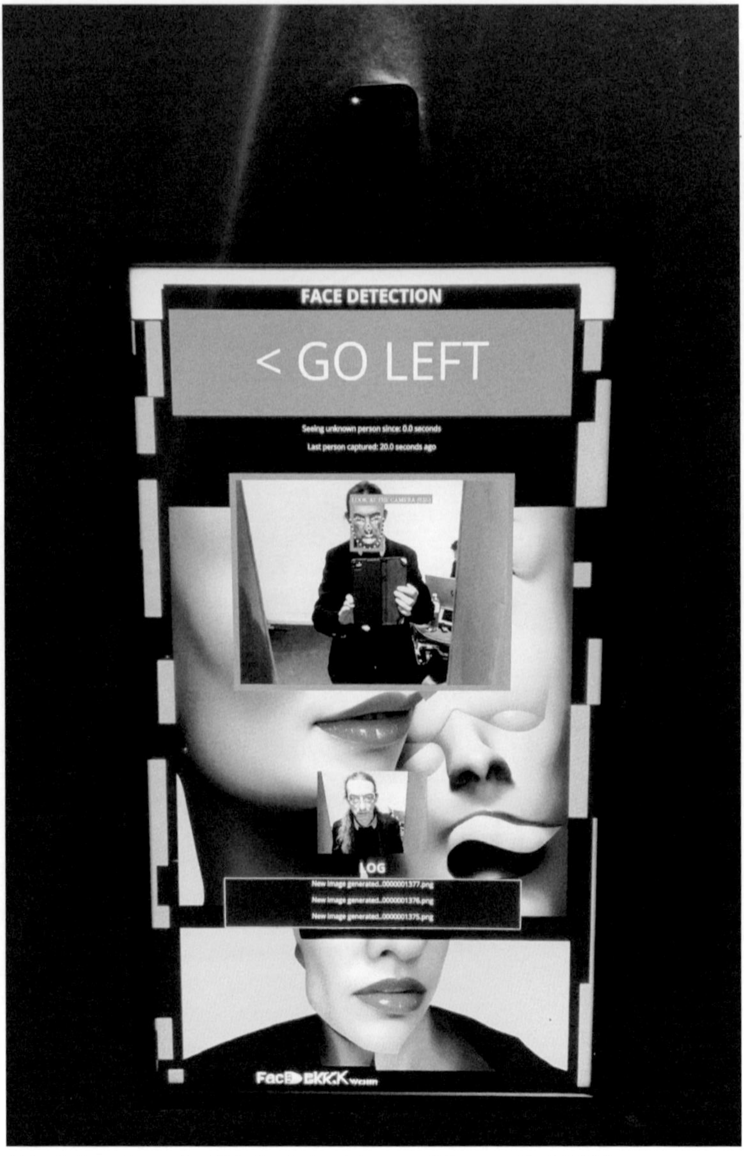

Abb. 4: Anweisung im AI-Labyrinth, Jahrmann/Glasauer/Luif 2023, Foto Stefan Glasauer

AKI – neue Göttin oder eine nicht mehr anthropomorphisierende techno-politische Wende

Vor Allgemeiner Künstlicher Intelligenz, kurz und klangvoll wie ein Gött*innen-Name AKI genannt, warnen Firmenchefs wie Sam Altman[12] (OpenAI), die das innerhalb eines Jahres omnipräsente Tool ChatGPT veröffentlicht hatten. Altman stellt im Interview fest, dass das Erstellen von Code zu den berührendsten Momenten im Umgang mit der Chat AI zählt. Uns ging es ebenso – aber die politische Dimension eines »AI Acts« geht uns genauso nah! 2023 trifft der Firmenchef weltweit Regierungs- und Universitätspräsident*innen, um sich zur Zeitenwende der Technologieentwicklung zu äußern und auf ihre notwendigen Grenzziehungen zu verweisen.

12 Sam Altman, CEO von OpenAI: »Wie erkennen wir, wenn ein System wie GPT die Welt versteht?«. Interview von Jakob von Lindern und Jochen Wegner, in: Die Zeit, 26.5.2023.

In Kunst, Wissenschaft und Universität stellt sich die Frage: Können wir ohne AKI oder ChatGPT weiter künstlerisch forschen, Seminararbeiten und Recherchen erstellen oder Performances und Games generieren, ja sogar unseren Code »debuggen« und/oder als Live Performance aufführen? Studierende der Experimental Game Cultures, Alyia Davletova, Stefan Maier und Maxim Shapov, demonstrierten bei den Semester Finals 2023 im Studio EGC, wie sich eine Spielinstallation ständig neu programmiert, als Experimental Game, als Experiment und Spiel.

In der *Ludic Orchestra Performance*[13] wird in einem Live Act Code von ChatGPT generiert und in einem Game Engine in eine ästhetische Umgebung umgesetzt. Wie in einem Orchester spielen Studierende und Dozierende sowie die Professorin als Bandmitglieder mit der AI, vor Publikum. Dieses Setting drückt aus, was viele fühlen: Ähnlich einer Music Jam Session ist es nicht von vornherein klar, wer den Lead übernehmen wird. Gegenseitiges Vertrauen ist wichtig, kann bei einem völlig neutralen Gegenüber (wie einer AI) aber nur durch (Spiel-)Regeln und Regulierungen funktionieren.

13 https://experimentalgamecultures.uni-ak.ac.at/ludic-orchestra/.

Auf die Bedeutung von Regulierung und Gesetzgebung zu AI und Face Recognition, nicht nur EU-weit, verweist das systemische Labyrinth *A[I] Maze* (Forschungsgruppe Neuromatic im März 2023). (Abb. 4) *A[I] Maze*[14] ist ein verräumlichtes Labyrinth-Game zu und durch, von und mit AI – statt eines Spiegels sind Kameras installiert, die jeweils nur einen ganz bestimmten Weg durch das Labyrinth erlauben, abhängig von einem Gesichtsklassifikationsergebnis. Künstliche-Intelligenz-Systeme befreien uns von der »Qual der Wahl« – persönlicher wie demo-

14 »Is the artist obsolete? Is the designer unnecessary? The writer absent?« In der A[I]-Labyrinth-Installation schlagen wir Spiel als eine Form der Resilienz im Umgang mit AI-Systemen vor. https://neuromatic.uni-ak.ac.at/blog/ai-maze/; https://www.oho.at/programm/ai-labyrinth.

kratiepolitischer. Der Weg durch das Labyrinth erlaubt eine persönliche Erfahrung, um eine mögliche Form des Zuwiderhandelns gegen Social-Credit-Systeme auszuloten. Was geschieht, wenn wir den Anweisungen nicht mehr folgen, nicht mehr nur allein durch das Labyrinth gehen? Hier beginnt das eigentliche demokratiepolitische Forschen im Spiel. Dazu die Antwort mit von AI/ChatGPT erstelltem Text:

> »Wir: Erzählen Sie uns von der Gesichtserkennung in einem Labyrinth.
>
> ChatGPT: In einem Labyrinth kann die Gesichtserkennungstechnologie verwendet werden, um die Identität von Personen zu bestätigen oder zu verifizieren, indem ihre Gesichtsmerkmale automatisch erfasst werden. Diese Technologie wird häufig für Sicherheitszwecke eingesetzt, wie zum Beispiel zum Entsperren von Geräten oder Zugangskontrollsystemen sowie für Anwendungen wie Tagging in sozialen Medien, Überwachung und Strafverfolgung.
>
> Im Kontext eines Labyrinths könnte die Gesichtserkennungstechnologie verwendet werden, um Personen während ihres Durchlaufs im Labyrinth zu identifizieren. Zum Beispiel könnte ein Sicherheitssystem so konfiguriert sein, dass es die Gesichtserkennung verwendet, um den Zugang zu bestimmten Bereichen des Labyrinths basierend auf der Identität der Person zu gewähren oder zu verweigern.
>
> Es gibt jedoch eine Reihe von Herausforderungen, die bei der Verwendung von Gesichtserkennungstechnologie in einem Labyrinth-Setting überwunden werden müssen. Eine der wichtigsten Herausforderungen besteht darin, sicherzustellen, dass das System in der Lage ist, Personen trotz der komplexen und oft wechselnden Beleuchtung und Umgebung im Labyrinth präzise zu identifizieren. Außerdem gibt es möglicherweise Datenschutzbedenken im Zusammenhang mit der Verwendung von Gesichtserkennungstechnologie in dieser Weise, da Personen möglicherweise nicht möchten, dass ihre Gesichtsmerkmale ständig überwacht und verfolgt werden, wenn sie sich durch das Labyrinth bewegen.«

Zu Beginn des *A[I] Maze*-Spiels wird das Gesicht der Besucher*in wie in einem Social-Credit-System »gecaptured« (von einer Kamera »geschnappt«) und bewertet: Es erhält eine Farbe und einen Weg zugeteilt. Die erste Erfahrung im AI-Labyrinth ist also, dass uns AI-Systeme biometrisch und sozial klassifizieren. Im Spielverlauf stellen wir die Frage, ob Designer*innen obsolet werden. Jede/r Besucher*in erhält ein eigenes Interface/Aussehen der Installation: Für jede Spieler*in generiert eine AI mit einer »image 2 image«-Funktion vom Gesicht ein passendes User Interface.

Nach dem Abschluss des Wegs aus dem Labyrinth kann ein Film betrachtet werden, erstellt aus den Porträts aller bisherigen Spieler*innen und ihren fantastischen, AI-generierten Hintergründen, durchsetzt mit agitatorischen Nachrichten zur AI. Das eigene Gesicht und die zugehörigen AI-Spielhintergründe kommen jeweils hinzu.

Spielwillige können das Labyrinth jederzeit nochmals betreten. Sie werden vom System wiedererkannt und bekommen die immer gleichen Inhalte zu sehen. Alles andere wird für sie zensiert. Immer und immer wieder! Es gibt keinen Ausweg. Als Belohnung erhalten sie im System-Zustandsspiel *A[I] Maze* aber jeweils ein neues individualisiertes Hintergrundbild: im immer gleichen Spiel ein immer neues Erlebnisdesign. Denn das Spiel mit der AI ist endlos.

BRAIN Dérive Philosophy (GPT Brain Reading mit EEGs)

Forschung im Flow zwischen Wissenschaftsphilosophie, Technikreflexion und Kunst befasst sich mit einem der brisantesten Themen der Gegenwart: dem Einfluss der AKI auf die Zukunft der Geisteswissenschaften. Der Ansatz, generative Diffusionsmodelle für einen wissenschaftlichen Zweck zu nutzen, braucht keine Workshops zum fachgerechten Gebrauch von ChatGPT, sondern dringend Orientierung und Regulierung. (Abb. 5)

Mark Coeckelbergh, Professor an der Universität Wien zu Fragen ethischer AI-Entwicklung, war unser Forschungspartner im *Neuromatic Game Art*-Projekt. Mit dem Philosophen Coeckelbergh als Performer wurde 2020 ein narratives Spiel zu sozialer Hierarchie, AKI und einer der ersten Versionen des OpenAI-Tools ChatGPT, GPT2 (Generative Pre-Trained Transformer 2), entwickelt und aufgeführt.[15] Die universitären Rollen waren vertauscht: Die Philosophie-Doktorandin stellt die AI-generierten

15 https://neuromatic.uni-ak.ac.at/blog/derive-performance-critical-philosophy-play/.

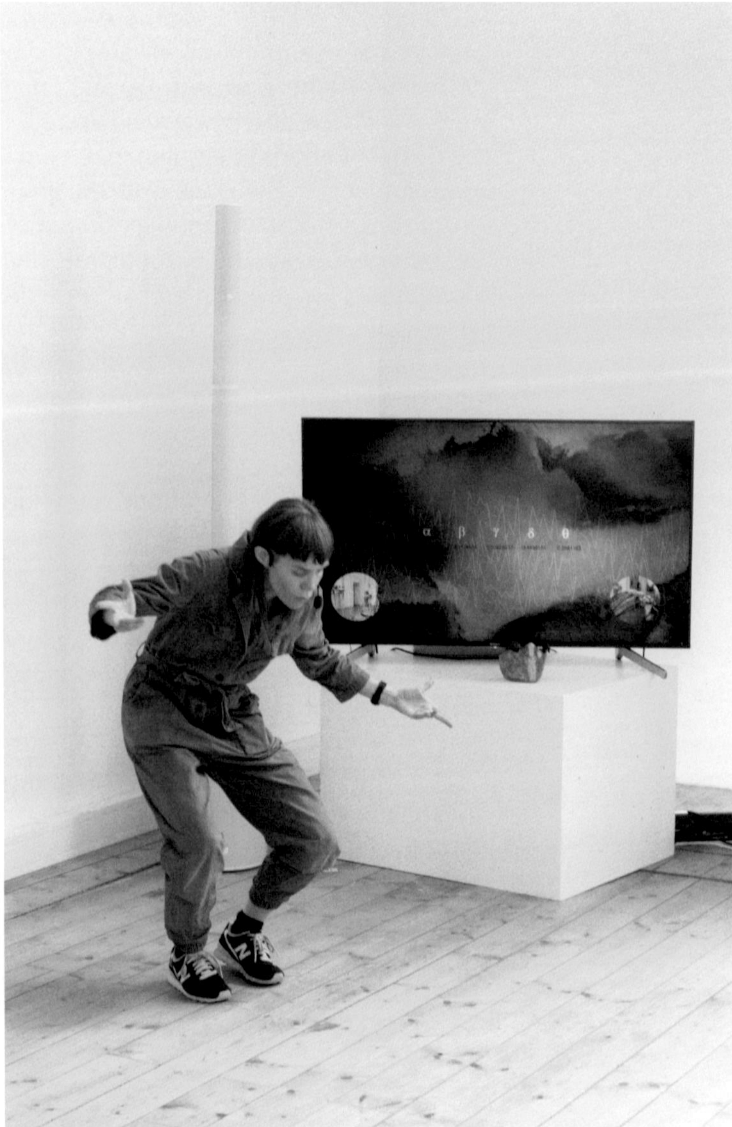

Abb. 5: *Brain Dérive Performance* Charlotta Ruth, Jahrmann und Wagensommerer, ZFF 2020, Foto Martina Lajczak

(Prüfungs-/Forschungs-)Fragen an den Professor der Universität. Die Fragen werden vom Entwickler und technischen Forschungsmitarbeiter in das Chat-Programm »hinter dem Vorhang« eingegeben und dann von ihm als physischem Performer auf einem Tablett mit einem Glas Wasser »prompt serviert«. Die symbolisch überlagerte Performance[16] (das Software-Protokoll wird als »Code

16 »We apply the technical settings of the actual status quo of Artificial Intelligence in writing, generative neural network models. We use a certain 'ludic method', a concept developed within the Ludic Society project. We discuss pre-trained transformers as autoregressive writing styles, connect Deep Learning, automatic writing and choreography. [...] The words and concepts of the attendees have been algorithmically fed into a Generative Pretrained Transformer in order to generate endless versions of it.« https://www.uniarts.fi/en/documents/margarete-jahrman-and-charlotta-ruth-brain-derive-detournement-a- neuro-philosophical-situated-gpt-3-writing-game/.

Poetry« ausgedruckt, in menschlicher Sprache) zeigt und zeugt eine potenzielle offene Realität – ein Ouvroir.

Basierend auf dieser Aufführung im Zentrum Fokus Forschung im Rahmen des Angewandte Festivals 2020 entstand ein Paper[17] der damaligen Artistic-PhD-Studentin Charlotta Ruth sowie ein Paper der Post-Doc-Philosophin Anna Dobrosovestnova in den Proceedings der HCI Konferenz.[18] Und eventuell wurde sogar auch umgekehrt der anerkannte EU-Experte und Philosoph zum Thema der Gesetzgebung und Ethik Künstlicher Intelligenz von der Erfahrung im experimentellen Performance Game inspiriert, insbesondere wenn wir vom für die Ludic Method künstlerischer Forschung so wesentlichen Konzept des (im Spiel) erfahrenen Flow sprechen. Coeckelbergh dazu: »[…] being driven by an AI system – can be experienced as a flow, rather than a succession of distinct moments.«[19]

Ludic Flow Conclusion

Experimente[20] sind essenziell im Austausch zwischen Kunst und Wissenschaften. Experimente in den Verhaltensneurowissenschaften werden meist in eingeschränkten und unnatürlichen Laborsituationen durchgeführt, was eine Verallgemeinerung auf das Alltagsleben fraglich macht.

Elemente wie Risiko oder sozial relevante Konsequenzen in öffentlichen Aufführungen können das Experiment näher an natürliche Situationen heranführen. Auf diese Art und Weise nähern wir uns auch im Feld der Experimental Game Cultures Prinzipien der spielerischen Forschung.

In und um Experimental Game Cultures nutzen wir Spiel als Methode, die in gesellschaftliche Bedingungen von Welt interveniert. Als forschendes Gedankenexperiment entwerfen wir »spielend«, forschen mit einer Ludic Method im Flow, laden Wissenschaftler*innen als Vortragende zu den strukturell verankerten Ludic Method Soirées. Als eine Form der Artistic Research nähern wir uns Methoden wissenschaftlicher Forschung. Diese betrachten wir als Spielregelsatz, der uns nicht einschränkt, sondern – like a good bondage – neue Flow-Freiheiten erlaubt.

17 https://nivel.teak.fi/carpa7/brain-machine-derive/.

18 Anna Dobrosovestnova/Mark Coeckelbergh/Margarete Jahrmann, Critical Art with Brain-Computer Interfaces. Philosophical Reflections from Neuromatic Game Art Project, in: HCI International 2021 – Late Breaking Papers, Berlin 2021, S. 558–574.

19 Mark Coeckelbergh, Time Machines. Artificial Intelligence, Process, and Narrative, in: Philosophy & Technology 34 (2021), S. 1623–1628, https://link.springer.com/content/pdf/10.1007/s13347-021-00479-y.pdf.

20 *Experiments as Games* lautete der Titel eines von mir und dem Neurowissenschaftler Stefan Glasauer gehaltenen interdisziplinären PhD Seminars im ehemaligen Forschungshaus des Klinikums LMU München.

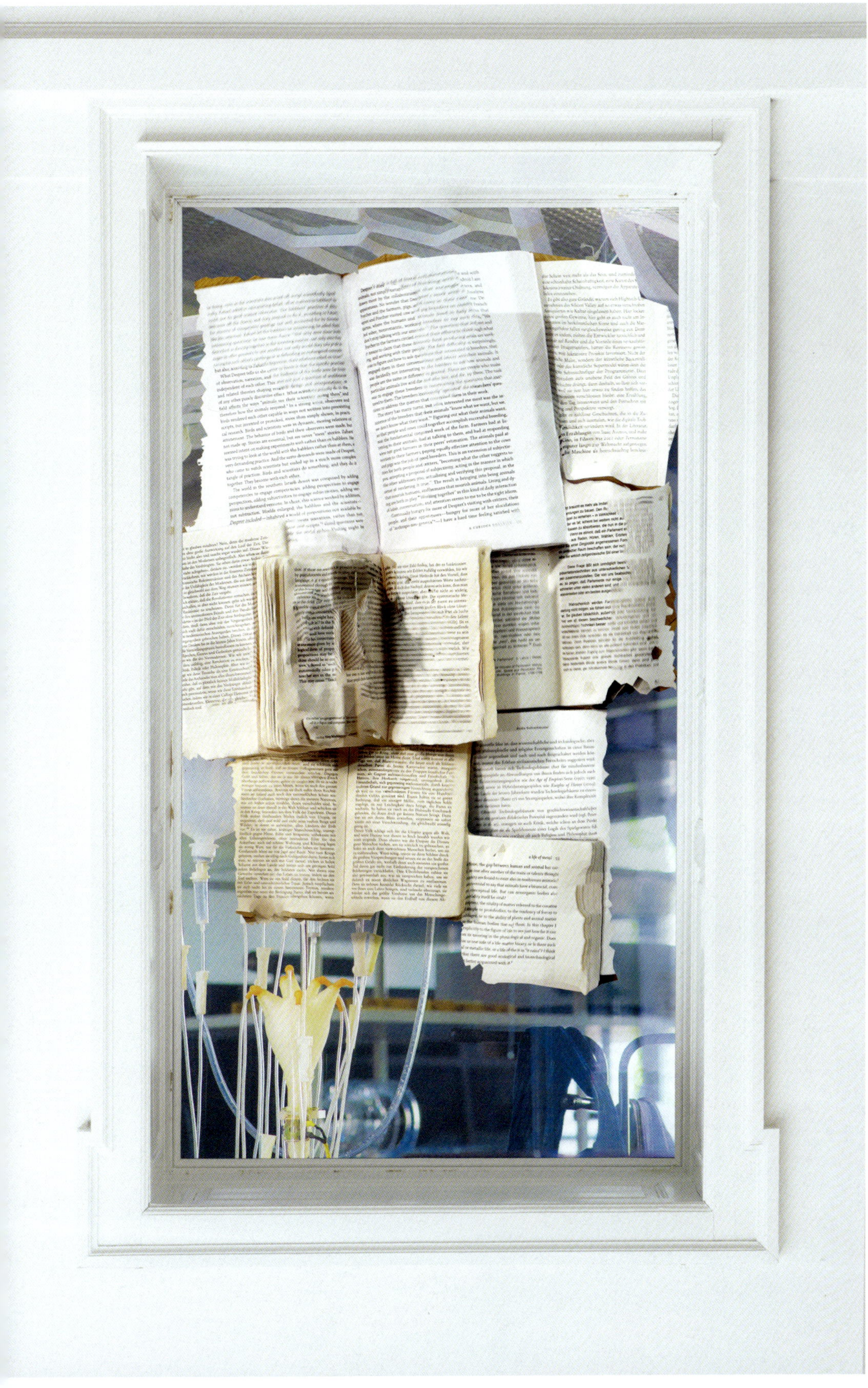

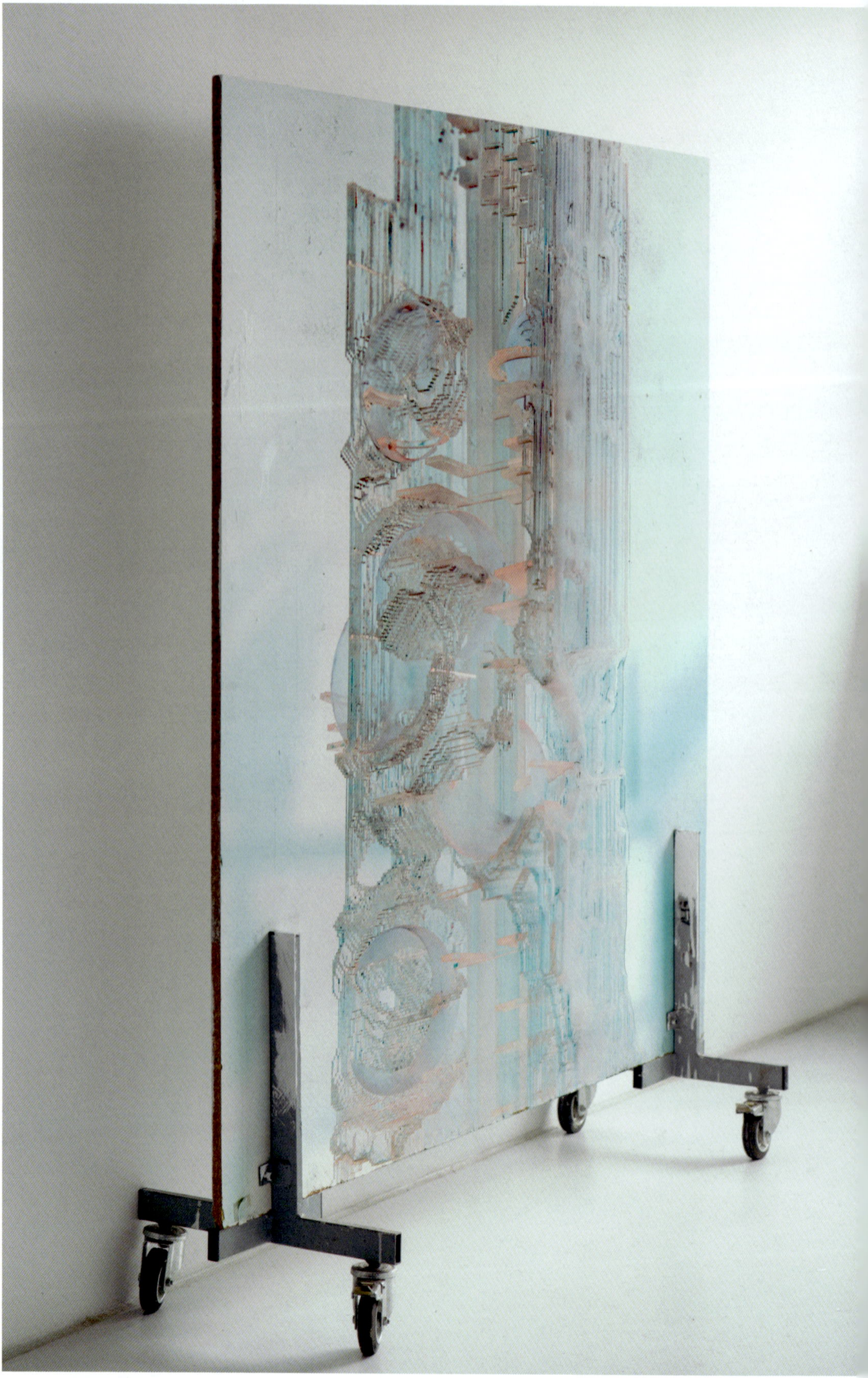

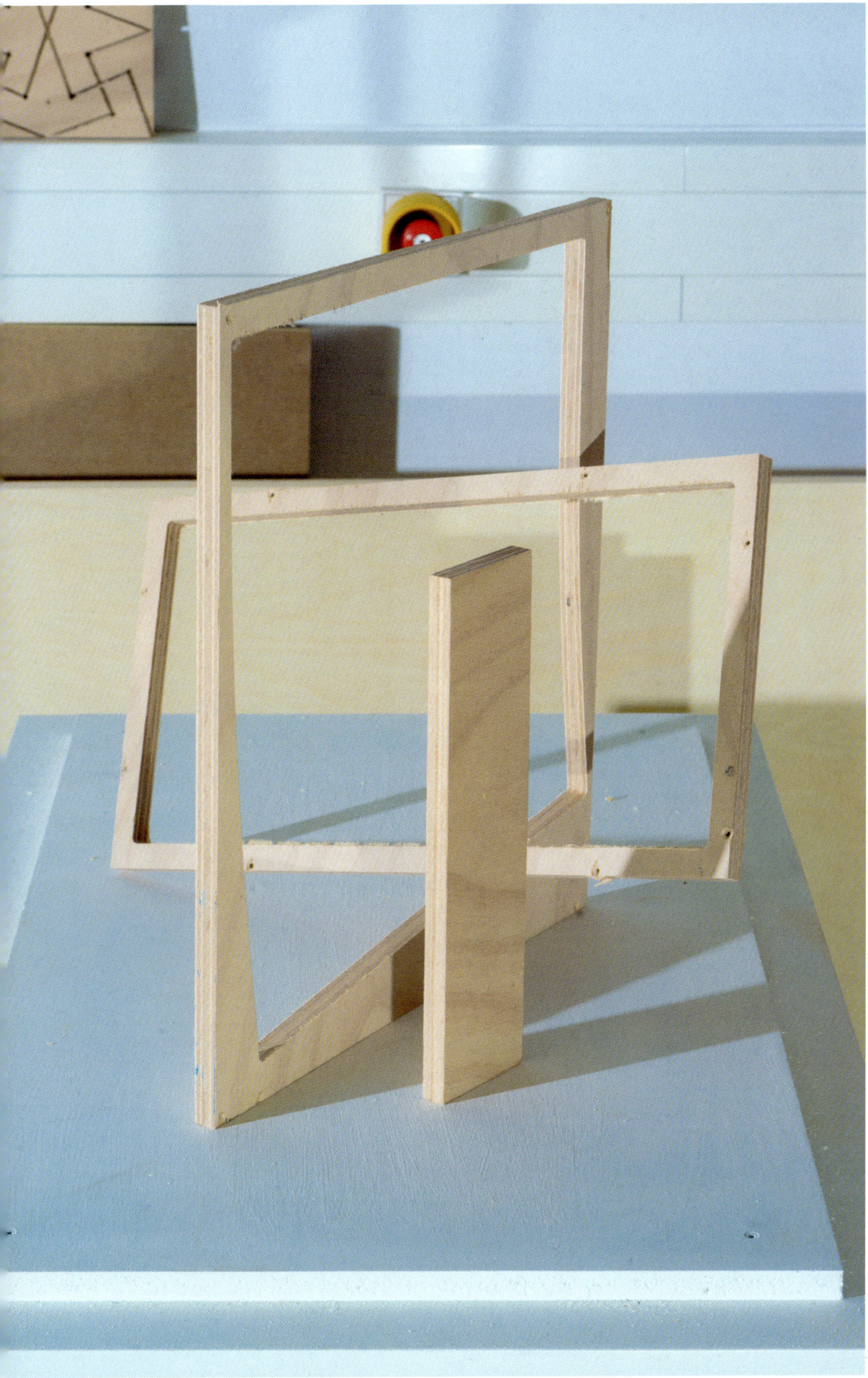

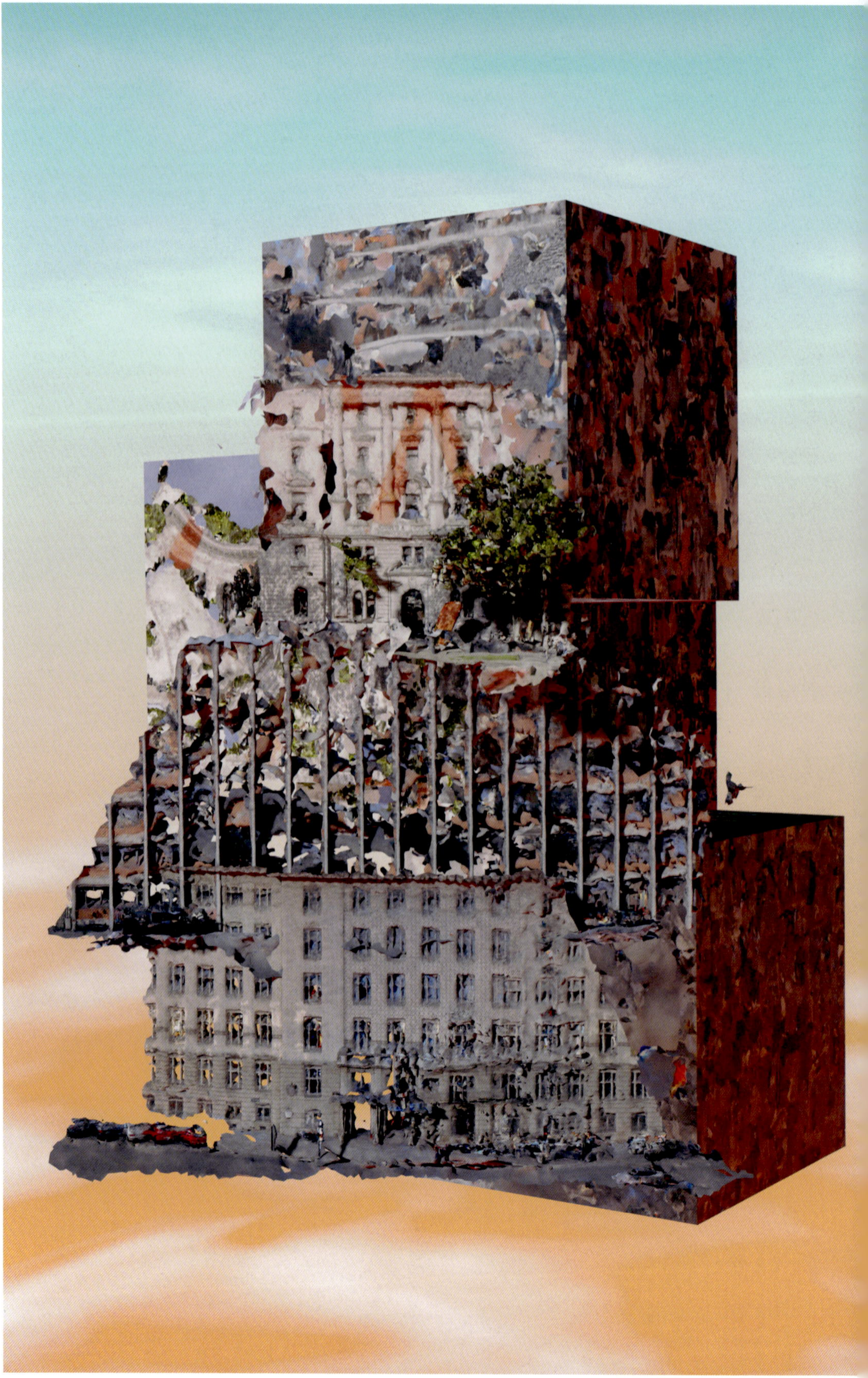

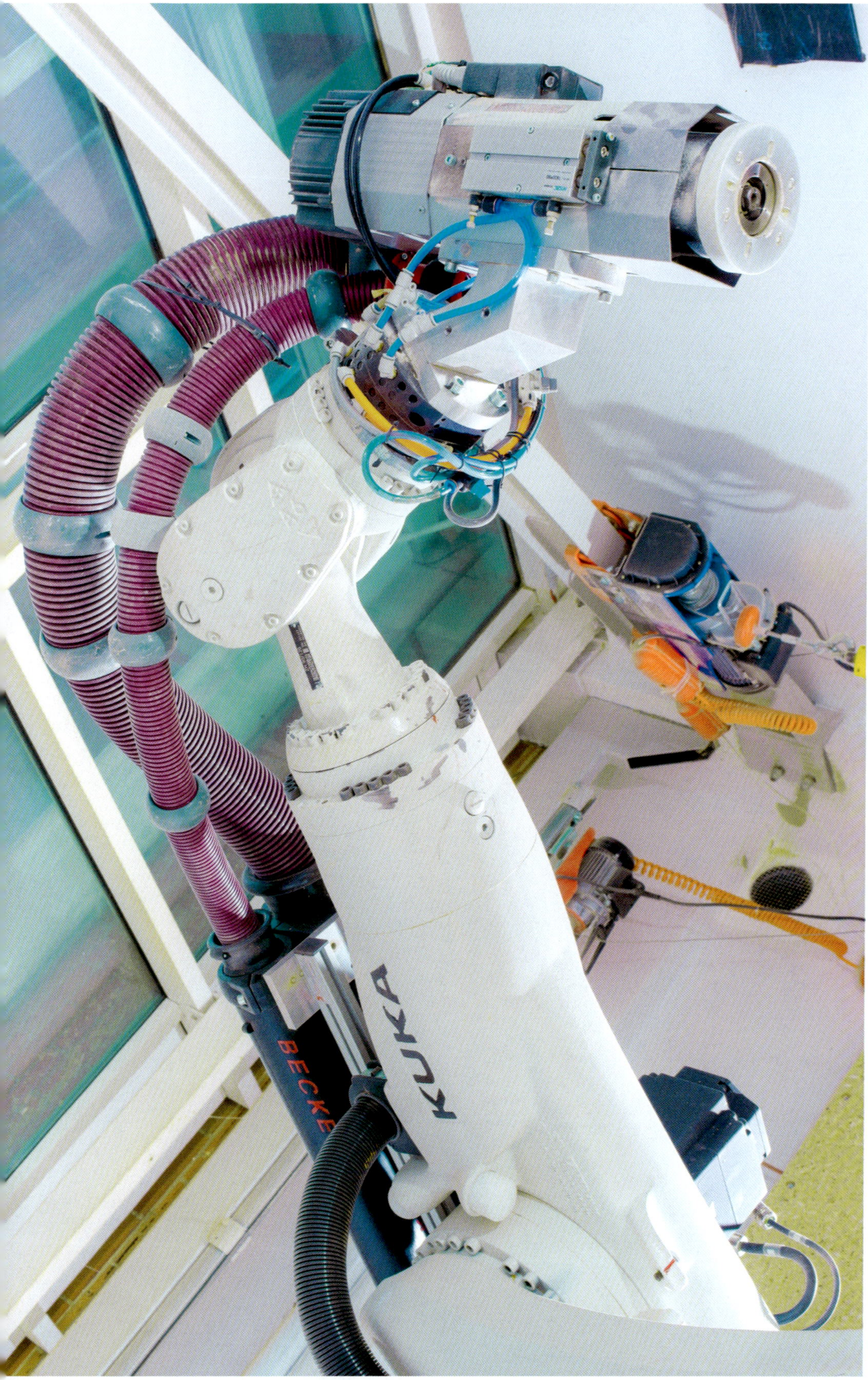
KUKA

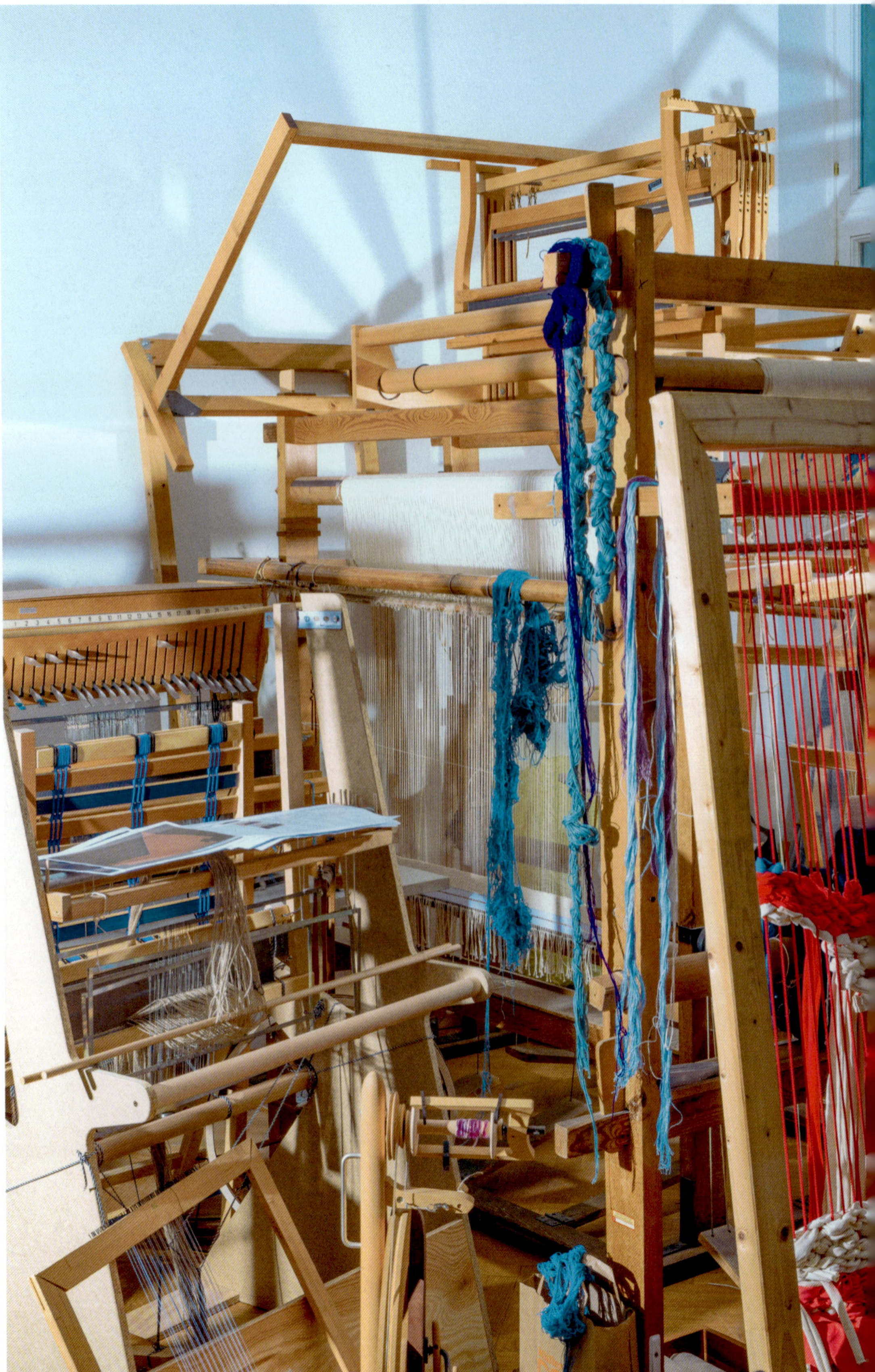

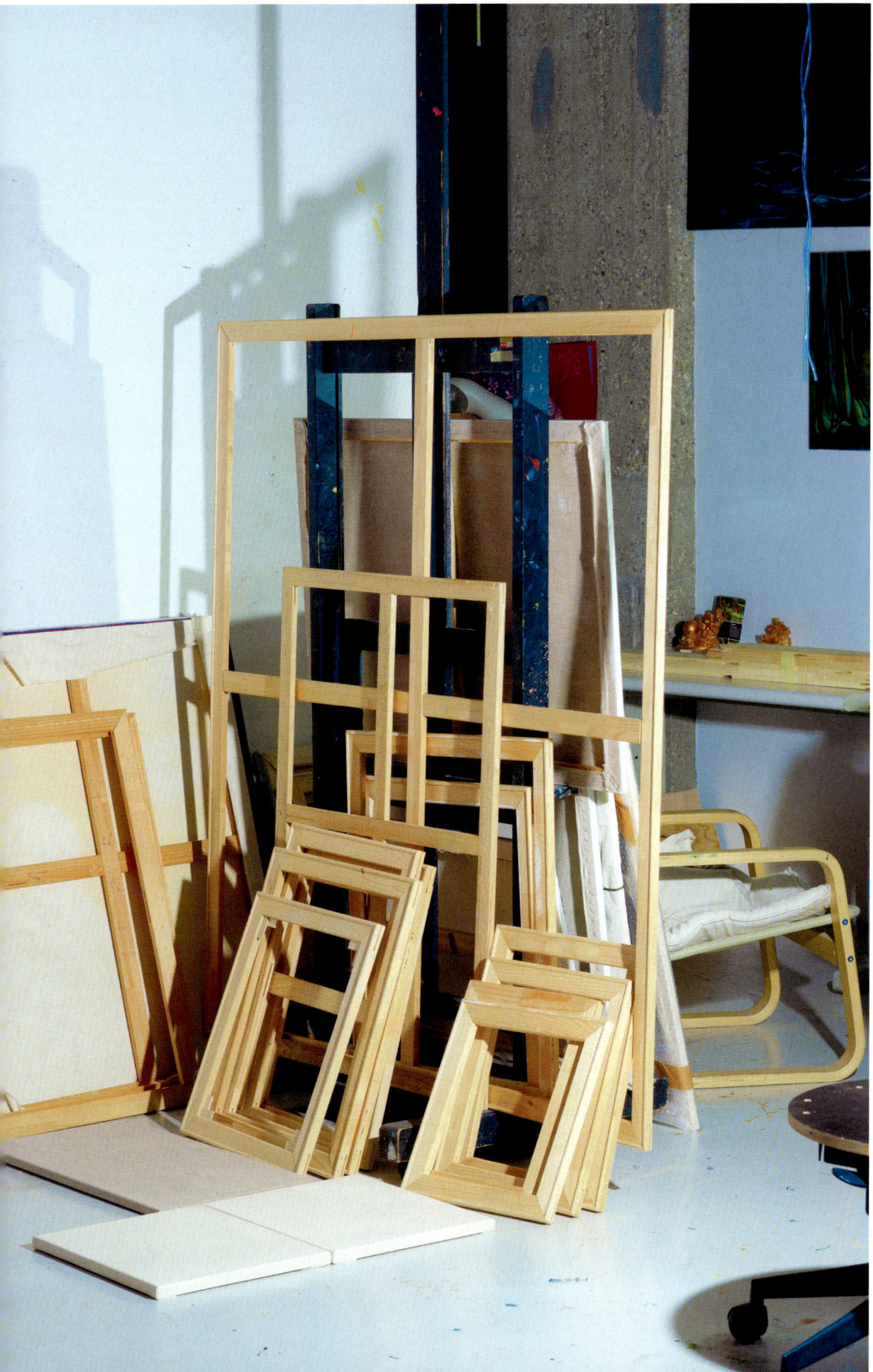

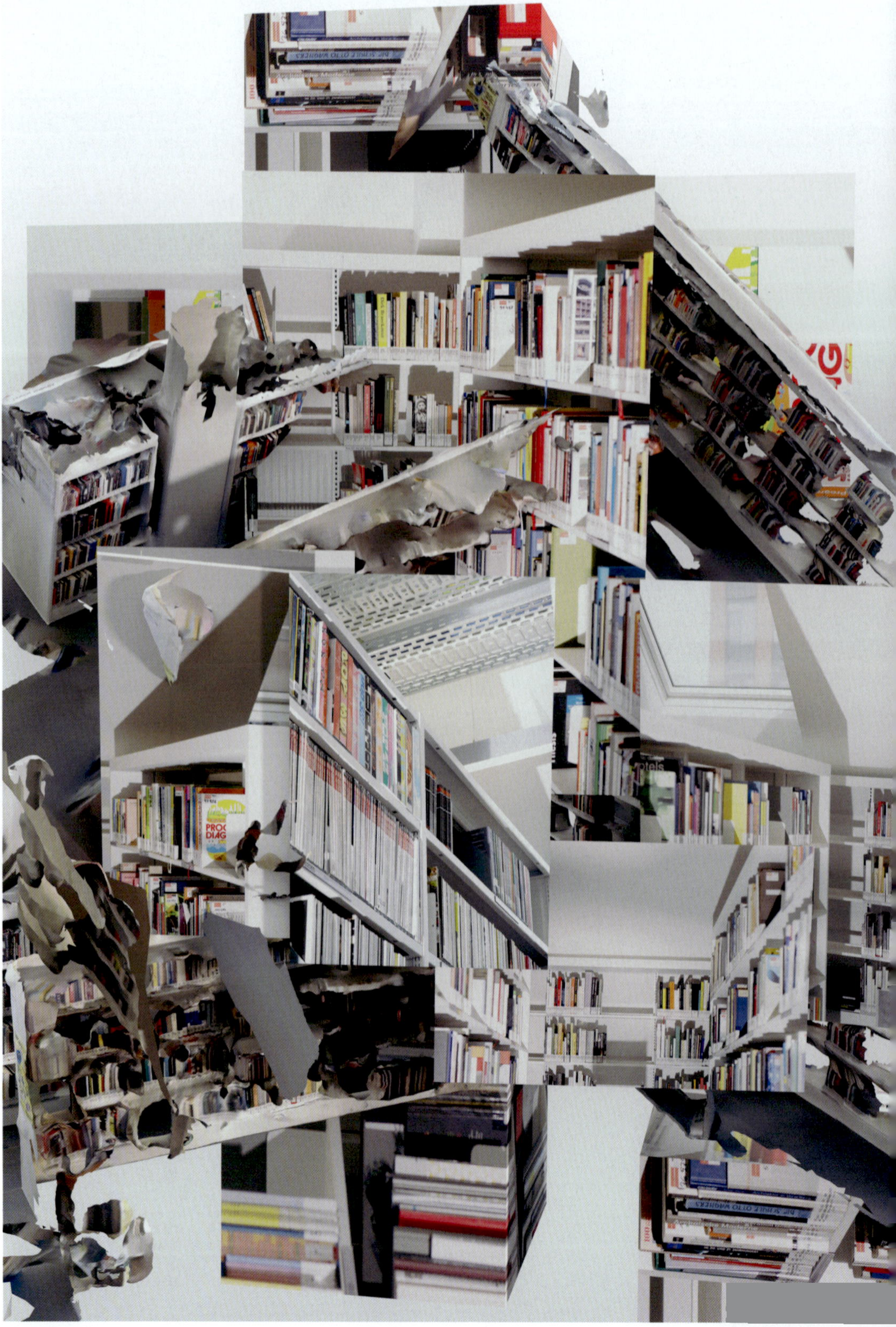

Zehn Wiener Thesen zu Kunst und Forschung

Alexander Damianisch

»Die Praxis an einer Kunstuniversität ist Forschung.«
Gerald Bast

Thesen

1. Zur Qualität der Neugierde
Im Zentrum steht eine Fragestellung.

2. Zur Qualität der Vielen
Die Position ist bestimmt durch Haltung.

3. Zur Qualität der Freude
Die Begeisterung trägt den Aufwand.

4. Zur Qualität der Explizitheit
Die Praxis bestimmt die Methode.

5. Zur Qualität des Zusammenspiels
Die Kooperation bestimmt die Richtung.

6. Zur Qualitäten der Lebendigkeit
Die Energie kommt aus dem Wirkenwollen.

7. Zur Qualität der Sicherheit
Sicherung kommt aus der kollegialen Reflexion.

8. Zur Qualität der Andeutung
Spekulationen sichern durch Andeutungen Bedeutung.

9. Zur Qualität der Form
Darstellungen ergeben Fragestellungen.

10. Zur Qualität der Referenzen
Nur aus dem Standpunkt kann man über sich hinausgehen.

Position

Im folgenden Beitrag geht es um eine aus der Praxis extrahierte, thesenorientierte Darstellung spezifischer Qualitäten, die sich für den ermöglichenden Support und einen konzentrierten Fokus von verständnisentwickelnder Arbeit als zentral erwiesen haben. Diese Darstellung ergibt sich aus der Erfahrung in der konvergierenden Arbeit für und mit Kunst und Forschung. Einer Arbeit, die sich in einem besonders produktiven Milieu und dynamischen Zeitfenster an einer österreichischen Universität der Künste entwickeln konnte. Dabei lagen Bedingungen[1] vor, die in ihrer Besonderheit kein zweites Mal weltweit existieren, inklusive des institutionellen rechtlichen Spielrahmens.[2] Was seine Besonderheit in der Strategie ausmacht, welche Qualitäten an konkreten Interessen dahinter stehen und was in Form erweiternder Projektepraxis aus dieser Arbeit resultiert,[3] wird hier implizit zur Verortung und Orientierung herangezogen, damit von hier aus nun weitergegangen werden kann, weiter, als man glauben möchte. Es geht hier nicht darum, quasi archäologisch beispielhaft durch Projekte eine Entwicklung zu präsentieren; es geht darum, zu identifizieren, was sich als relevant gezeigt hat für das Ziel, Forschung und Kunst in Wissenschaft und Lehre im Sinne der Community gut zu entwickeln. Die hier festgehaltenen Wiener Thesen sollen allen, die sie berücksichtigen wollen, eine Hilfe sein, diesen Weg ins Mögliche zu sichern, damit sie ihn wählen können. Nicht davon gewusst zu haben ist damit keine Option.

Klar ist, Forschung ist Kunst, Kunst ist Forschung: In beiden Fällen geht es darum, mittels spezifischer Handlungen mehr zu erkennen, als zu einem früheren Zeitpunkt bekannt war und erkannt werden konnte, auch gerade dann, wenn die Auseinandersetzung mit dem Gegenstand es nicht zwingend erlaubt, Wissenschaft genannt zu werden, denn es geht gerade um die unbekannten Zwischenräume. Es geht hier also nicht darum, Kunst und Wissenschaft in ein Verhältnis zueinander zu setzen und dieses Verhältnis irgendwie zu beschreiben. Es geht darum, Bedingungen kreativer Praxen so zu begreifen und zu beschreiben, dass damit – besser noch als bisher – mit Freude neues Verstehen ermöglicht wird, basierend auf einer aktuellen Situation, die in ihrer Beispielhaftigkeit als besonders und hilfreich für die Leser*innenschaft angenommen werden kann. Als Bedingung kreativer Praxis

1 Die Bedingungen darzustellen würde den möglichen Rahmen dieses Beitrages bei Weitem überstrapazieren. Es sei hier nur darauf hingewiesen, dass in den Entwicklungsplänen der Angewandten zu den vergangenen Jahren ein gewisses Abbild derselben vorliegt, siehe https://www.dieangewandte.at/vision.

2 Die Universität für angewandte Kunst Wien hat nach österreichischem Universitätsgesetz den gleichen rechtlichen Status wie jene Universitäten, die einem klassisch wissenschaftlichen, medizinischen oder technischen Fokus verpflichtet sind, mit allen Rechten und Pflichten, Potenzialen und Perspektiven für Lehre und Forschung, aber mit dem besonderen Mehrwert, auch Kunst sowie deren Entwicklung und Erschließung als Gegenstand ihres Interesses gewidmet zu sein, was sie als Praxisfeld, also nicht ausschließlich als Interessensobjekt der Forschung, gegenüber klassischen Universitäten mit einem einzigartigen Entwicklungsspielraum ausstattet.

3 Die Leistungen der Arbeit sind u. a. zentral in den Wissensbilanzen der Universität für angewandte Kunst Wien dokumentiert, siehe https://www.dieangewandte.at/berichte.

ist hierbei auch der Gegenstand des eigenen Vermögensspielraumes zu verstehen, des eigenen Wahrnehmungs- und Reflexionsvermögens und dessen Gestaltetseins und Gestaltens.

Es ist wichtig, dass explizite Zuschreibungen möglichst ausbleiben und konkrete Beschreibungen nicht einengend bestimmend wirken. Konkrete Verortungen sind zum Scheitern verurteilt, quasi als Versuche aufzuhalten, was in Bewegung den bewegten Boden berührt und sich damit als neue Kraft entfaltet. Warum also sollte man hier Prozesse einfrieren? Die Position muss flexibel bleiben. Ähnlich problematisch wäre es, wie gerade im aktuellen Diskurs stark relevant, sich auf missionsgeleitete Forschung zu fokussieren, eher ist es wohl wichtig, sich forschungsgeleiteter Missionsentwicklung zu widmen.

Es geht hier darum, was möglich ist, wenn man sich darauf einlässt, Impulse in ihrer Qualität zu begreifen. Neben dem Gegenstand (Objekt) und seinem Gegenüber (Subjekt) ist dabei vor allem auch der institutionelle Kontext wichtig, um zu erkennen, wie Neues entsteht. Dabei ist klar, dass die Differenz zwischen Gegenstand und Gegenüber eine künstliche Linie beschreibt, die zwischen den Begriffen und dem Begreifen tanzt. Institutionen müssen gewährleisten, dass dafür ein Spiel vorhanden ist, ein Raum der Herausforderung und der Sicherheit, in dem etwas begonnen werden kann – und nicht zur Verteidigung von Erreichtem. Es geht um die Bedeutung dessen, was Kunst und Universität leisten können, mit ihrer Forschung und immer wieder aufs Neue. Dazu werden die folgenden zehn Thesen formuliert und damit produktive Qualitäten identifiziert.

Thesen

1. Zur Qualität der Neugierde

Das Fragen steht im Zentrum. Mit der Frage formuliert sich ein Interesse. Dieses Interesse muss klar identifiziert sein. Häufig kommt es im Zuge der Reflexion über die Frage zu zahlreichen Verästelungen, zu Subfragen, die wie Adern gedacht werden müssen oder wie Bäche, die einem Fluss zuströmen, diesen ausmachen. Man darf diesen vielen Zuflüssen nur so viel Aufmerksamkeit schenken, wie es das zentrale Interesse verträgt, ohne verloren zu gehen. Eine Fokussierung ist wesentlich, nur so ergibt sich ein Zentrum. Für eine Institution bedeutet dies, dass sie ihr inneres

Orientierungssystem so ausrichtet, dass sie sich nicht in zu vielen Aspekten verliert, also relevant hält, was die Perspektive vieler in ein Bild bringt, dabei respektvoll mit partikularen Aspekten umgeht und sich nicht verzettelt.

Es kann das Zentrum der Fragestellung immer nur eine Ahnung dessen geben, was alles ist. Daraus ergibt sich die Notwendigkeit eines Muts zur Lücke. Dieser Mut zur Lücke ist wesentlich. Was den Mut zur Lücke besonders macht, ist seine Qualität, in spezifischen Fällen Einzelnes zu öffnen und mittels Hebelwirkung massiv Relevanz zu entfalten. Es ist dies das konkrete Potenzial an Bedeutung, wo aus dem Mut zur Lücke der Fokus gebündelt werden kann und, als pars pro toto verstanden, zur gelingenden Motivation führt. Die Bündelung des Interesses führt dazu, das Interessante zu fassen. Die Bewegung der Bündelung um das Interessante kreiert mittels der gewidmeten Aufmerksamkeit die Bedingung und sichert damit den Gegenstand der Neugierde. Die schaffende Kraft nun ist die Neugierde. Damit ist auch klar, die Frage ist der Kern forschenden Vorgehens, nicht die Antwort. Die Neugierde, die Frage ist damit auch der Kern einer Institution, die sich darin misst, stets bewegt und bewegend dem Grund im Wandel zu begegnen. Alles ist im Fluss, und das braucht perspektivischen Halt. Paradoxerweise ist genau das gemeinsame Fragen der resolute Anker der Bestimmtheit, ohne dass er weiß, wo er landen wird oder wer ihn führt, der behutsam geführte Anker als sensibles Echolot: Neugierde bestimmt das fokussierte Fragen.

Im Zentrum steht eine Fragestellung.

2. Zur Qualität der Vielen

Die Bestimmung der fragenden Position ist gesichert durch die Haltung aller. Bei aller Bewegung ist Haltung innerhalb eines Kontextes als erforderliche Sachlichkeit im Handeln nötig. Bei aller Flexibilität und Resilienz, also der Veränderung der Pläne oder auch der allfälligen Rückkehr zur ursprünglichen Haltung, sind es die Bewegungen der Zeit, denen es nicht zu widerstehen, denen es sich orientiert zu widmen gilt. Dabei strebt alles einer Bewegung zu, die offen zu sein hat, sicher ist allein das Gegenüber des Entscheidens. Das Gegenüber ist das plural Mögliche, das in Diversität kaleidoskopisch reflektiert. Daher braucht es im Gegenüber eine Verfassung der Bezüge, der Orientierung, eine Bündelung. Eine innere Ordnung an Entscheidungen, Richtlinien sind zur Bestimmung von Positionen wichtig, hieraus ergeben sich Haltungen. Kriterien sind hilfreich bei der Verhandlung von Auseinandersetzungen, in wohlwollendem Umgang und mit gedeihlichem Respekt der und gegenüber den Vielen. Der Adressat der Entscheidungen ist der ruhende und stille Körper der Vielen, der die Orientierung im und mit dem Pluralismus halten kann und kollektiv das Richtige zu tun bemüht ist. Die Vielen sind all jene Stimmen, die in Kenntnis ihrer Möglichkeiten und Methoden sich einbringen und dabei sichern, das Notwendige zu entscheiden. Es sind die Prozesse in der Verhandlung und der Identifikation von Haltung, die alle aus dem polyvalenten Sturm herausfinden lassen: Haltung hilft im Spektrum der Interessen, den gemeinsamen Nenner zum Leuchten zu bringen und ihm zu folgen.

Die Position ist bestimmt durch Haltung.

3. Zur Qualität der Freude

Bei aller vertrauten Liebe zum eigenen Feld, es benötigt Begeisterung, um gemeinsam mehr zu erreichen, als alleine möglich gewesen wäre. Die Begeisterung in gemeinsamer Bewegung erzeugt einen spezifischen energetischen Swing, einen Fluss, der den Aufwand lohnend macht; aus dem Swing, einem Glänzen, einem Leuchten kann mehr gefolgert werden als erwartbar, gerade wenn es darum geht, Fragen zu stellen. Dabei geht es nicht um durch das Kollektiv geläuterte Vergewisserungen, Selbstgewissheiten, sondern es geht um die gesicherte Fragehaltung, die begeistert den Aufwand lohnt, an Grenzen zu gehen, um als und für die Gesellschaft dieser auf den Sprung über sich hinaus zu helfen, den Swing aufzunehmen, das unendliche Plus zu wagen. Der Rest in der Rechnung wird verschwindend sein, er wird sich auflösen, und auch wenn Annahmen in einer ersten Runde nicht standhalten, in einer zweiten Runde weiß man es besser, eben dadurch, und kann aus diesem Ergebnis schon die Annahme bemühen, hier nicht nochmals in einen Aufwand zu gehen, der also lässlich ist. Mit der Neugierde findet sich die Freude, durch neues und anderes Verstehen radikal Neues zu schaffen.

Die Begeisterung trägt den Aufwand.

4. Zur Qualität der Explizitheit

Methode kennt man als Begriff vor allem zur Bezeichnung von nachvollziehbar organisierten Prozessen in den Wissenschaften. Genauso wie der Begriff Disziplin scheint der Begriff Methode zur Beschreibung von Prozessen auch im Kontext der Kunst einsetzbar zu sein. Wenn man sich bewusst macht, dass der Einsatz von Disziplin im Kontext der Wissenschaften aber auch dazu geführt hat, dass bestimmte Quasi-Areale in Verteidigungslinien eingeengt wurden, dann ist nach dieser Kritik auch der Gebrauch von Methode nicht mehr so leicht, zumal es ja hier darum geht, nicht Trennlinien, sondern Berührungszonen von Interessenfeldern zu identifizieren. Dennoch steckt in der Methode als konkreter Handlungsanleitung für spezifische Verfahren eine Option, Praxis konkret zu erfassen. Es lässt sich also sagen, dass mit Methode Praxiswege beschrieben werden können, die explizit machen, welche Verfahren in künstlerischen Leistungen angewendet werden, um neue Wege zu gehen.

Wenn es also darum geht, zu begreifen, wie Verstehen gerade durch neue Formen von Verfahren besonders gelingen kann, welche Verfahren neue Perspektiven mit Kritik und Perspektive eröffnen können, ist die Beschreibung konkreter Verfahren aufgrund spezifischer Praxisformen besonders spannend. Das mag banal klingen, soll aber klar machen, dass es sich auch in der Kunst durchaus um nachvollziehbare Prozesse handelt, deren Aneignung einer komplexen Entwicklung bedürfen. Entwicklung ist hier ganz bewusst geschrieben, da es sich nicht nur um Vermittlung oder Lehre handelt, sondern eben auch um deren erforschende Gestaltung durch Verfahren der Vermittlung. Genau wie ein Kochrezept, eine Bau- oder Spieleanleitung, ein choreografischer Score, eine Dramaturgie sind dies Beispiele von praxisdefinierten Verfahren, die als Methode begriffen werden können und auch eine explizite Verfahrenskritik benötigen. Mit Kunst in der Forschung wird aus reflexionszentrierter expliziter Erkenntnispraxis eine alle Sinne adressierende umfassende Wahrnehmungsentwicklung, wobei das Wie des Verfahrens dokumentiert, geteilt und reflektiert werden muss.

Die Praxis bestimmt die Methode.

5. Zur Qualität des Zusammenspiels

Dem Vermögen einer Person sind kaum Grenzen gesetzt, aber eben nur kaum, das kollektive Vermögen von mehreren Personen ist ungleich reicher. Glückliche Momente herzustellen gelingt besser, wenn durch Interaktion Wahrnehmungen in Relation zueinander gebracht werden, die eine Unterscheidung bzw. einen

Vergleich ermöglichen. Eine Interessensachse zwischen Wahrnehmungen zu entwickeln ist allein jenen möglich, die zusammenarbeiten. In der Kooperation begegnen sich ähnliche oder komplementäre Anliegen geteilter Interessen. Gerade Komplementarität ist jene Qualität, die zeigt, dass Anerkennung auch über Konflikte laufen kann, denn dann beginnen Interessen eine Schwebung zu erzeugen. Die Interaktion auf Basis geteilten Interesses bringt Aspekte in den Blick, die anders nie in den Blick gekommen wären. Dieses In-den-Blick-Bringen ist genau, worum es geht, es braucht ein gewisses Set an Verfahrensweisen, die es erlauben, Bezüge herzustellen. Die Relationen können als Zusammenspiel bezeichnet werden. Das Zusammenspiel braucht eine Grundlage, diese Grundlagen sind als Zeit zur und Raum der Begegnung zu verstehen, worin sich etwas entfalten kann, das vordem einzeln nicht gefasst und/oder begriffen werden konnte.

Die Kooperation bestimmt die Richtung.

6. Zur Qualitäten der Lebendigkeit

Motivationen sind Ladungen, die genutzt werden müssen. Wenn diesen Kräften nicht entgegengegangen wird, dann verkümmern sie, ihre Träger*innen wandern sodann ab oder lösen sich auf. Damit dies nicht passiert, müssen Bedingungen der Belebung identifiziert werden. Das Schaffen von Rahmenbedingungen stiftet Gestaltungskraft: Ein einzelner Sprung auf freier Fläche ist weniger wahrscheinlich, als wenn Angebote zur Überwindung oder Bewältigung geboten werden. Gleiches gilt für das Spiel. Die Energie speist sich aus der Möglichkeit, einen Unterschied zu machen. Wenn es irrelevant ist, was getan wird, dann führt dies zu Auflösung. Wenn man nun angewandt agiert, dann werden Bezüge hergestellt, Bezüge, die mitunter überwunden werden. Es gibt dann auch Kreise der Annäherung oder mitunter in Curricula gefasste Zyklen, das schafft Phasen der Orientiertheit. Diese Orientiertheit ist offen zu denken. Das Setting kann an allen Stellen in alle Richtungen erweitert werden, es ist offen, es nimmt experimentell auf, was es braucht, um Fragestellungen im Sinne der Entfaltung von Verständnisoptionen energetisch anzugehen. Die Energie dabei ist ein Movens der Lebendigkeit, ohne diese Lebendigkeit – und deren mitunter brutale Wirkkraft – ist die Triebfeder des Handelns jenseits aller Aufgaben und wird still.

Die Energie kommt aus dem Wirkenwollen.

7. Zur Qualität der Sicherheit

Mit inhaltlicher Freiheit und methodischer Bestimmtheit zur gewählten Fragestellung ist der Aspekt der Sicherung der konkreten Auseinandersetzung in forschungsgeleiteter Kunst und kunstgeleiteter Forschung von höchster Bedeutung. Diese Sicherung ist in der kollegialen Kontrolle zu finden. Dies ist auch ein besonderer Aspekt kooperativer Zusammenarbeit. Sicherung ist dabei auf allen Stufen der Gestaltung des Kunst- und Forschungsvorhabens zu denken, von der ersten Idee zu Inhalt und Fragestellung über die Ausführung in einer ersten abstrakten Skizze (Stichwort Abstract), das inhaltlich bestimmte Form annehmende Proposal, dessen finale Prüfung über spezifische gegenübergestellte Fragen (damit auch jene Qualitäten besehen werden, die für das relevante und dynamische Praxisfeld geprüft werden können), das Design der Arbeitsbedingungen über alle Instanzen hinweg (Leitung, Team, Kooperationen, Instrumente, Infrastruktur etc.), die Adäquatheit der Auseinandersetzung, Räume für die Prozesse bis hin zu den Ergebnissen für das innere Fachfeld. Immer ist es die Auseinandersetzung mit Kolleg*innen, die Möglichkeiten reflektieren können, die andernfalls nicht reflektiert werden konnten, wenn man im engeren Kreis der Idee verbliebe. Das Außen ist keine Umgebung, es ist eine Wirkkraft, die im eigentlichen Interessenfeld von kritischer Relevanz ist. Es geht also als Qualitätskriterium darum, porös zu agieren, nicht als Attitüde einfacher Nachlässigkeit, sondern als Ausdruck engagierter Aufmerksamkeit gegenüber der Welt und der Arbeit. Dadurch wird Qualität gesichert, da jede Praxis in Gemeinsamkeit besser aufgeht als allein; was auch schon mit der Qualität des Zusammenspiels angesprochen war, hier schließt sich ein Kreis.

Sicherung kommt aus der kollegialen Reflexion.

8. Zur Qualität der Andeutung

Spekulation macht den Unterschied. Sie ist nicht dazu angetan, nachhaltige Strukturen fundamental zu besichern, ohne sie ließe sich aber kein Entwurf beginnen. Der Begriff der Spekulation ist nicht ohne Grund ein Begriff im Kontext des Aushandelns von Werten. Dies gesagt, ist festzuhalten, dass es eigentlich – um nicht *streng genommen* zu schreiben – immer um die Ausverhandlung von Qualitäten oder Werten geht. Immer geht es darum, Verstehen mit Methode in Prozesse zu verwandeln. Die Spekulation ist da der Beginn, der Moment, wenn eine Idee zu fliegen beginnt, Risiko genommen wird, Evidenzen durch neue Kontexte herzustellen und dann neue Genauigkeiten zuzulassen. Es braucht Rahmenbedingungen zur Entfaltung eines expliziten Bewusstseins, der permanenten Auslotung spekulativer Potenziale. Es geht also um Andeutungen, über die Bedeutungen möglich werden. Spekulation ist ein Spielraum der Bedeutung, den wir nicht greifen können, und sie ist erahnbares Versprechen von Kommendem, das aus Interesse, Intuition und Empathie angenommen werden kann. Mit sinnlichen Andeutungen zeigen sich Versprechen, die eine Valenz zur Anwendung und Einlösung haben.

Spekulationen sichern durch Andeutungen Bedeutung.

9. Zur Qualität der Form

Als besondere Qualität der ergebnisoffenen Verbindung von Kunst und Forschung zeigt sich, dass Qualitäten der Darstellungssicherung genutzt werden können. Was an sich nicht von großer Relevanz ist, ästhetische, also inhaltlich reflektierte Gestaltungsentscheidungen mit gestaltungssensiblen Inhaltsaspekten zu verbinden, wird als wesentlich in die Forschung integriert. Es geht nicht darum, ob etwas schön ist oder wahr, es geht darum, in der Ausführung zu bestimmen, was in der Vermittlung von Relevanz ist. Das Gegenüber wird damit neben seiner Qualität als kollaboratives Publikum, das adressiert wird, zur relationalen Größe der Kritik. Was nicht vermittelt werden kann, kann auch nicht zur Entwicklung des Verstehens und des hier nötigen Vermögens beitragen. Was geschieht, muss nachvollziehbar und referenzierbar sein, auch damit Kritik möglich ist. Gleichzeitig ist es aber auch wichtig, dass die Darstellungsentscheidungen reflektiert und in sich adäquat und neu sind. So zeigen sich Aspekte, die ohne künstlerische Vermögenskompetenz nicht auf Neues hätten hinweisen können.

Darstellungen ergeben Fragestellungen.

10. Zur Qualität der Referenzen

Ohne die Bestimmung und Sichtung relevanter Bedingungen kann keine manifeste Position eingenommen werden. Vom Anspruch gehen Möglichkeiten aus, der Anspruch benötigt eine Verortung, die Verortung gelingt nur durch eine umsichtige Analyse der Annahmen und der schon für das Anliegen erschlossenen Einsichten. Die Praxis ist gut beraten, für die Entscheidung zu einer Handlung das miteinzubeziehen, was ihr vorausgegangen ist. Eine Position benötigt die Erforschung ihrer Bedingtheit, erst davon ausgehend kann Weiteres geschehen. Gleichzeitig gilt es, die Möglichkeit als Notwendigkeit einzubeziehen. Nicht alles kann respektiert werden bezüglich nächster Schritte in Kunst und Forschung. Dennoch ist es wesentlich, auf informierter Grundlage zu agieren. Eine Vision ohne manifeste Besicherung ihres Standpunktes hat kein Fortkommen. Es gelingt der nächste Schritt, wenn das Standbein aufruht. Das gilt gleichermaßen für Individuen wie für Institutionen, dem Wechselspiel zwischen ihnen, wobei, utopisch bedacht, das Interesse an Veränderung von Verstehensmöglichkeiten durch Kunst und Forschung für alle das sein soll, was bewegt. Wenn dies ernst genommen wird, dann wird uns weit mehr gelingen, als wir gewohnt sind.

Nur aus dem Standpunkt kann man über sich hinausgehen.

Perspektive

Immer ist mehr zu sagen, das ist natürlich klar; daher ist es wichtig – auch wenn Grundlegendes reflektiert wird – zu reduzieren, das macht die Dinge spannend. Thesen aufzustellen dient genau dem, Thesen sind dazu da, erweitert zu werden, zu Neuem anzuregen. In Reduktion reicher Erfahrungen in einer Institution sind diese zehn Thesen nun ein Extrakt, der von mir dem Gestaltungsspielraum Angewandte abgewonnen werden konnte. Der Anspruch hier ist es, diesem angewandten Geist gerecht zu werden, gerade auch in Anerkennung der beeindruckenden Leistung der Leitung für das Feld der Forschung an der Kunstuniversität angesichts aktueller Herausforderungen, die als Gesellschaft zu meistern sind, sowie in Anerkennung aller Beteiligten an dieser Institution, die sich im Sinne des englischen Wortes permanent daran machen, »to institute the next«. Daher widme ich diesen Beitrag der Umsicht, der Sicherheit und der visionären Kraft sowie der Herausforderung, wie sie von Gerald Bast und mit ihm von Barbara Putz-Plecko in Entwicklung gebracht wurden. Sie mögen weiter wirken, ihre Weiterentwicklung möge gelingen.

Ich danke abschließend Ruth Anderwald, Leonhard Grond und Helga Aichmaier, die als Erste meine Thesen wohlwollend gelesen zu haben. Ich danke ihnen für ihre Ideen, und damit danke ich auch jetzt schon den Vielen, die sich hoffentlich zu Wort melden werden, auch ihre Ideen werde ich sehr gerne aufnehmen, denn jeder Text lebt weiter, auch dies ist ja nur ein Augenblick, dies schon das Nächstmögliche.

Reden der Laudator*innen anlässlich der Ehrenring-verleihung an Gerald Bast

Am 27. Juni 2023 wurde Rektor Gerald Bast mit dem Ehrenring der Angewandten ausgezeichnet, die Laudationes bei der feierlichen Überreichung hielten Martina Schöggl, Büroleiterin des Rektors, Daniela Hammer-Tugendhat, Professorin der Kunstgeschichte, Barbara Putz-Plecko, Vizerektorin für Forschung und Diversität, sowie Klaus Bollinger, ehemaliger Vorstand des Instituts für Architektur und nunmehr Mitglied des Universitätsrates.

Die Universität für angewandte Kunst Wien vergibt seit dem Jahr 2002 den von Paolo Piva gestalteten Ehrenring an herausragende Persönlichkeiten, die in einem besonders verdienstvollen Naheverhältnis zur Universität stehen.

Martina Schöggl

Lieber Gerald,
23 Jahre und 9 Monate wirst du Rektor gewesen sein, wenn du dein Amt im Oktober übergibst. Das ist ganz schön lang. Ich habe viel Respekt vor dieser Zahl und vor allem vor dem, was dahintersteht an Kraft, Arbeit, Haltung, Ideen, Ausdauer. Dementsprechend groß ist auch mein Respekt vor der Aufgabe, heute hier diese Leistungen mit Worten zu würdigen.

Verehrte Festgäste, liebe Kolleginnen und Kollegen,
23 Jahre und 9 Monate hat Gerald Bast die Angewandte geleitet, begleitet, gestaltet und geprägt. Davor, manche können sich vielleicht erinnern, war er – wie er das selbst manchmal scherzhaft formuliert – ein »ganz passabler Jurist«. Er hat an der Johannes Kepler Universität Linz Jus studiert, wo er 1979 auch promovierte. Angeblich, zumindest wurde mir das so vermittelt, hatte er schon als Student eine große Begeisterung für Veränderung.

Von 1981 bis 1999 war er im Wissenschaftsministerium als Legist tätig. Er leitete dort ab 1991 die Abteilung für Organisationsrecht und Grundsatzfragen der Reform der Universitäten und Kunsthochschulen.

Zur Jahrtausendwende wurde ihm schließlich das Rektorat der Angewandten anvertraut. Und hier ist er jetzt seit 23 Jahren und 9 Monaten.

Oder anders gesagt:

5 Wiederbestätigungen im Amt (2003, 2006, 2010, 2014 und 2017),

7 Leistungsvereinbarungen mit dem Bund,

12 Wissenschaftsminister*innen,

77 Berufungen und

1 großes goldenes Ehrenzeichen der Republik Österreich lang.

23 Jahre und 9 Monate bedeuten sehr viel Arbeit, das können Sie mir glauben, und ich habe noch ein paar mehr Zahlen mit:

14 neue Studienrichtungen,

4 neue Doktorate,
3 neue postgraduale Studiengänge und
1 *Klasse für Alle*,
mehr als hundert realisierte Forschungsprojekte,
266 Publikationen,
134 Partneruniversitäten.

Und die Teilnahme an unendlich vielen Sitzungen: Geschätzt – so genau konnte ich das nicht mehr rekonstruieren – rund 400 Rektoratssitzungen, 150 Senatssitzungen, 90 Universitätsratssitzungen und viele weitere Sitzungen in Gremien, Jurys etc.

23 Jahre und 9 Monate – das sind Pi mal Daumen:
1.200 eröffnete Ausstellungen,
21 Modeschauen,
17 Jahresausstellungen und
5 Angewandte Festivals.

Das ist auch 1 Pandemie mit mehr als 20.000 durchgeführten COVID-Tests in der schönsten Teststraße Österreichs.

23 Jahre und 9 Monate Arbeit entsprechen auch einer Verdreifachung der Bewerber*innenzahlen und einer Verdoppelung der Angewandten auf allen Ebenen – in Quadratmetern, Studierenden und Mitarbeiter*innen sowie einer entsprechenden Budgeterweiterung.

Das Wunderbare an Gerald Bast ist aber, dass ihm diese ganzen Zahlen herzlich egal sind (zumindest meistens). Viel wichtiger als, ob und wie sich Universitäten in Zahlen darstellen lassen, ist ihm, was Bildung kann, können muss. Es geht ihm um das Veränderungspotenzial, das in Bildung steckt. Um das Grenzüberschreitende und das Verbindende gleichzeitig.

Gerald Bast ist selbsterklärter Bildungsromantiker, und das ist genau richtig so.

Nicht nur einmal bin ich im Jour fixe mit dir gesessen, und die Zeit ist nur so verflogen, weil wir über demokratische Grundprinzipien diskutiert haben, anstatt meine lange Themenliste zu besprechen – manchmal zugegebenermaßen auch zu meinem Leidwesen.

Nicht nur einmal konnte ich aus nächster Nähe beobachten und bewundern, mit welcher Vehemenz du dich innerhalb und außerhalb der Angewandten für die Zugänglichkeit zu Bildung eingesetzt hast. Für ein Weiterdenken über das hinaus, was seit Jahren alle machen.

Gerald, dein Rektorat ist geprägt von einer bewundernswerten und ansteckenden Leidenschaft, einem nicht zu bändigenden Optimismus und Glauben an die Kraft von Bildung und einem ebenso großen Vertrauen in dein Team.

Ich durfte sehr viel von dir lernen. Nicht nur, dass Jus eigentlich eine Sozialwissenschaft ist, sondern auch, dass man nicht zu klein denken darf, sich nicht mit kleinen Ideen zufriedengeben darf und dass es die Mühen wert ist, große Ideen zu verfolgen – auch wenn man dabei nicht immer beim ersten Anlauf erfolgreich ist.

Du hast mir deine Lust am Feuerwehrspielen weitergegeben, und von deiner Haltung als politischer Mensch, immer orientiert an den Menschen, dem Zusammenleben, an Demokratie und Menschenrechten, von dieser klaren Haltung und Position und der damit verbundenen Eindringlichkeit, Klarheit, aber auch Großzügigkeit werde ich noch lange zehren.

Und für all das (und vieles, wofür ich jetzt gar keine Zeit hatte, es aufzuzählen) möchte ich danke sagen. Stellvertretend für alle, für die ich hier sprechen darf, aber auch ganz persönlich. Danke, lieber Gerald, dass ich mit von der Partie sein durfte – 7 Jahre und 2 Monate lang.

Danke!

Daniela Hammer-Tugendhat

Lieber Gerald, liebe alle!
Am 5. Juni dieses Jahres hat Gerald Bast eine fulminante Rede über die radikale Universität der Zukunft gehalten. In meiner Studienzeit in den 1970er Jahren kämpften wir Studierende für eine andere Universität, für Veränderung. Aber wir kämpften meist gegen die Professoren und gegen den Rektor. Damals unvorstellbar, dass ein Rektor für utopisches Denken und Handeln eintritt!

Rektor Bast hat aber nicht einfach einen schönen Traum imaginiert. Er ging von einer Analyse der Gegenwart aus, von wissenschaftlichen Analysen der Zukunft: von den ökonomischen Veränderungen der Arbeitssituation, den Konsequenzen der Digitalisierung, der Verschärfung der Klimakrise, der damit verbundenen wachsenden Migration, der Überalterung der Gesellschaft und gesellschaftlichen Verwerfungen. Gerald Bast nimmt das Universitätsgesetz 2002 Paragraf 1 beim Wort, das die Universität verpflichtet, »zur wissenschaftlichen Forschung und Lehre und der Erschließung der Künste und hierdurch auch verantwortlich zur Lösung der Probleme des Menschen sowie zur gedeihlichen Entwicklung der Gesellschaft und der natürlichen Umwelt beizutragen«.

Und Gerald Bast zeigte den Weg dazu auf: Studierende müssen in die Lage versetzt werden, die Probleme zu meistern. Sie müssen in der Lage sein, kritisch zu denken, analytisch zu denken, Fragen zu stellen, komplexe Zusammenhänge zu verstehen. Dazu helfen keine Prüfungen, kein Sammeln von ECTS-Punkten, kein Auswendiglernen, auch nicht KI.

Gerald Bast hat aber nicht nur eine Utopie entworfen. Er hat Meilensteine in diese Richtung bereits gesetzt: durch die Schaffung völlig neuer innovativer Studiengänge wie Cross Disciplinary Strategies, Global Challenges and Sustainable Developments, Social Design, Art and Science, Transarts, Vienna Master of Applied Human

Rights (Postgraduate), Transformation Studies, Art and Science (PhD in Kooperation mit der Johannes Kepler Universität in Linz). Und seit 2021 die *Klasse für Alle*, für Menschen jeden Alters, unterschiedlicher Herkunft.

Gerald Bast hat in den 24 Jahren seiner Amtszeit die Universität für angewandte Kunst Wien völlig verändert, auch mit Unterstützung des gesamten Rektorats, allen voran Barbara Putz-Plecko, aber auch, stellvertretend seien sie genannt, Eva Maria Stadler, Maria Zettler und Bernhard Kernegger. Für mich, die ich 1975 an die Angewandte gekommen bin, ist die Hochschule kaum wiederzuerkennen: nicht nur durch die neuen Studien, sondern auch durch die weltweite Vernetzung, durch Kooperationen, unfassbar viele Projekte, künstlerische, aber auch wissenschaftliche Forschung und die von Bast besonders geförderte Künstlerische Forschung.

Das sogenannte Bologna-System hat die Universitäten gezwungen, das Diplomstudium aufzugeben und Bachelor- und Masterstudien einzuführen. Das war eine Maßnahme zur Studienzeitverkürzung und damit zur Einsparung. Insgesamt führte es zu einer Verschulung. Gerald Bast hat das Kunststück vollbracht, die künstlerischen Studienrichtungen aus dem Bologna-Prozess auszunehmen und beim Diplom zu belassen.

Mit dem neuen Universitätsgesetz 2002 kam die Ausgliederung der Universitäten aus dem Ministerium, genannt Autonomie, in Wahrheit eine Abkehr von der Mitbestimmung; eine Top-down-Universität, in der der Rektor weitgehende Befugnisse hat. Ich habe in Gesprächen mit Kolleginnen und Kollegen oft festgestellt, dass sie das kaum bemerkt haben. Aber das lag nicht am Gesetz, sondern an der freiwilligen Weiterführung demokratischer Strukturen durch den Rektor. Ich selbst hatte damals zusammen mit Kolleg*innen der Universität Wien gegen das Gesetz gekämpft, unter anderem bei einer Fernsehrunde mit Ministerin Elisabeth Gehrer und dem Rektor der Universität Wien Georg Winckler. Gerald Bast hat mich in den tage- und nächtelangen Vorbereitungen mit allem denkbaren Material unterstützt.

Nach innen: gelebte Demokratie, nach außen: Mut und Widerstand.

Nach außen hat Gerald Bast immer wieder kritisch Stellung bezogen.

Viele von uns waren empört über die Machenschaften der FPÖ, wie das von der Burschenschaft Germania zu

Wiener Neustadt herausgegebene Liederbuch, in dem unverhohlen zum Massenmord an Juden und Jüdinnen aufgerufen wurde. Aber wenige haben aktiv dagegen gehandelt. Gerald Bast hat öffentlich Kritik geübt und den Innenminister aufgefordert, unverzüglich ein Verfahren zur behördlichen Auflösung der Burschenschaft einzuleiten und sämtliche schlagende Burschenschaften auf ihre Gesetzmäßigkeit hin zu überprüfen. Im November desselben Jahres 2018 hat Rektor Bast bei der Staatsanwaltschaft Wien Strafanzeige gegen die FPÖ wegen des Verdachts auf Verhetzung eingebracht; Anlass war das sattsam bekannte Video »Foto auf der E-Card – Schluss mit Sozialmissbrauch«.

Sein politisches Engagement zeigte sich auch ganz praktisch 2015 bei der Flüchtlingskrise. Gemeinsam mit der Bundesimmobiliengesellschaft (BIG) stellte er spontan und unbürokratisch das Gebäude Vordere Zollamtsstraße 7 zur Verfügung – das war kurz vor dem Umbau zur heutigen Dependance. Über 1.000 Flüchtlinge fanden hier eine temporäre Unterkunft.

Kurz nach dem russischen Überfall auf die Ukraine bot Gerald Bast ukrainischen Studierenden 50 neue Studienplätze an, verbunden mit einem Stipendium.

Auf mehreren Ebenen hat sich Rektor Bast aktiv für den Klimaschutz eingesetzt: durch eine Solidarisierung mit Fridays for Future; mit dem Ziel, selbst eine University for Future zu werden in Forschung und Lehre; nach innen und außen in diese Richtung bewusstseinsbildend zu wirken und ganz praktisch auf diversen Ebenen CO_2-Emissionen zu reduzieren.

2009/10 fand an der Angewandten ein Wettbewerb zur künstlerischen Veränderung des Lueger-Denkmals statt. Karl Lueger, Wiener Bürgermeister von 1897 bis 1910, war der erste österreichische Politiker, der Antisemitismus als politische Propaganda und politische Waffe einsetzte. Rektor Bast nutzte jede Gelegenheit zur Kritik an diesem Schandmal und an der säumigen Politik. Beharrlich forderte er, wenigstens den Platz in Friedl-Dicker-Brandeis-Platz umzubenennen. An dem internationalen Wettbewerb nahmen über 200 Bewerber*innen teil. Prämiert wurde der Entwurf von Klemens Wihlidal, der vorschlug, das Denkmal um 3,5 Grad nach rechts zu kippen. Jetzt, 13 Jahre nach dem ersten Einsatz gegen das Denkmal, soll dieser Entwurf endlich umgesetzt werden.

Gerald Bast ist einer der seltenen Menschen, die ihr Amt nicht zur Ausübung von Macht und eigenem Prestige genutzt haben, sondern zur Erneuerung der Universität und Gesellschaft in Richtung Demokratie, Fähigkeit zu kritischem Denken, innovativer künstlerischer Praxis, politischer Verantwortung und Menschlichkeit.

Lieber Gerald, ich danke dir und wünsche dir und deiner Familie für die Zukunft alles erdenklich Gute!

Klaus Bollinger

Lieber Gerald, liebe alle!
Ich kenne Gerald seit dem Jahr 2000, dem Jahr seines Dienstantritts als Rektor. Ich kenne ihn damit den allergrößten Teil meines Professorenlebens an der Angewandten. Ich selbst war seit 1994 hier an der Angewandten und habe in der Zeit noch Oswald Oberhuber und Rudolf Burger als Rektoren kennengelernt. Und du, lieber Gerald, bist heute noch der Rektor und hast für 23 Jahre in wunderbarer Weise die Geschicke der Angewandten geprägt.

Ich erinnere mich noch, dass es damals Skeptiker gab, die sich fragten, ob es eine gute Wahl sei, einen Juristen und dazu noch aus dem Ministerium zum Vorsteher einer Kunsthochschule zu ernennen. Na ja, meinten einige, Rechtskenntnisse und ein guter Draht noch oben seien ja auch nicht schlecht.

Aber, lieber Gerald, du hast sie alle eines Besseren belehrt: Es war eine sehr gute, eine ausgezeichnete Wahl. Du bist zwar kein Künstler, aber du lebst Kunst. Ich bewundere dich für deine profunden Kenntnisse in allen Bereichen der Kunst, der Philosophie, der Literatur, der Geschichte und nicht zuletzt für deine Redekunst. Man könnte dich als Generalist im allerbesten Sinne bezeichnen.

Wir hatten verschiedene Berührungspunkte in verschiedenen Rollen. Im Senat, über meine Funktion als Institutsvorstand oder im Lenkungsauschuss für die Bauprojekte. Ich habe die Zusammenarbeit mit dir immer geschätzt. Du kannst unaufgeregt zuhören. Du schaust über den Tellerrand. Dein kollegialer und ausgleichender Führungsstil, so würde ich es bezeichnen, hat dafür gesorgt, dass es bei uns meistens recht friedlich zuging und schwere Auseinandersetzungen zwischen den einzelnen Akteuren vermieden wurden. Du hast es immer geschafft, die Interessenlagen zu erkennen und Lösungen zu finden.

Du hast Strukturen verändert und weiterentwickelt. Der Aufgabenbereich des Senates ist ja durch die Gesetzgebung sehr eingeschränkt. Dennoch wurden die

Senatssitzungen über die gesetzlichen Aufgaben des Senats hinaus auch als umfängliche Kommunikationsplattform genutzt. Darüber hinaus hast du die jährlichen gemeinsamen Klausur-Workshops von Senat und Rektorat eingeführt. Dort wurden wesentliche Entwicklungen gemeinsam erarbeitet, die anschließend auch umgesetzt wurden.

Du hast die Uni vorangebracht. Du hast mit viel Engagement dafür gesorgt, dass die räumlichen Gegebenheiten und damit die Studienbedingungen nicht nur verbessert, sondern zu einem großen Teil komplett neu geschaffen wurden. Deiner Beharrlichkeit und deiner Verhandlungsstärke ist es zu verdanken, dass der Schwanzer-Bau komplett renoviert wurde und vor allem dass die neue Expositur in der Vorderen Zollamtsstraße angemietet und durch umfangreiche Umbaumaßnahmen an unsere Bedürfnisse angepasst werden konnte. Und zu guter Letzt hast du es erreicht, dass die Angewandte heute große Teile der Postsparkasse zur Verfügung hat. Die Uni ist mit dir gewachsen. Die Flächen haben sich ungefähr verdoppelt, ebenso in etwa die Zahl der Studierenden.

Ich komme zum Schluss noch einmal auf den Anfang zurück. Gerald Bast kam zwar als ehemaliger Beamter an die Angewandte, aber er agierte als Rektor nie bürokratisch. Im Gegenteil, er hat die gemeinsamen Ziele durch kreatives und unkonventionelles Handeln erreicht. Dazu zwei Beispiele:

Während der COVID-19-Pandemie hat Gerald Bast auf eigene Verantwortung alles getan, um die Angewandte möglichst durchgehend für den Präsenzunterricht offen zu halten, ohne aber die Sorgfaltspflicht zu vernachlässigen. Er hat dafür eigene Teststraßen einrichten lassen und darüber hinaus ein umfangreiches Maßnahmenpaket eingeführt, das die notwendige Sicherheit gewährleistete. Er hat Verantwortung übernommen, um das Beste für die Studierenden und die gesamte Universität zu erreichen.

Ein weiteres Beispiel: Eine der ersten Berufungen für Gerald Bast als Rektor dürfte die von Zaha Hadid gewesen sein. Bei der Terminfindung für die Verhandlungen gab es Probleme. Also kam man Zaha entgegen und traf sie am Flughafen in einem Hotel. Das waren Wolf Prix als Institutsvorstand, Gerald Bast und ein Herr aus dem Ministerium. Man wurde sich einig, Zaha war dann schon weg, als dem Herrn aus dem Ministerium einfiel: Aber in zwei Jahren muss sie Deutsch können. Der Legende nach nahm daraufhin Gerald Bast eine Serviette, stellte eine entsprechende Bescheinigung auf dieser Serviette aus, und die Sache war in Ordnung.

Die unmittelbare Nachfolgerin von Zaha Hadid war Kazuyo Sejima. Auch bei ihr gab es unkonventionelle Berufungsgespräche, diesmal in Venedig. Aber die Tatsache, lieber Gerald, dass du zwei von den extrem seltenen Pritzker-Preisträgerinnen nacheinander berufen konntest, ist doch sensationell. Und das allein sollte schon einen Ring wert sein.

Barbara Putz-Plecko

Lieber Gerald,
meine Vorredner∗innen haben in ihren Würdigungen bereits einen wunderbaren Bogen über die wesentlichen Meilensteine gespannt, die dein Wirken an der Angewandten markiert und ausgezeichnet haben.

Diese inhaltlichen, strukturellen sowie räumlichen Entwicklungen – von der Einrichtung neuer Studienprogramme in Hinblick auf gegebene und zukünftige gesellschaftliche Herausforderungen über deinen unermüdlichen Einsatz sowohl für künstlerische Forschung wie für inter- und transdisziplinäre Praxen und die Etablierung und Sicherung entsprechender Förderprogramme, die Internationalisierung und eine Vielfalt von Kooperationen mit hervorragenden Partnern auf allen Kontinenten sowie eine immense räumliche Erweiterung, die wiederum neue Entwicklungen angestoßen hat, nicht zuletzt Universitäten übergreifende Kooperationen, bis hin zu einer kontinuierlichen internen Erneuerung und einer permanenten gemeinsamen Reflexion inhaltlicher und struktureller Perspektiven und Aufgaben – sie alle trugen wesentlich zur ausgezeichneten Positionierung der Angewandten bei, sowohl in der österreichischen wie auch in der internationalen akademischen Landschaft. Und sie sind ein ausgezeichnetes Fundament für zukünftige Vorhaben.

Ich kann also sagen, weil ich es aus nächster Nähe erleben durfte: Du hast alles nur Denkbare getan, um die Universität im bestmöglichen Zustand übergeben zu können. Ja, du hast dies als deine Verantwortung gesehen. Und du hast dafür deine Gabe genützt, Möglichkeitsräume zu erkennen und zu öffnen.

Du bist ein politischer Mensch – differenziert im Denken und Handeln. Du bist ein fabelhafter Stratege, der sich mit größter Verve zum Wohle der Universität einsetzt. Und du bist der beste Lehrmeister im Verhandeln, den zugleich Respekt und Fairness gegenüber seinen Verhandlungspartnern auszeichnet. Das hat auch mit Würde zu tun, auf die ich später nochmals zurückkommen möchte.

Du hast unglaublich viel in Bewegung gesetzt, Kraft deiner Vision.

An den Erfolgen der Angewandten lässt sich nachvollziehen, wie wichtig es ist, ein starkes Bild von Zukünftigem zu haben, für das es sich lohnt, alle Kraft einzusetzen. Fehlt dieses Bild, scheitert man schnell an der Vielzahl scheinbar unüberwindbarer kleinerer und größerer Hindernisse. Hingegen fordert und fördert der mutige große Entwurf ein kluges, ein scharfsinniges Vorgehen und aktiviert, das konnten wir erleben, sowohl Gestaltungslust wie Gestaltungskraft.

Bestärkt und angetrieben von der Kraft greifbarer Visionen warst du immer extrem mutig – aber, und das zeichnet dich wieder als verantwortungsvolle Leitungsperson aus, ohne dabei waghalsig zu sein, auf Kosten anderer oder der Universität; so mutig, dass du sicher auch schlaflose Nächte dafür in Kauf nehmen musstest, aber so voll Energie und Kraft, dass da letztendlich ein sehr, sehr langer Atem war und eine souveräne Fähigkeit, Probleme Schritt für Schritt zu bearbeiten und schließlich zu lösen.

Gleichzeitig warst du – und das ist ebenso ganz und gar nicht selbstverständlich – immer im besten Sinne nahbar. Ich habe keine Universität kennengelernt, an der der Weg ins Rektorat so kurz ist wie an der Angewandten – was dir zwar einen immer gefüllten Kalender beschert, für uns alle aber einen wertvollen und vielstimmigen Resonanzraum geschaffen hat.

Deshalb glaube ich im Namen aller sprechen zu dürfen, wenn ich dir für dein ungebrochen großes Interesse an dem, was die Angewandte menschlich und inhaltlich ausmacht, sowie für deine Bereitschaft, zuzuhören und hinzuschauen, danke!

Du bist nahbar, weil auch selbst emotional erkennbar, berührbar und emphatisch – aber in schwierigen Situationen oft deshalb besonders hilfreich, weil du darüber hinaus auch als Jurist auf Probleme schaust und aus dieser Perspektive neue mögliche Wege aufzuzeigen vermagst.

Und du bist ein Mensch, der freud- und lustvoll zu leben versteht, ein Mensch mit einem offenen Sensorium.

Du bist vieles, Gerald, und insofern werden dich unsere Beschreibungen nicht wirklich fassen können. Sie bleiben Annäherungen.

Aber vielleicht noch zwei Gedanken, bevor ich ende:

Als ich mich an diesen Text gesetzt habe und mir zu dir und zur heutigen Feier Gedanken gemacht habe, ist mein Blick über einige meiner sich ewig türmenden Bücherstöße gestreift. Da habe ich zwei kleine Bücher herausgezogen, die ich spontan mit dir verbinden konnte:

Das eine trägt den Titel *Würde. Was uns stark macht als Einzelne und als Gesellschaft* und ist ein Buch aus dem Jahr 2018 von Gerald Hüther, dem deutschen Neurobiologen. Als ich den Klappentext aufschlug, konnte ich ihn mir augenblicklich von dir gelesen vorstellen:

»In Artikel 1 des Grundgesetzes heißt es: ›Die Würde des Menschen ist unantastbar.‹ Doch was ist ›Würde‹? Was bedeutet es, wenn uns unsere Würde genommen wird, weil wir in der digitalen Welt nur noch als Datensatz zählen oder im Netz geschmäht werden? Wenn wir uns gar selbst würdelos verhalten oder andere entwürdigen? Würde ist nicht allein ein ethisch-philosophisches Menschenrecht. Würde ist auch ein neurobiologisch verankerter innerer Kompass, der uns Menschen in die Lage versetzt, uns trotz vielfältiger Anforderungen und Zwänge in einer hochkomplexen Welt nicht zu verlieren. Wenn wir uns unserer eigenen Würde bewusst sind, sind wir nicht mehr verführbar.«

Das, Gerald, ist auch eines deiner zentralen Themen: Wie orientieren wir uns in einer immer komplexer werdenden Welt? Auf die Dringlichkeit dieser Frage hast auch du seit Jahren hingewiesen und unseren Auftrag als Universität genau darüber definiert.

Sie mit dem Begriff der Würde verknüpft zu verstehen, der eigenen und jener aller anderen, das lebst du und das hat uns als Gemeinschaft gestärkt.

Das zweite Buch, auf das mein Blick fiel, ist zehn Jahre alt und trägt den Titel *Erfindet euch neu! Eine Liebeserklärung an die vernetzte Generation*. Es ist ein Buch des französischen Wissenschaftshistorikers und Philosophen Michel Serres.

Die kurze Zeitspanne seit den 70er Jahren habe, so Serres in seiner Einleitung, einen neuen Menschen geboren. Dieser habe nicht mehr den gleichen Körper und nicht mehr dieselbe Lebenserwartung, er kommuniziere nicht mehr auf die gleiche Weise, nehme nicht mehr dieselbe Welt wahr, lebe nicht mehr in derselben Natur, nicht mehr im selben Raum. Aber fern von jeder technikfeindlichen Kulturkritik widmet Serres dieser Generation der »jungen Däumlinge« mit seinem Text eine Liebeserklärung, die er schließlich mit einer Aufforderung verknüpft: Sie mögen diese ihre Chance nützen und alles neu erfinden: die Gesellschaft, das Bildungssystem – und sich selbst.

Wenn Serres am Ende bekennt: Ich wäre gern achtzehn, so alt wie die kleinen Däumlinge, jetzt, da alles zu erneuern, ja noch zu erfinden ist … – dann vermittelt sich etwas von einem starken Zutrauen in eine junge Generation, welches auch bei dir, Gerald, so deutlich spürbar ist.

Du denkst mit den nächsten Generationen, du schaffst ihnen Raum, du verstehst ihren Frust, du bist konfliktbereit und kämpferisch, und du bleibst dabei selbst jung: wach, kritisch und erfinderisch.

In diesem Sinne, Gerald, danke ich dir im Namen der Universität und aller Menschen, die sie ausmachen, danke ich dir noch einmal besonders im Namen des gesamten Rektorats, danke ich dir persönlich für den großen Gestaltungsraum und dein Vertrauen – und freue ich mich sehr darauf, dich nun, nach dieser langen gemeinsamen Zeit an der Universität, als Freund wiederzufinden.

Gerald Bast. Eine Annäherung

Bast,a …
wir wenden Zukunft an!

Ferdinand Schmatz

1

Die gesellschaftlichen Felder des Lebens,
die bestellen wir alle, die sind wir alle?
Wenn ja, dann so:

Wir – Einzelne im Gemeinsamen.

Wo aber sind die Grenzen, die Unterschiede – und wo sind die Gemeinsamkeiten?

Das Leben in der Welt ist eines in Welten, die wir selbst mit erzeugen.
Auch und vor allem in der Kunst.

Da ist die Kunst natürlich künstlich am Werk. Vice versa: künstlich natürlich.

Sie ist es als System und als Institution – und darin die Denkenden, Machenden, Handelnden. Und deren künstlerische In-die-Welt-Setzungen.

Viele Aspekte des Humanen und seiner Parameter des Künstlichen wie des Natürlichen sind hier von Bedeutung.

Es geht um den Umgang mit diesen Quellen der Existenz, die nicht nur behütet, sondern auch stets neu belebt und entwickelt werden sollen.

Diese Vorgänge sind nicht »gottgegeben«, sie müssen in Gang gesetzt werden – mit den Mitteln des Ästhetischen, das nicht als Separatismus innerhalb der Gesellschaft verstanden werden darf.

Wo also ist Position zu beziehen, und wie definiert sich das Feld, in dem die Kunst handelt oder zu handeln hat?

Es geht um die Einzelnen in ihrem Eingebunden-Sein, das akzeptiert oder infrage gestellt werden kann – im Übertreten des Gegebenen, das stets neu zu orten ist.

In Form von:
Wahrnehmungen, die begeistern wie entsetzen, Empfindungen, die aus der Erbauung wie dem Schock herrühren können.

Sie tragen diese Ein- und Auswirkungen als Erfahrungen schließlich in sich. Im Leben werden sie gleichsam automatisiert.

In der Kunst aber wird Gegenwärtiges als dynamisches Weitertreiben der Tradition verstanden, als deren Feier und Bruch zugleich, um damit auch Neuland betreten, erkunden, erforschen zu können.

2 Gerald Bast ist und wird Rektor einer Institution gewesen sein: der Universität für angerwandte Kunst.

Die Namen, die Begriffe Bast und Angewandte sagen uns einiges:

Der Bast –
er verbindet als starker Faden, auf eine Bast-ion hin eventuell, er umschließt, je nachdem locker oder fest gezurrt, wenn es angesagt ist.

Ist das nur ein Wortspiel, ja und nein, es ist auch bezeichnend für das, was Gerald Bast in der Institution der Universität als Rektor tut.

»Tun« passt hier auch. Die Universität, der er vorsteht, nennt sich Universität für angewandte Kunst.

Eine Bastion der anderen Art:
Eine angewandte!

Also: Handeln, Beobachten, Transformieren, Einbringen – Anwenden, Tun.

3 »Wir wenden Zukunft an« – dieser Satz, der aus der Mitte der Gespräche, Dialoge und Diskussionen um die Stellung der Universität hervorging, prangt über den Veröffentlichungen der Angewandten.

Dieser Spruch, dieses Motto, dieser Leitsatz ist ein Konzentrat und durchaus ein Kennzeichen für die Auffassung und Einstellung bis hin zur Handhabung des Selbstverständnisses der Angewandten, ihres angestrebten angewandten Tuns.

Auch das des Rektors in Bezug auf die Rolle der Führung einer Universität im Sinn der gemeinsamen Hand zwischen ihm und der Universität – also uns – und der Kunst und der Gesellschaft, die wir immer wieder neu zu finden aufgerufen sind.

Die Zukunft als solche ist ja Teil der Gegenwart, nehmen wir den Satz wörtlich: Wir wenden an, also das ist: JETZT!

Dennoch schwebt auch so etwas wie Utopie in dieser selbstbewussten Aussage, und das soll – ruhig unruhig – so sein.

Das Handeln wird ein gemeinsames, kommt aus dem Gemeinsamen und strebt auf individuellen wie kollektiven Wegen ein Gemeinsames an, von dem noch niemand weiß.

Auch nicht wir mit Gerald Bast, aber wir hoffen und arbeiten auf diese Utopie hin – und diese wird mit uns: real!

Das zu eruierende Verhältnis von Individuum und Kollektiv ist daran das Politische, die Findung einer Balance, die im künstlerischen Sinn auf Schieflagen des Erwarteten setzt, ja diese anstrebt, um wieder in eine Waage zu gelangen, die neu justiert sein kann, eine Art von angewandtes Prinzip.

4

Basta! So kann's gehen –

damit nichts nur steht und doch so einiges stehen bleiben kann: damit auch Sicherheiten der Historie und der gefundenen und bezogenen Standpunkte und Standorte erkennbar bleiben. Und dynamisiert werden können.

Da von ihnen aus dann weggearbeitet oder zukünftig orientiert rückwirkend-eingewirkt werden kann.

Es ist das offene Spiel, ein Wirken von so weit als möglich frei gegebenen künstlerischen Kräften, die hier ihre Felder aufbauen können, um schwebend, aber stets grundverbunden Setzungen einzubringen.

Diese Möglichkeit des Freihaltens ist von »unten« wie von »oben« auszuhandeln, hier gemeinsame Entscheidungen zu ermöglichen ist angewandte Kunst des Bastes, des gespannten Fadens, des Brückenbaus – also in persönlicher Hinsicht auch des Rektors Gerald Bast.

5 Jacques Rancière spricht in *Das Unbehagen in der Ästhetik* von den Formen und Praktiken von Kunst hinsichtlich derer Sichtbarkeit

– und ihrer Einwirkungen: auf sich selbst und auf die Sinnlichkeit und Umgestaltung von Räumen und Zeiten, Subjekten und Objekten, auf Gemeinsames und Einzelnes.

Das ist es: der Raum, die Sichtbarkeit – und die damit verbundenen Strategien der

Sprache, diese Sichtbarkeit des Einzelnen auf ein Gemeinsames hin auszudrücken.

Und es ist somit eine Frage der Macht. Der Unterschied liegt im Besitz der – Sprache: jener des Menschen zu jener der Stimme, etwa des Tiers.

Was heißt, dass die Umsetzung von erarbeiteten Kenntnissen das auszeichnet, was Kunst zur Kunst macht – und es geht eben um die Erarbeitung! Soll diese dem Tier zufallen, so ist sie in den Künsten – auch hier hat Gerald Bast die Spezifikationen stets zu öffnen versucht – anders bewusst bewerkstelligt.

Und lässt auch den Schein, der nicht nur schön sein muss, zu: der mit den Modellen der Verwirklichung von Vorhaben eine aktive Rolle spielen kann.

Das Reale hat mehrere Facetten.

6

Diese Sprache der Facetten haben wir mit dem unermüdlich nach außen in die sozialen Felder und nach innen in die Institution (der durchlässigen Bastion) wirkenden Gerald Bast versucht in die künstlerischen Produktionen und deren Sichtbarmachung auf den Prüfstand zu stellen.

Es geht darum, diese Räume, die erzeugt werden, in einer Art »Nicht-Zeit« (auch hier folgen wir Rancière) des üblich Politischen zu ermöglichen und einen Freiraum zu schaffen, der die bezogenen Ränder der

Kunst in eine flexible Mitte des Changierens drängt und dabei die Stimme zur Sprache transformiert:

Diese Stimme spricht als Moral der Form in diversen Sprachen der Kunst.

Dass diese den Dialog mit anderen geistig denkenden und handelnden Systemen – der Ökonomie, Ökologie und der Wissenschaft an sich – sucht, ja fordert, ist naheliegend. Und somit eine der offenen Eigenheiten, welche die Universität mit Gerald Bast zur flexibel angewandten gemacht haben.

7 Diese Eigenheiten sind vielfältig, aber von der jeweiligen Form und dem Medium bestimmt, die ständige Entscheidungen verlangen und den Inhalt als Präsentation der Repräsentation ausweisen.

Die Politik als Repräsentationsmaschine wird somit in der Sprache der Kunst zum Stillstand oder Überhitzen gebracht.

Der schon an-zitierte edle Satz von Roman Jakobson – es geht in der Kunst nicht um einen Separatismus, sondern um die Autonomie der ästhetischen Form – wird derart modifiziert, erweitert, handlungsträchtig.

Und hebt auf diesem Weg des Handelns unter anderem den unglückseligen Topos der l'art pour l'art auf.

Auch Jacques Rancière hebt hervor, dass die Ästhetik der Politik in eine Politik der Ästhetik im Sinne eines Verhältnisses und nicht des Gegensatzes wandern kann:

Wenn die Praktiken und die Formen der »Sichtbarkeit der Kunst selbst in die Aufteilung des Sinnlichen und in ihre Umgestaltung einwirken, deren Räume und Zeiten, Subjekte und Objekte, Gemeinsames und Einzelnes sie zerlegen«.

Das verstehen wir unter Verwandlung von Repräsentation in Präsentation, angewandte Kunst, die der Name der Universität, der Gerald Bast vorsteht und vorgestanden sein wird, in sich trägt.

Selten zuvor wurde sie dessen Bedeutung so gerecht wie in der Zeit seines Rektorats, das auch immer das unsere, das der Studierenden, der Lehrenden und Mitarbeitenden war.

8

Danke!

für gerald bast, wien, frühjahr '23

Anhang

Beitragende

Aleida Assmann studierte Anglistik und Ägyptologie an den Universitäten Heidelberg und Tübingen. Sie lehrte 1993–2014 Anglistik und Allgemeine Literaturwissenschaft an der Universität Konstanz. Zahlreiche Gastprofessuren führten sie ins Ausland. 2017 erhielt sie zusammen mit ihrem Mann Jan Assmann den Balzan-Preis für ihre Forschungen zum Kulturellen Gedächtnis und 2018 ebenfalls zusammen mit Jan Assmann den Friedenspreis des Deutschen Buchhandels. Zuletzt erschienen: *Der europäische Traum. Vier Lehren aus der Geschichte* (2018), *Die Wiedererfindung der Nation. Warum wir sie fürchten und warum wir sie brauchen* (2020).

Gerald Bast ist seit 2000 Rektor der Universität für angewandte Kunst Wien. Der ausgebildete Jurist initiierte als Rektor neue, disziplinenübergreifende Programme in Lehre und Forschung. Das Verbindende und einander Bedingende von Kunst, Wissenschaft und Technologie, Wirtschaft, Politik und Gesellschaft steht im Zentrum seiner Tätigkeit. Dazu ist er auch als Autor und Vortragender bei internationalen Konferenzen tätig.

Antonia Birnbaum ist Professorin für Philosophie an der Universität für angewandte Kunst Wien. Vorher hatte sie die Professur für allgemeine Philosophie und Logiken des Sinnlichen an der Université Paris 8 inne. Sie arbeitet zu Fragen der Politik und der Kunst mit besonderer Aufmerksamkeit auf den Austausch zwischen der ersten Generation der kritischen Theorie und der französischen Philosophie in der zweiten Hälfte des 20. Jahrhunderts.

Matthias Boeckl, Kunsthistoriker, Promotion 1988 an der Universität Wien, Habilitation 1999 an der Universität Innsbruck. Professor für Architekturgeschichte an der Universität für angewandte Kunst Wien. 1999–2022 Chefredakteur der internationalen Fachzeitschrift *architektur. aktuell*. Autor zahlreicher Bücher und Aufsätze sowie Kurator von Ausstellungen zu Themen der modernen und zeitgenössischen Kunst und Architektur.

Klaus Bollinger studierte Bauingenieurwesen an der Technischen Universität Darmstadt und lehrte an der Universität Dortmund. 1994–2021 war er Professor für Tragkonstruktion an der Universität für angewandte Kunst Wien und 2012–2021 Vorstand des Institutes für Architektur; seit 2023 ist er Universitätsrat an der Universität für angewandte Kunst Wien. Im Jahr 1983 gründeten Klaus Bollinger und Manfred Grohmann das Ingenieurbüro Bollinger+Grohmann. Heute ist das Unternehmen in 19 Städten und sieben Ländern mit rund 400 Mitarbeiter*innen aktiv.

Alexander Damianisch ist Direktor des Zentrum Fokus Forschung und verantwortet den Bereich Support Kunst und Forschung an der Universität für angewandte Kunst Wien. In seiner Arbeit widmet er sich künstlerischen und wissenschaftlichen Forschungskulturen und ihren Transformationspotenzialen. In konsequenter Entwicklung seiner Forschungsarbeit hat er neue Förderungsprogramme (für künstlerische sowie inter- und transdisziplinäre Forschung), strukturierte Forschungsmilieus (zur Ermöglichung, Administration und Sicherung) und Vermittlungsformate entworfen und verantwortet diese. Neben seiner kontinuierlichen Beratungs-, Publikations-, Ausstellungs-, Vortrags- und Moderationstätigkeit lehrt er an der Universität für angewandte Kunst Wien und an der Universität für Musik und darstellende Kunst in Wien.

Adrian Daub ist Professor of Comparative Literature and German Studies an der Stanford University in Kalifornien und fungiert als Dekan des Michelle R. Clayman Institute for Gender Research. Sein Schwerpunkt liegt auf Kulturen und Politiken des 19. Jahrhunderts sowie Geschlechterforschung. Zu seinen Büchern zählen *Was das Valley denken nennt. Über die Ideologie der Techbranche* (2020) und zuletzt *Cancel Culture Transfer. Wie eine moralische Panik die Welt erfasst* (2022).

Brigitte Felderer lebt als Kuratorin und Kulturwissenschaftlerin in Wien. Sie leitet das Masterstudium »Social Design – Arts As Urban Innovation« an der Universität für angewandte Kunst Wien und hat zahlreiche medien- und kulturhistorische Ausstellungsprojekte und Publikationen realisiert. Zuletzt: *Das Letzte im Leben. Eine Ausstellung zu Sterben und Trauer 1765–2015*, Hofburg Innsbruck 2015; Bogomir Doringer/Brigitte Felderer (Hg.), *FACELESS. Re-Inventing Privacy Through Subversive Media Strategies*, Berlin/New York 2018; *Der Hände Werk*, Schallaburg 2019; *Der Angriff der Gegenwart. Aussichten im Postwachstum*, Universitätsgalerie der Angewandten im Heiligenkreuzerhof 2020/21 (mit Barbara Horvath, Nina Pohler und Alexandra Strickner); *The Fest. Zwischen Repräsentation und Aufruhr* (mit Olga Wukounig), MAK 2022/23.

Anne-Marie Franz ist Kulturwissenschaftlerin und seit 2010 vornehmlich im Ausstellungs- und Wissenschaftsbetrieb tätig. 2019–2022 war sie Projektleiterin und wissenschaftliche Mitarbeiterin des Jubiläumsjahrs »beuys 2021«. Seit 2022 leitet sie die Stabsstelle Überfakultäre Veranstaltungen an der Universität der Künste Berlin.

Olga Grjasnowa ist Autorin von Romanen, Essays, Hörspielen und Theaterarbeiten und Professorin am Institut für Sprachkunst an der Universität für angewandte Kunst Wien. Ihre Bücher wurden in 15 Sprachen übersetzt, für Theater und Radio dramatisiert und verfilmt. Für ihr viel beachtetes Debüt *Der Russe ist einer, der Birken liebt* (2012) wurde sie mit dem Klaus-Michael-Kühne-Preis und dem Anna-Seghers-Preis ausgezeichnet. Zuletzt erschien von ihr der Roman *Der verlorene Sohn* (2020) und das Sachbuch *Die Macht der Mehrsprachigkeit* (2021).

Daniela Hammer-Tugendhat ist Honorarprofessorin für Kunstgeschichte an der Universität für angewandte Kunst Wien und Dozentin am Institut für Kunstgeschichte der Universität Wien. Ihre Forschungsschwerpunkte sind Malerei der Frühen Neuzeit, Kunstgeschichte als Kulturwissenschaft und Gender Studies. Im Jahr 2010 wurde sie mit dem Gabriele-Possanner-Staatspreis für Geschlechterforschung ausgezeichnet. 2018–2023 war sie Mitglied des Universitätsrats der Angewandten. Ihre Vorlesungen sind auf Youtube abrufbar.

Lisz Hirn studierte Geisteswissenschaften und Gesang in Graz, Paris, Wien und Kathmandu. Sie ist als Philosophin und Publizistin und als Dozentin in der Jugend- und Erwachsenenbildung tätig, außerdem lehrt sie an der Universität Wien und der TU Wien. Als freiberufliche Künstlerin ist sie an internationalen Kunstprojekten und Ausstellungen beteiligt.

Margarete Jahrmann ist Spielkünstlerin und spielend Theorie Schreibende, Universitätsprofessorin und Leiterin der Abteilung für Experimentelle Spielkulturen (Experimental Game Cultures) an der Universität für angewandte Kunst Wien. Aktuelle Forschungsprojekte sind *The Psycholudic Approach* (FWF/PEEK) und *Neuromatic Game Art: Kritisches Spiel mit Neurointerfaces* (FWF/PEEK). Aufbauend auf dem Projekt *Biological Interfaces, Ludic Cultures and Non-human Agencies* entstand 2023 in der Abteilung ein BioLudicLab und ein Ludic-DroneLab. Aktuell kuratiert sie mit Studierenden internationale Ausstellungen und Ludic Method Soirées. In ihrer kollaborativen und interdisziplinären künstlerischen Praxis erforscht sie menschliche und nicht menschliche, kognitive, emotionale und politische Bedingungen von emergenten Technologien, Welt und Gesellschaft. Ihr künstlerischer Schwerpunkt sind virtuelle, performative und installative »ludische« Werke, die sich mit KI, Gesichtserkennung und dem Spiel als zentralem Prinzip zur Bewältigung zeitgenössischer globaler Herausforderungen auseinandersetzen.

Anab Jain ist Filmemacherin, Designerin und Futuristin. Sie ist gemeinsam mit Jon Ardern Mitbegründerin von Superflux, einem Pionierunternehmen für spekulatives Design und Zukunftserfahrungen in London, Großbritannien, das für Kunden und Auftraggeber wie V&A, Google, Rotes Kreuz und viele mehr arbeitet. Anab Jain wurde kürzlich mit dem Titel Royal Designer for Industry (Speculative Design) ausgezeichnet und erhielt die Ehrendoktorwürde der University of Arts London. Seit sechs Jahren ist sie Professorin für Design Investigations an der Universität für angewandte Kunst Wien.

Judith Kohlenberger ist Kulturwissenschaftlerin und Migrationsforscherin am Institut für Sozialpolitik der WU Wien, wo sie zu Fluchtmigration, Integration und Zugehörigkeit forscht und lehrt. Ihre Arbeit wurde in internationalen Journals veröffentlicht und mit dem Kurt-Rothschild-Preis 2019 sowie dem Förderpreis der Stadt Wien ausgezeichnet. Sie ist Sprecherin des Integrationsrats der Stadt Wien, Gründungsmitglied von COURAGE: Mut zur Menschlichkeit und setzt sich beim Wissenschaftsnetzwerk Diskurs dafür ein, dass wissenschaftliche Erkenntnisse im öffentlichen Diskurs und in politischen Entscheidungen zum Tragen kommen.

Sophie Lehner hat sich zum Ziel gesetzt, das Bildungssystem zu verändern. Bereits während der Schulzeit war sie (bildungs-) politisch aktiv. Weil jedoch mehr auf Akademiker*innen als auf Schüler*innen gehört wird, schloss Sophie Lehner einen Bachelor in Bildungswissenschaft an der Universität Wien ab. Ihren Schwerpunkt legte sie dabei auf Diversität und soziale (Un-) Gleichheit. Derzeit schließt Lehner den Masterstudiengang Changing Education an der Universität Helsinki ab, mit besonderem Fokus auf Hochschulen. Nach Studienabschluss möchte sie nicht nur über, sondern auch mit Lernenden reden, denn das Bildungssystem lässt sich nur gemeinsam verändern. Ganz nach dem Motto: Die (Hoch-)Schulen denen, die darin studieren.

Meinhard Lukas ist Professor für Privatrecht und (bis September 2023) Rektor an der Johannes Kepler Universität Linz. Er ist auch immer wieder Rechtsgutachter und Schiedsrichter in brisanten Causae. Als Universitätsgestalter ist ihm der Dialog zwischen Wissenschaft, Kunst und Gesellschaft ein besonderes Anliegen, was zu fruchtbaren Kooperationen der JKU mit der Angewandten und der Ars Electronica sowie dem JKU Zirkus des Wissens geführt hat.

Andrea Lumplecker arbeitet an den Schnittstellen einer künstlerischen, kuratorischen und vermittelnden Praxis. Seit 2021 leitet sie die *Klasse für Alle*, das Weiterbildungsprogramm der Universität für angewandte Kunst Wien. Zusammen mit Yasmina Haddad betreibt sie den Offspace school. *Deep Listening* (Pauline Oliveros) ist der Ausgangspunkt ihrer *Composting Sounds*-DJ-Sets.

Marlene Mautner lebt und arbeitet in Wien. Sie schloss ihr Studium der angewandten Fotografie und zeitbasierten Medien als Master of Arts an der Angewandten ab. Während ihres einjährigen Aufenthalts in San Francisco, wo sie für das Open Austria Art & Tech Lab arbeitete, wuchs ihr Interesse an der Schnittstelle von Kunst und Wissenschaft, und sie entschied sich, Experimental Game Cultures an der Universität für angewandte Kunst Wien zu studieren. Ihre Arbeiten wurden unter anderem im MAK und im Belvedere 21 gezeigt. In ihrer Arbeit bettet sie wissenschaftliches Interesse in fiktionale Welten ein und verwendet Fotografie und Mixed Media als Werkzeuge, um ihre Versionen möglicher Zukünfte zu erzählen.

Philippe Narval war über acht Jahre Generalsekretär des Forum Alpbach und entwickelt aktuell als Intendant das neu eröffnete Experimentierfeld SQUARE an der Universität St. Gallen. Als Autor, Vortragender und Kolumnist widmet er sich unter anderem den Themen Demokratie, Transformation und Bildungspolitik.

Helga Nowotny ist Professorin emerita in STS (Science and Technology Studies) der ETH Zürich; Gründungsmitglied und ehemalige Präsidentin des Europäisches Forschungsrates (ERC). Ihre Forschungs- und Lehrtätigkeit hat sie u. a. an das Wissenschaftskolleg Berlin, die École des hautes études en sciences sociales, Paris, und als Visiting Professor an die Nanyang Technological University in Singapur geführt. Sie ist weiterhin in vielen wissenschaftlichen Gremien aktiv, so am Complexity Science Hub, Wien, dem Kuratorium von Falling Walls, Berlin, dem Lindauer Nobelpreisträger-Treffen und dem Institut des études avancées, Paris. Zu ihren zahlreichen Ehrungen und Ehrendoktoraten zählen jene der Universität Oxford und des Weizmann Institute of Science, Israel.

Barbara Putz-Plecko ist Künstlerin und seit 1997 Professorin an der Angewandten. Seit 2007 ist sie als Vizerektorin mit verschiedenen Agenden betraut, derzeit umfasst ihre Zuständigkeit die Bereiche Forschung und Diversität. Sie leitet das Institut für Kunstwissenschaften, Kunstpädagogik und Kunstvermittlung sowie die Abteilungen Kunst und kommunikative Praxis sowie Textil – Freie, angewandte und experimentelle künstlerische Gestaltung. Einer ihrer langfristigen Arbeitsschwerpunkte fokussiert auf kontextuelle, transdisziplinäre und transkulturelle künstlerische Praxen sowie das Potenzial künstlerischer Strategien in Communities und Systemen. Sie ist Initiatorin verschiedenster internationaler Kooperationen und aktiv in diversen Projekten, derzeit verstärkt in Ländern des globalen Südens.

Bernd Scherer war 2006–2022 Intendant des Hauses der Kulturen der Welt, Berlin. Er hat seit 2011 eine Honorarprofessur am Institut für Europäische Ethnologie der Humboldt Universität in Berlin inne. Ab September 2023 wird er als Fellow am neu gegründeten Max-Planck-Institut für Geoanthropologie in Jena arbeiten. Er initiierte und leitete internationale Kulturprojekte. Neben einer Reihe von Artikeln zu interkulturellen Fragestellungen und philosophischen Themen kann er auf zahlreiche Publikationen in diesem Bereich verweisen.

Ferdinand Schmatz schreibt Gedichte, Prosa, Essays und Hörspiele, lebt in Wien, Herausgeber des Werkes von Reinhard Priessnitz. 2012–2020 Professur und Leitung des Instituts für Sprachkunst an der Angewandten in Wien. 2004 Georg-Trakl-Preis, 2006 H. C.-Artmann-Preis, 2009 Ernst-Jandl-Preis u. a. Veröffentlichungen u. a.: *das grosse babel,n.* Gedicht (1999), *Portierisch.* Roman (2001), *Durchleuchtung. Ein wilder Roman aus Danja und Franz* (2007), *quellen.* Gedichte (2010), *aufSÄTZE!* Essays zur Poetik, Literatur und Kunst (2016), *das gehörte feuer. orphische skizzen* (2016); zuletzt: *Strand. Der Verse Lauf.* Gedicht (2022)

Martina Schöggl hat Kunstgeschichte an der Universität Wien studiert. Sie war im Ausstellungsmanagement und als kuratorische Assistenz im MAK – Museum für angewandte Kunst, Wien und an der Universität für angewandte Kunst Wien tätig. Seit 2019 leitet sie das Büro des Rektors Gerald Bast.

Eva Maria Stadler ist Professorin für Kunst und Wissenstransfer und Institutsvorständin am Institut für Kunst und Gesellschaft an der Angewandten. 2019–2023 war sie Vizerektorin ebenda. Sie unterrichtete an der Akademie der bildenden Künste in München und Wien sowie an der Staatlichen Akademie der Bildenden Künste Stuttgart. 2012–2013 war sie Leiterin der Galerie der Stadt Schwaz und 1994–2005 Direktorin des Grazer Kunstvereines. 2006–2007 arbeitete sie als Curator in Residence an der Akademie der bildenden Künste Wien, und 2007–2011 hatte sie die Position der Kuratorin für zeitgenössische Kunst am Museum Belvedere in Wien inne.

Gerhild Steinbuch ist Autorin von Sprech- und Musiktheater, Hörspielen und Essays und arbeitet als Übersetzerin und

Dramaturgin. Sie ist Professorin und Institutsvorständin am Institut für Sprachkunst der Universität für angewandte Kunst Wien. Ihre letzten Arbeiten wurden an der Staatsoper Stuttgart, am Schauspiel Frankfurt, an den Münchner Kammerspielen und der Deutschen Oper Berlin gezeigt. *Nora* für die Münchner Kammerspiele wurde zum Berliner Theatertreffen 2023 eingeladen. Derzeit arbeitet sie u. a. an Aufträgen für das Deutsche Theater Berlin und das Wiener Burgtheater.

Oliver Sukrow ist Kunst- und Architekturhistoriker. 2018 promovierte er an der Universität Heidelberg über Zukunftsdarstellungen in der bildenden Kunst und Architektur der DDR in den 1960er Jahren. 2016–2020 Universitätsassistent am Forschungsbereich Kunstgeschichte der TU Wien, 2020–2023 Postdoc im FWF-Projekt *Transnational School Construction*, seit 2023 wissenschaftlicher Mitarbeiter des Fachgebiets Architekturtheorie und -wissenschaft der TU Darmstadt. 2021 erschien unter seiner Mitarbeit der Band *HdK – Haus der Kultur Gera*, der mit dem DAM Architectural Book Award ausgezeichnet wurde. Sukrow ist Mitglied bei ICOMOS Österreich und Monitor für das serielle UNESCO-Welterbe »Great Spa Towns of Europe« (Baden bei Wien).

Alexia Weiss hat Germanistik und Journalismus in Wien studiert. Seit 1993 ist sie journalistisch tätig. Nach zwei Romanen und einem Kinderbuch veröffentlichte sie 2021 das Buch *Jude ist kein Schimpfwort* und 2022 die Streitschrift *Zerschlagt das Schulsystem ... und baut es neu!*.

Impressum

Universität für angewandte Kunst Wien (Hrsg.)

Universität für angewandte Kunst Wien
dieangewandte.at
info@uni-ak.ac.at

Mit Beiträgen von
Aleida Assmann, Gerald Bast, Antonia Birnbaum, Matthias Boeckl, Klaus Bollinger, Alexander Damianisch, Adrian Daub, Brigitte Felderer, Anne-Marie Franz, Olga Grjasnowa, Daniela Hammer-Tugendhat, Lisz Hirn, Margarete Jahrmann, Anab Jain, Judith Kohlenberger, Sophie Lehner, Meinhard Lukas, Andrea Lumplecker, Marlene Mautner, Philippe Narval, Helga Nowotny, Barbara Putz-Plecko, Bernd Scherer, Ferdinand Schmatz, Martina Schöggl, Eva Maria Stadler, Gerhild Steinbuch, Oliver Sukrow, Alexia Weiss

Konzept und Redaktion
Roswitha Janowski-Fritsch, Martina Schöggl, Anja Seipenbusch-Hufschmied, Eva Maria Stadler

Redaktionelle Assistenz
Cornelia Auinger

Projektleitung »Edition Angewandte« für die Universität für angewandte Kunst Wien
Roswitha Janowski-Fritsch, Anja Seipenbusch-Hufschmied, A-Wien

Content & Production Editor für den Verlag
Katharina Holas, A-Wien

Lektorat/Korrektorat
Fanny Esterházy, A-Wien

Übersetzung (Vortrag Anab Jain)
Wilfried Prantner, A-Kärnten

Design
Atelier Dreibholz, Paulus M. Dreibholz, Lea Herzl, A-Wien

Druck
Holzhausen, die Buchmarke der Gerin Druck GmbH, A-Wolkersdorf

Library of Congress Control Number: 2023943425

Bibliografische Information der Deutschen Nationalbibliothek
Die Deutsche Nationalbibliothek verzeichnet diese Publikation in der Deutschen Nationalbibliografie; detaillierte bibliografische Daten sind im Internet über http://dnb.dnb.de abrufbar.

ISSN 1866-248X
ISBN 978-3-11-134156-9
e-ISBN (PDF) 978-3-11-134167-5

www.degruyter.com

Symposium
Das Symposium *Radikale Universität. Universitäten in Zeiten globaler Umbrüche* wurde am 6. und 7. Juni 2023 an der Universität für angewandte Kunst Wien im Auditorium, Vordere Zollamtsstraße 7, 1030 Wien, abgehalten.

Konzept
Gerald Bast, Martina Schöggl

Organisation
Cornelia Auinger, Martina Schöggl

Veranstaltungsmanagement
Jürgen Gschiel, Jakob Sigl, Shirley Thurner

Mit Dank an Clemens Apprich, Alexander Damianisch, Andrea Danmayr, Katharina Gsöllpointner, Bernadette Schmatzer, Eva Maria Stadler und Virgil Widrich

Alle Vorträge sind online verfügbar:
6. Juni 2023
https://www.youtube.com/watch?v=ifILi-34-cw

7. Juni 2023
https://www.youtube.com/watch?v=U43cVm3-uJQ